U0851545

一万元起步 手把手教你做期货

杜 毅◎著

中国铁道出版社有限公司
CHINA RAILWAY PUBLISHING HOUSE CO., LTD.

图书在版编目（CIP）数据

一万元起步：手把手教你做期货/杜毅著. —北京：中国铁道出版社有限公司，2020. 6（2025. 11重印）

ISBN 978-7-113-26692-9

Ⅰ. ①一… Ⅱ. ①杜… Ⅲ. ①期货交易-基本知识 Ⅳ. ①F830. 93

中国版本图书馆CIP数据核字（2020）第036419号

书　　名： 一万元起步：手把手教你做期货
YI WAN YUAN QIBU: SHOUBASHOU JIAONI ZUO QIHUO
作　　者： 杜　毅

责任编辑： 吕　芠　　**编辑部电话：**（010）51873035　　**电子邮箱：** 181729035@qq. com
封面设计： 刘　莎
责任校对： 王　杰
责任印制： 赵星辰

出版发行： 中国铁道出版社有限公司（100054，北京市西城区右安门西街 8 号）
印　　刷： 三河市宏盛印务有限公司
版　　次： 2020 年 6 月第 1 版　2025 年 11 月第 11 次印刷
开　　本： 710 mm×1 000 mm 1/16　**印张：** 16　**字数：** 253 千
书　　号： ISBN 978-7-113-26692-9
定　　价： 58. 00 元

版权所有　侵权必究

凡购买铁道版图书，如有印制质量问题，请与本社读者服务部联系调换。电话：（010）51873174

打击盗版举报电话：（010）63549461

前　言

这本书的写作，其实非常偶然。

我的一个朋友，手上捏着 12 万元的闲置资金，在先买车还是先投资之间徘徊不定，然后找我来商量。于是我问她：

“为什么不既买车又做投资？”

她非常惊讶地问我：“我只有 12 万元，买车也只勉强够，怎么还能做投资呢？”

我对她说：“你可以用一万元开始学着做期货交易，然后用剩下的 11 万元去买车。”

“这怎么可能呢？一万元就能做期货交易？”

她难以置信的表情，我永远不会忘记。在她看来金融投资是一件很复杂而昂贵的事情。更何况期货市场涉及的是大宗商品和金融衍生品，这对她来说是一个非常陌生的领域。

一万元真的能做期货吗？答案是肯定的。

在很多人的眼里，期货是需要大量资金才能做的事情，其实这是一种误解。市场上有关金融投资的书籍也好，电视和网络媒体也罢，对从未接触过金融投资的普通人来说，其内容多半晦涩难懂，即便买了金融交易相关的专业书籍回来耐着性子看完了，也会因为其中涉及的庞大的启动资金和昂贵的交易成本而心生怯意，不敢轻易进入市场。这或许就是当下大多数普通投资者对金融市场的理解——数目庞大的启动资金、晦涩难懂的操作以及令人艳羡的利润，还有那随时可能发生的巨大亏损。

然而实际上，期货交易并不是一件需要大量资金才能盈利的事情 。

当然，交易资金越多，能够参与的产品就越多，交易者的可选择性就越大，获利范围也就越广，这是毋庸置疑的。可是，小额资金交易者就没有办法参与市场了吗？

当然可以！尤其是在期货市场。

在我刚刚踏入这个市场的时候，对市场中的一切都非常谨慎，小心翼翼、如履薄冰。然而很快我便发现，期货市场由于具有杠杆，所以很多产品的单手合约价值并不是特别高。有很多产品，比如玉米、螺纹钢、塑料的单笔保证金都在一万元以下。这个发现，让我豁然开朗。

于是我便放开手脚去尝试，因为合约价值只有几千元，单笔日内波动也在可控范围内，所以我可以在这些产品上充分地尝试我的交易策略。即便亏损，只要及时止损，其成本也是能够接受的。

以目前的大众收入水平来说，一万元的交易资金并不是一笔天文数字，可是很多普通交易者却不知道能用这一万元来做些什么。因为在目前的市面上，我们很难看到针对小资金投资者的相关书籍。在很多关于投资的书籍中，涉及的投资金额动辄十几万元、几十万元、数百万元，这样的投资金额往往会让从未接触过期货投资的普通投资者望而却步，甚至连尝试的勇气都没有。

其实金融市场是一个非常广袤的市场。在这个市场中有着非常丰富的交易工具和品种，以期货来说，因为存在杠杆比例，所以对于很多产品来说用一万元或者几万元的小资金便足以作为启动资金，让普通交易者打开期货交易之门。

交易者以一万元的启动资金作为叩开交易大门的敲门砖，其压力并不会太大。即便从头再来，也有余地。当然作为交易来说，启动资金自然越多越好，可是对初学者来说，初期投入的资金越大，风险便会越大。风险一旦超出心理承受的上限，那么交易者便很容易做出不理智的判断，从而导致风险成倍放大，这是非常危险的。

在金融市场中，投资永远存在风险。而一万元则将交易风险有效限制在了一个相对比较容易控制的区间，让初学者所承担的风险更小，使其更容易接受。

所以我决定开始写这本书，抛砖引玉，为初窥门径的新手交易者提供支持。毕竟对在这个市场摸爬滚打近十年的我来说，交易就是一个从小到大、控制风险、慢慢积累的过程。而我愿意将这一过程分享给所有想要开始学习期货交易的人们。

我将交易这件事分为三部分，在这本书中体现为：

第一部分，基础理论知识；

第二部分，技术分析与交易策略；

第三部分，交易者的自我管理。

学习任何一个新事物，从头开始的第一件事都是要了解其基础理论与常识，然后才能谈及应用。所以我在本书中第一部分罗列了交易者学习期货交易必须掌握的知识点。简单明了，一目了然，没有晦涩的语言和深奥的阐述，即便是零基础的读者也能轻松掌握。

在本书的第二部分，我提炼了一些在期货交易市场中较为有效和常用的技术指标以及分析法，并且提供了制定交易策略的方向，希望能够为读者打开思路。

交易策略，是我们作为交易者在市场中获得利润的有效手段。然而正如一万个读者便会有一万个哈姆雷特一般，每个交易者都会根据自己不同的交易习惯和对市场的解读做出完全不同的交易策略。在本书中以我自己的交易经验为例，提出一些交易策略的建议，给读者作为参考。

正所谓“授人以鱼不如授人以渔”， 交易之路是永无止境的。我为读者提供的交易策略的制定方法，是基于我过去的经验而成。我更希望读者能够以此为例，以诸如此类的方法去建立属于自己的交易框架与交易策略。毕竟随着交易市场的不断改变，我们的交易策略必然也会不断地得到修正，甚至连框架都有可能会变化。毕竟，实践才是检验真理的唯一标准。只要我们掌握了正确的交易方法，那么无论市场如何变化，我们都会以自己的方式在交易市场中占有一席之地。

交易者毕竟也是普通人，人无完人，为此我特地在本书的第三部分，将交易者的自我管理列出来，单独做了阐述。

我们的交易市场是由无数交易者组成的市场，每天的价格变动体现在期货市场上，那就是交易者对当今市场供需关系的判断与期望。价格波动的原因有很多，从中获利的方法也有很多，可是只有当你运用正确的策略方法进行有效的判断，并且持续地、正确地执行，利润才会落入你的口袋。所以，这就要求交易者保持高度的理性和自制。

亚里士多德曾经说过：“做一件好事并不难，难的是养成一种做好事的习惯。”

这句话用于我们的交易中即做一个好的交易策略并不难，难的是一直有效地执行它。

交易者也是人，是人就会有情绪，尤其是在面对复杂的市场的时候。可是糟糕的坏情绪是利润的破坏者，它会让你的策略失效、让你的技术变形、让你的利润受损甚至为零。

所以，当交易者掌握了所需的基础知识、技术方法之后，自我克制和修为便是登顶的最大动能。希望能够给读者一些启发，并拓展出更多适合自己的自我管理方法。

交易是一条充满挑战之路，每一个交易者都是独自驾舟出航的冒险家。在无边无际的大海上能否成功到达胜利的彼岸，成为一个真正的掌舵人，只有交易者自己心里清楚。因为市场会给予每一个交易者最直接的奖励或者惩罚。

交易之路并不轻松，我在写这本书的时候常常感慨，若不是身边的人一直坚定地支持我，那么恐怕我也走不到今天。感谢一直在身边支持我的人，也希望每一位拿起这本书的读者，都能找到属于自己的交易之路，并且成为交易之路上的掌舵人。

杜　毅

目 录

引子

写在一切开始之前。

我有一个热爱买彩票的朋友，他几乎每天路过体彩站都要买几张，他的口头禅是：万一呢？

万一，字面上的意思就是万分之一，表示极小的一部分，可能性极小的意外变化或假设。

命运是弱者的托词，运气是强者的谦称。

这个世界总是充满了不确定性，充满了未知。我们不能把希望寄托于希望，我们要做的是将一切握在掌心。

孟郊说过：

击石乃有火，不击元无烟。

人学始知道，不学非自然。

万事须己运，他得非我贤。

青春须早为，岂能长少年。

与其将自己的财富交给所谓的命运，还不如现在就翻开这本书，学习如何将自己未来的财富掌握在自己的手中。

第一章

期货交易之路——从一万元开始

第一节　选择期货交易的理由——小资金也有大梦想

1. 买与卖——期货的定义

期货，英文是 futures。这个词在英语中有未来的意思，说明期货具有未来这一时间属性。这是期货区别于现货的重要特征。

1890 年，美国芝加哥有一个屠宰场，这家屠宰场规模巨大，雇用了 2 万余名工人，每年屠宰 900 万头牲畜，当时全美肉制品中的 80% 来源于此，这家屠宰场就是芝加哥联合屠宰场。有生活经验的人都知道，牲畜的价格是会不断地变动的，有很强季节性，受自然因素影响价格波动很大，人们去市场上买猪肉就会知道猪肉的价格时常有涨有跌。芝加哥联合牲畜屠宰场业务如此庞大，牲畜价格即使有细小波动也会对利润产生巨大影响，面对未来价格变化可能带来的市场风险，芝加哥联合屠宰场想出一个办法，即现在就跟客户把未来的价格约定好，并且签订远期交易的合约，这样就不害怕未来价格的波动了。

交易双方签订一个合约，约定好未来某个时刻交易的产品、规模和价格等，这样当未来交易真正发生时，就可以按照事先约定好的价格和产品规格等来进行交易。不管未来价格是上涨还是下跌，交易双方都要按照当时签订的合约的价格来履行，这样就固定了未来的价格。这个合约叫远期合约。

远期合约（Forward Contract），就是承诺以当前约定的条件在未来进行交易的合约。所谓当前的条件是指在当下就指明未来买卖商品或者金融工具的种类、价格、交割结算的日期等。这些条件是签订合约的买卖双方通过协议达成的。

那个年代的美国，远期合约应用非常广泛，包括黄油、牛肉、猪肉等广泛应用此方式进行交易，大大推动了农牧产品交易的繁荣。1840 年前后，芝加哥已成为美国的农牧产品交易中心，来自德国的雷曼兄弟也是此时在芝加哥开始了农产品期货交易与经纪业务，并创建了日后成为华尔街第四大投资银行的雷曼兄弟公司，不过雷曼兄弟公司在 2008 年的美国次贷危机中破产，给全球经济带来巨大冲击，成为当年经济危机中的著名事件。

远期合约的广泛应用,促使了这些合约在不同交易者之间进行转让的需求,为了满足日益增加的交易需求，1848 年，82 位商人共同创建了芝加哥期货交易所，这是世界上最早的，后发展成当今世界上最大的期货交易中心——芝加哥商品交易集团，其涵盖广泛、种类繁多，既包括各种能源、农产品和金属等商品，也包括利率衍生品、股票衍生品、外汇衍生品等金融工具。

从严格意义上来说，早期芝加哥联合屠宰场签订的贸易合约，其价格、规格、品种等要素由交易双方自行约定，并没有统一的标准，也无法在交易所中自由转让，这种金融衍生品属于远期合约。而在诸如芝加哥期货交易所等集中交易场所出现以后，合约的产品和规格等要素都由交易所统一规定，这样就方便了合约在不同的交易者之间转让，交易的价格就在不同的交易者的出价中由市场自行决定。这种在交易所中自由转让的转让合约叫作期货合约，人们习惯将其简称为期货。

不论是远期合约还是期货,都属于金融衍生品,所谓金融衍生品(Financial Derivatives)，就是一种其价值与其他商品相联系的金融产品。这种相关联的商品就是金融衍生品的标的资产。比如大豆期货的标的资产就是大豆，代表在买卖双方在未来约定时间交易的大豆。可见，金融衍生工具的价格和走势，很大程度上受标的资产的表现所影响。实际上金融衍生工具反映交易者对未来价格的预期，所以金融衍生品常常反过来推动现货市场的走势。

金融衍生工具可以在交易所里挂牌买卖，也可以通过场外交易 OTC 市场的方式进行交易。衍生工具可以分为 4 种，分别是远期合约、期货、期权和互换。

本书要介绍的内容，就是金融衍生品“四大天王”之一的期货，这也是衍生品中重要的门类之一。期货是在交易所中集中进行交易的，我国有四大期货交易所，分别是上海期货交易所、郑州商品交易所、大连商品交易所和中国金融期货交易所。后来又成立了上海国际能源交易中心，在这里进行原油期货的交易。

国际上比较知名的交易所是芝加哥期货与期权交易所（CME）、芝加哥期货交易所（CBOT）、纽约商业交易所（NYMEX）、纽约商品交易所（COMEX）、美国洲际交易所（ICE）等。国内的交易者一般将其统称为外盘，很多品种的内盘和外盘联系紧密，价格受到外盘影响，比如原油、化工产品、大豆等主要依靠进口的农产品，以及矿山资源主要在国外的有色金属，比如铜等。

2. 为我所用——期货交易的特点

期货交易有 3 个主要特点，理解这 3 个特点，也就基本理解了期货交易。这 3 个特点分别是：

（1）双向交易；

（2）保证金交易；

（3）每日结算。

日本江户时代有一家寿司店名为“阿部的寿司店”，老板阿部需要经常采购大量大米用于制作寿司。江户年代的日本战乱频仍，大米的价格变动剧烈，极度地影响了阿部的寿司店的经营。有一段时间，阿部听说又要发生战争，因为担心大米的价格会上涨，所以就想提前预订 3 个月之后的大米。于是阿部找到了米店的老板井上，跟他商定 3 个月之后，用每吨 1 000 元的价格买下一吨大米。井上老板欣然同意，于是双方签订了合约。

这笔交易中，阿部是买方，持有大米的多头部位，如果未来大米的价格真的上涨，那么阿部就是这笔交易的获益方，而米店的老板井上本来可以在 3 个月后以更高的价格卖出大米，但是因为签订了远期合约，所以只能按照合约以比较低的价格将大米卖给阿部。因此这笔交易对井上老板来说就显得不划算。那么井上为什么还要这么做呢？很可能因为井上并不认为 3 个月后大米的价格会上涨，也许井上看到目前市场上大米存货较多，而且天气风调雨顺，新米长势良好，应该是个丰收的年景，大米的价格很可能会下跌。如果未来大米的价格下跌，那么现在以更高的价格与阿部签订远期协议，就是一笔有利可图的生意。这笔交易中，井上持有大米的空头头寸，看跌未来的米价，属于空头。

可见，期货交易是由多空双方组成的，阿部认为战争会促使米价上涨，于是做多大米。井上认为丰收和高库存会使得未来大米价格下跌，于是放空大米。这就是所谓的双向交易。

如果大米价格上涨，那么寿司店的阿部获利；如果大米价格下跌，则米店老板井上受益。在期货市场，投资者可以作为多头买入，也可以作为空头卖出，这就是双向交易。

双向交易的特点是，未来一定是一方获益，一方亏损。那么，如果亏损方不执行合约怎么办？这样一来就存在信用风险。

比如，3 个月过去了，这时米价已经上涨到 1 100 元 / 吨。井上老板一想，自己吃亏了，如果按照合约规定只能卖 1 000 元 / 吨，目前的市场价是 1 100 元 / 吨，如果自己不履行合约，而是按照市场价格把米卖出去就可以每吨多卖 100 元。于是，他决定违约。这样一来阿部的权益就没有得到保障。又比如 3 个月后米价下跌到 900 元 / 吨。此时阿部就会想，如果自己不履行合约而是从市场上其他的米店买米，就可以以 900 元 / 吨的价格买到大米，这样一来每吨就可以减少 100 元的花销。所以，阿部成为可能的违约方。

为了避免上述信用风险，期货交易中一般要求买卖双方拿出一定的保证金。比如在这个例子中，阿部和井上签约时，可以找一个双方都信赖的中间人，每人拿出 100 元的保证金放在中间人那里，如果有一方违约，违约方的保证金就由中间人拿给另一方。这就是期货的第二个特点——交易需要支付保证金。

交易双方支付保证金来保证合约的履行，这样一来是不是就没有问题了呢？

3 个月过去了，米价跌到了 700 元 / 吨。阿部琢磨，如果自己违约，就会损失 100 元保证金，但是可以以每吨便宜 300 元的价格买到米，总的来说还是赚了 200 元。于是阿部选择了违约。因为签订合约时所交的保证金 100 元，不足以弥补价格的差价 300 元，这样一来违约的风险仍然无法避免。

于是针对这种情况采取了一个方法——每日结算。所谓每日结算就是每天结束的时候，根据当日的米价，计算双方的保证金够不够差价，如果不够，则需要补足。比如 3 个月内的某一天，米价突然大跌，跌到 900 元 / 吨，此时阿部的保证金刚刚与差价相等，如果米价继续下跌，则保证金不足以弥补差价。此时中间人说：“阿部，你必须补点保证金，不然我就把你的保证金归井上老板所有，合同就结束了。”阿部为了继续履行合约，只能继续补充保证金。这就是保证金的每日结算。每日结算是为了避免价格大幅波动造成的交易一方保证金不足带来的履约风险。

双向交易、保证金交易和每日结算是期货交易主要的 3 个特点。理解了这 3 个特点也就理解了期货交易。

3. 让我们开始吧——理解期货交易

可以通过上述大米远期交易的例子来理解一些期货交易中的基本术语。

寿司店的阿部与米店的井上签订 3 个月后以每吨 1 000 元的价格交易大米的合约，这是建仓。阿部是大米期货合约的买入方，叫作多头；井上是大米期货合约的卖出方，叫作空头。

在期货交易中建仓时，买入期货合约后所持有的头寸（即“款项”）叫多头头寸，简称多头；卖出期货合约后所持有的头寸叫空头头寸，简称空头。商品未平仓多头合约与未平仓空头合约之间的差额就叫作净头寸。

阿部和井上分别为此合约的履行缴纳了 100 元的保证金，该保证金叫作期货合约的保证金。

在期货市场，交易者只需要按期货合约价格的一定比例缴纳少量资金作为履行期货合约的财力担保，便可参与期货合约的买卖，这种资金就是期货保证金。

3 个月以后，阿部和井上完成这笔交易。阿部拿到了大米，并且补足了 900 元的差价。井上拿到了 1 000 元的货款，并且把大米交给阿部。这个操作叫作交割。

期货交割是指期货合约到期时，交易双方通过该期货合约所载商品所有权的转移，了结到期未平仓合约的过程。

阿部在签订了大米的远期合约之后，仅过了两个月就因为战争爆发，无法继续经营寿司店，此时大米价格上涨到 1 100 元 / 吨。战争已启，后续米价应该还会上涨，此时阿部的合约是有收益的，但是因为其寿司店已经不再经营，所以阿部不再需要这些大米了，那么怎么办呢？阿部就把这份大米的 3 个月采购合约转让给了开米团店的加藤，价格为当前的市场价格 1 100 元 / 吨。阿部的这个行为，在期货上叫作平仓。

平仓是指期货交易者买入或卖出与其所持期货合约的品种代码、数量及交割月份相同但交易方向相反的期货合约，了结头寸的行为。

在期货市场中，了结头寸有两种方式：一种是交割，买家付款提货，卖家收款供货，买卖双方实际履行期货合约的行为；另一种就是平仓，平仓本质上就是交易者将自己手上的期货合约转让给其他的投资者，买方和卖方都可以转让合约完成平仓。平仓是期货市场中的主流，真正交割的投资者占少数。目前仅允许法人投资者交割，个人投资者只能通过平仓的方式了结期货头寸。

下面再来举一个实际交易中的例子，让读者了解国内的期货交易（见图 1-1）。

合约名称	最新	现手	买价	卖价	买量	卖量	成交量	涨跌	涨幅%	持仓量	日增仓	开盘	最高	最低
豆粕1811	3407	2	3348	3380	54	2	12	-30	-0.87%	10050	0	3469	3469	3305
豆粕1812	3354	2	3342	3352	3	5	166	-40	-1.18%	922	28	3401	3401	3329
豆粕1901	3249	2	3248	3249	161	196	1228364	-66	-1.99%	1657650	-78474	3307	3322	3235
豆粕1903	3154	18	3153	3154	28	5	89128	-58	-1.81%	87076	4014	3203	3217	3140
豆粕1905	2804	2	2804	2805	3	458	211640	-33	-1.16%	997688	-19294	2830	2844	2792
豆粕1907	2776	4	2771	2774	4	15	564	-12	-0.43%	7320	54	2790	2793	2764
豆粕1908	2761	2	2757	2777	1	1	24	-30	-1.07%	158	12	2791	2791	2760
豆粕1909	2767	2	2767	2769	8	34	30016	-12	-0.43%	238784	9284	2779	2784	2758

图 1-1

图 1-1 所示为大连交易所的豆粕期货合约，豆粕是大豆压榨后的副产品，可以作为生产饲料的原材料。合约名称后面的数字，代表交割的月份，比如豆粕 1905，代表 2019 年 5 月交割的豆粕，豆粕 1909 代表 2019 年 9 月交割的豆粕。

图 1-1 中标示了豆粕的合约名称，最新价格，以及当前买卖双方的出价，即买价和卖价。此外，还有当前的买卖的数量，今日当前的成交量，该合约的持仓量，涨跌幅度，开盘价、最高和最低价等信息。这些我会在后续的章节中进行介绍。

下面先来看交易。假如投资者想买入豆粕 1901 合约。打开下单软件，如图 1-2 所示。

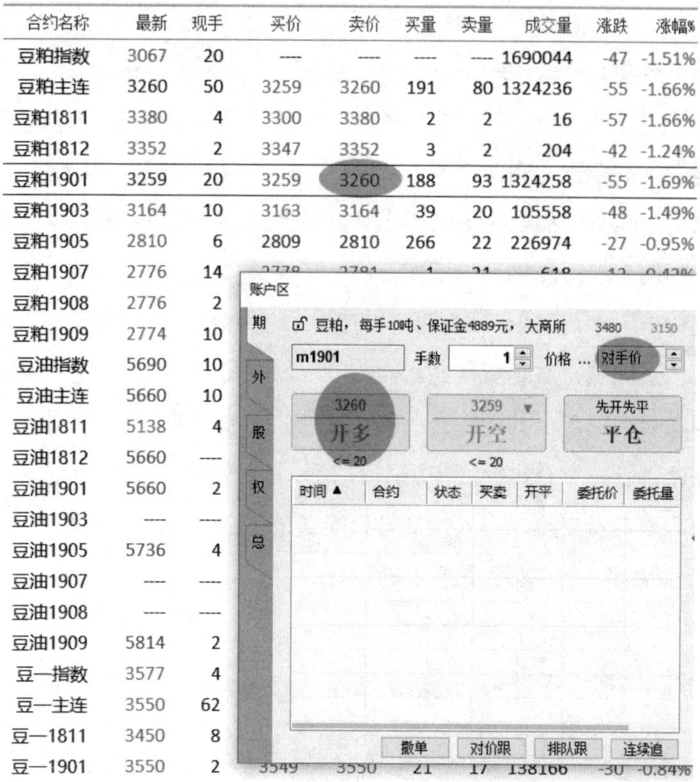

图 1-2

目前豆粕卖方出价是 3 260 元 / 吨，如果投资者按照卖方的出价买入豆粕 1901，就是以所谓的对手价买入。投资者作为买方，卖方的出价就是投资者的对手价，注意看交易软件的“价格”方框中写着“对手价”。

买入之后，在投资者的持仓中就会显示如图 1-3 所示的这笔交易。

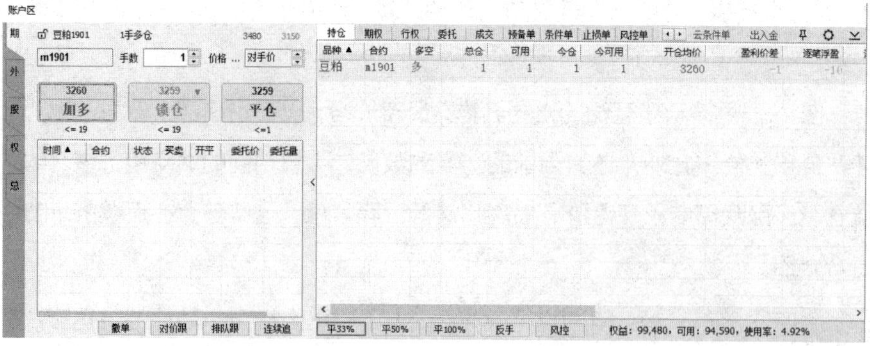

图 1-3

如图 1-3 所示，投资者此时拥有一手豆粕 1901 的合约，方向是多。豆粕期货一手代表 10 吨，价格每跳动一个点，就代表 10 元的盈亏。注意：豆粕 1901 合约的名称是 m1901。每一个期货合约都有一个代码名称，这个代码就是投资者交易时需要填写的内容，不过目前绝大多数软件不用交易者自己填写，用鼠标点击软件中的合约，该合约名称会自动填写到交易软件中。

那么，如果投资者想要放空该如何操作呢？比如投资者现在看跌塑料 1901 的价格，然后采取放空操作（见图 1-4）。

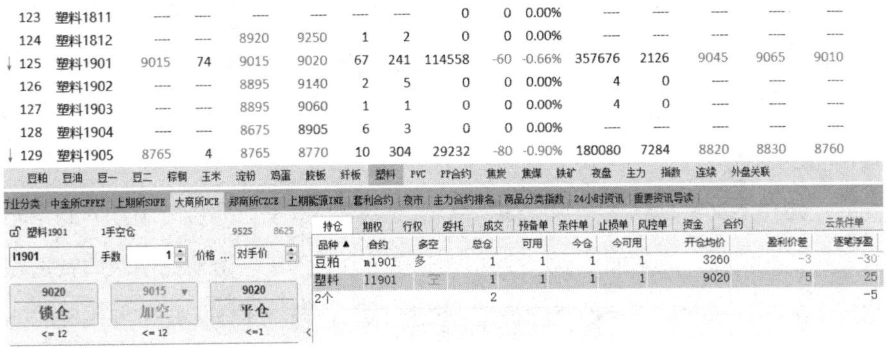

图 1-4

如图 1-4 所示，目前的买价是 9015 元 / 吨，这是卖出的对手价，投资者以此卖出塑料，塑料 1901 的代码是 L1901，点击交易软件中的开空，投资者就可以卖出塑料 1901 合约。然后该持仓就会在交易软件中显示出来，方向是空。

需要注意的是，所谓做多，就是先买入开仓，再卖出平仓的过程。所谓放空，就是先卖出开仓，再买入平仓的过程。

几分钟之后，可以发现塑料已经有了 75 元的利润，如图 1-5 所示。

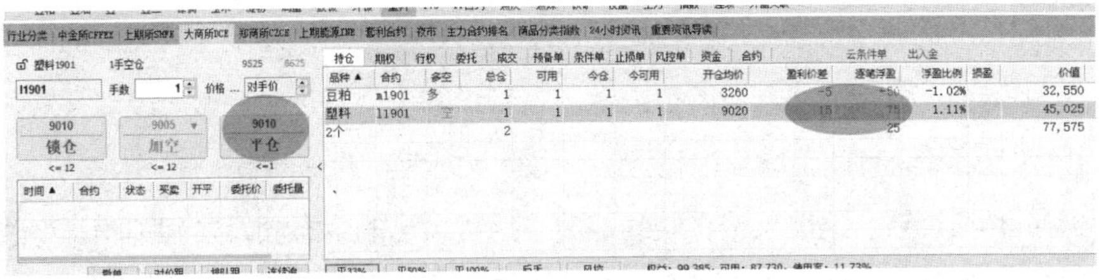

图 1-5

此时，如果投资者想平仓，那么只需选中所要平仓的合约，然后点击平仓按钮即可。平仓之后，75 元减去此次交易的手续费，就是投资者此笔交易的利润。

这就是期货交易的基本流程。

4. 认识其他玩家——期货市场的主要参与者

期货市场的参与者按照交易的目的不同可以分为套期保值者和投机者两类，套期保值者参与期货市场的目的是规避现货市场当中价格变化的风险，而投机者的目的是希望在价格变化当中获利。简单来说，套期保值者是为了避险，而投机者是为了获利。

一如在上文中提到的美国芝加哥联合屠宰场的例子，期货市场发展的初心就是为了让现货市场的商家有一个可以避险的金融工具。所谓套期保值就是在期货市场买进或者卖出与现货商品或者资产相同，数量相等但是方向相反的期货合约。这样就在现货和期货市场建立了一个盈亏相抵的对冲机制。比如钢铁生产商可以在期货市场做空螺纹钢，来对冲钢材现货价格可能下跌的风险。如果未来钢材的现货价格下跌，那么现货市场的亏损可以通过期货市场的螺纹钢空单的利润加以弥补。饮料生产商可以在期货市场做多白糖期货，来对冲未来白糖价格可能上涨的风险。如果未来白糖价格真的上涨，饮料生产商不得不支付更多的采购费用，那么这些超额支出可以通过期货市场的白糖期货多单的利润加以弥补。

套期保值者参与期货市场是为了避险，投机者参与期货市场就单纯是为了获利，投机者是期货市场重要的组成部分，为期货市场提供了难得的流动性。如果没有投机者为市场提供的流动性，那么套期保值者的避险也就无从操作。

市场存在各种风格迥异的投机者。有长线的投资者，也有做波段以及短线的日内交易者；有做市场单边趋势的，也有双向套利的交易者；有个人投资者，也有机构投资者。这些投资者共同组成了期货市场的生态圈。各种不同类型的投资者并存，是金融市场良性发展的一个重要标志。

期货市场除了交易所和期货经纪公司两大类主体之外，还有其他很多机构作为重要的组成部分，比如这些年蓬勃发展的私募对冲基金，其交易量已经在期货市场占有非常重要的地位，而个人投资者的比例正在逐年下降，私募对冲基金交易更加专业，在信息获取和交易成本方面也比个人投资者有着更大的优势，甚至很多对冲基金采用了量化交易的手段，在数据传输速度上也比一般的个人投资者更有优势。但是并不意味着私募对冲基金一定能够保持盈利，而个人投资者就一定会亏损。私募对冲基金因为打理的是客户委托的资产，有着更加保守的风控指标，所以其策略上一般追求稳定为主，而并非追求过高的利润率。个人投资者相对于私募对冲基金也具有一定的优势，即风险管控并不是非常严苛，在行情好的时候往往能够做到更大的报酬率，但是个人投资者往往缺乏严格的自律和风控规则，交易的随机性较大，业绩的起伏也比较大，所以对个人投资者而言还是应该把目标放在追求稳定的收益率之上，尽量完善自己的交易系统，制定严格的交易规则，做好资金管理，只有这样期货市场才能够给投资者带来满意的收益。

第二节　一切从基础开始——从新手到操盘手

1. 什么是主要期货价格

交易员在期货交易中接触到的主要期货价格有开盘价、收盘价、最高价、最低价、最新价、买价、卖价、涨停价、跌停价、结算价等。

开盘价、收盘价、最高价和最低价是组成 K 线的 4 个最基本的价格，也是期货交易的 4 个最重要的价格。最高价和最低价比较容易理解，就是一个时间段内价格运行所能达到的最高点和最低点。比如当天螺纹钢 1901 合约所有的交易成交价中，最大值是 4 076，最小值是 4 044。4 044 就是当天的最低价，4 076 就是当天的最高价。最高价和最低价在交易中非常重要，经常作为交易的信号来使用。比如价格上涨超过前一交易日的最高价，这一条件就可以用在很多交易系统中作为买入做多的触发信号。同样最高价和最低价也可以作为止损的信号。比如多单以前一交易日的最低价作为止损价，如果价格下跌超过前一交易日的最低价，那么多单暂时出局以避免承受更大的损失。这种方法也可以用在日内交易之中。一般来说，日内交易的止损或者开仓信号应该放在更小的时间架构里，比如 15 分钟或者 5 分钟等，当价格上涨或下跌突破了前一根 15 分钟 K 线的最高价或最低价作为买入或者卖出的信号，也是一种非常简单而有力的选择。

开盘价和收盘价决定了一根 K 线是阳线还是阴线。收盘价就是当天交易的最后一笔成交价，在日线以内的 K 线上，一根 K 线的开盘价是指这个时间段的第一笔成交价。但一个交易日的开盘价就不是该交易日的第一笔成交价，而是该交易日集合竞价的产物。这里就涉及一个概念——集合竞价。

集合竞价是在每天早上开盘之前 5 分钟开始的，期货每天早上 9:00 正式开盘，但实际上在 8:55 就已经可以报单。8:55 到 8:59 为期货合约买卖价格指令申报时间，此时的交易者可以向交易所场内申报自己的买卖指令。指令申报之后，8:59 到 9:00 这一分钟即为集合竞价撮合时间。电子系统会把前 4 分钟所有交易者的申报指令按照价格优先和时间优先的顺序来进行撮合配对。交易系统对所有买入申报按照申报价格由高到低的顺序进行排列，价格相同的就按照时间顺序排列，报单早的排在前面。对于卖单申报，则按照由低到高的顺序排列，卖价越低的越排在前面，卖价相同的按照时间顺序进行排列。买入申报和卖出申报都按照此顺序排列好之后，就开始自动撮合配对成交。直到再也无法成交为止。此时最后一笔成交如果是全部成交，就以买入申报价和卖出申报价的算术平均价为当天的开盘价。如果最后一笔成交是部分成交，则以此部分成交的集合竞价为当天的开盘价。

开盘价对日内交易者而言非常重要。一个交易日开始之后，开盘价是当天或者一个时间段之内多空双方进行争夺的起点。价格在开盘价之上运行，意味着此根 K 线属于阳线，而当价格在开盘价之下运行，意味着此根 K 线属于阴线。所以开盘价是多空双方在一个时间段内争夺的要点，尤其对于日线的开盘价更是如此。开盘价经常可以作为交易的信号来使用，当某一个交易日，价格反弹或者回调在开盘价受到支撑或者阻力时，往往是日内交易者下单的良好信号。比如某一个交易日开盘后价格上涨在开盘价之上运行，之后价格出现回调，回调直到开盘价位置受到支撑，此时是交易者盘中做多的良好机会，只需把止损放在略微低于开盘价下一档的位置，这样的交易有着非常好的风险回报比。

买价和卖价是交易中经常用到的，买价即为买方的报价，卖价即为卖方的报价。在期货市场中有数量众多的买方和卖方，不同的买方出价是不同的，所有的买价就会按照价格优先、时间优先的原则进行排列，买价中出价最高的为买一价。同理所有的卖价中，出价最低的为卖一价。这些还没有成交的买卖指令，就作为挂单在交易所中等待成交。对买家而言，卖家的出价是对手价，同样对卖家而言买家的出价是对手价。假如当下螺纹钢 1901 的买一价为 4 050 元 / 吨，卖一价为 4 051 元 / 吨。假如我是一位做多的投资者，如果我向市场报单 4 050 元的价格买入螺纹钢，那么这时是无法立刻成交的，因为卖方的最低报价为 4 051 元，那么我的这笔报单就会挂在买一价上，等待足量的卖方愿意以此价格成交。如果我的报价是 4 051 元，那么这笔交易会立刻成交。而最新价就是最近一笔的成交价格。

交易涨停价和跌停价是期货品种当天涨停板和跌停板的价格，期货是有涨停和跌停的限制的，这也是期货的交易规则之一。交易者以超过涨停价或者低于跌停价的报单都属于无效报单。也就是说，涨停价是交易者当天所报买单的最高价格，跌停价是交易者当天所报卖单的最低价格。因为期货的报单队列是按照价格优先的顺序排列的，所以以涨停价和跌停价报单能够使投资者的报单排在队列的最前面，起到类似于市价成交的作用，且经常在交易中起到重要的作用。

结算价是期货特有的价格，前面讲过期货有一个重要的规则就是每日结算，期货交易所每天都会对交易双方的交易的盈亏状况进行资金的清算和划转，保证交易双方当日无负债，这个制度叫作当日无负债制度，而期货市场中每日的盈亏计算并不是按照收盘价来计算的，而是按照结算价进行账户清算的。

结算价是由交易所公布的，交易所在当日交易结束后会公布期货合约当日的结算价，郑州商品交易所、大连商品交易所和上海期货交易所的当日结算价是某一期货合约当日成交价格按照成交量的加权平均价，而中国金融期货交易所（下文简称中金所）则略有不同，中金所的当日结算价是指某一个期货合约最后一小时的成交价格按照成交量的加权平均价。结算价除了是每日盈亏计算的依据之外，也可以构造一些特别的交易策略，因为从结算价的计算方式可以看出结算价相当于每个交易日价格的重心，在多头市场中价格的重心不断地被抬高，在空头市场中价格的重心会不断地被压低。

2. 了解交易量和持仓量背后的含义

期货交易中交易量和持仓量是非常重要的两个仓量指标。观察持仓量和交易量对期货交易有很重要的指导作用，可以辅助其他技术指标进行行情判断，也可以结合行业数据和宏观指标进行综合分析。

成交量是指某段时间内成交期货合约的总数，通常以每个交易日来计算。交易量大的期货合约流动性强，交易不容易产生滑动误差，交易成本低，大资金容易进出。相反，如果交易量小、交易不活跃则流动性差，大资金很难进出，交易容易产生滑动误差，无形中提高了交易成本。

持仓量是指已成交但尚未进行交割或对冲的期货合约总量。持仓量是期货市场纵深发展的风向，会影响到某个价位或区间买卖的能力。持仓量就是未平仓的合约总量。一个多头和一个空头同时建立一个各自新的头寸时，持仓量就增加一个合约单位，相当于买家和卖家订立了一个期货合约，交易中叫作双边开仓；如果持有一个多头头寸的投资者卖给一个想建立一个多头头寸的交易者，持仓量不变，那么在交易中这叫作多头换手，空头持有者转让给其他的空头持有者，此为空头换手，持仓量也不变；如果持有一个多头头寸的投资者卖给一个想平掉空头头寸的交易者，持仓量就减少一个合约单位，此为双边平仓。

一个期货品种中，持仓量最大的合约往往也是交易量最大的合约，此为该期货品种的主力合约。如图 1-6 所示的螺纹钢期货 12 个合约中，螺纹 1901 合约的持仓量和日交易量均是最大的，所以螺纹 1901 就是此时螺纹钢期货的主力合约。交易中，投资者的交易标的往往是主力合约以及交易量和持仓量排在第二位的次主力合约。

合约名称	最新	现手	买价	卖价	买量	卖量	成交量	涨跌	涨幅%	持仓量	日增仓
螺纹1811	4280	60	4200	4450	60	30	60	-76	-1.74%	360	-60
螺纹1812	4295	2	4292	4307	1	1	228	-6	-0.14%	1742	-112
螺纹1901	3864	202	3863	3864	499	394	2686160	-5	-0.13%	2423874	-76206
螺纹1902	3656	2	3658	3666	4	2	316	-5	-0.14%	6320	120
螺纹1903	3585	2	3590	3595	1	12	104	-12	-0.33%	4696	4
螺纹1904	3552	32	3553	3564	8	13	98	-5	-0.14%	924	-32
螺纹1905	3488	4	3487	3488	199	7	536278	1	0.03%	1194582	18460
螺纹1906	3462	2	3455	3464	1	1	36	0	0.00%	1640	10
螺纹1907	3442	2	3439	3452	2	3	28	-6	-0.17%	2310	12
螺纹1908	3428	2	3431	3441	1	1	34	-1	-0.03%	1588	12
螺纹1909	3405	2	3395	3404	11	6	308	9	0.27%	3538	62
螺纹1910	3344	2	3343	3344	5	4	40340	6	0.18%	174740	5848

图 1–6

持仓量和交易量都是反映市场资金面的指标。虽然商品的价值反映的是其背后的基本面，但二级市场的价格却是资金博弈的结果，基本面不会直接作用于商品价格，需要通过资金为媒介反映到二级市场的商品价格上，这就是资金的博弈。所以持仓量和成交量作为反映资金面的指标具有特定的价值。

同样作为反映商品资金面的仓量指标，持仓量和交易量所反映的内容是不一样的。持仓量反映的是一个商品受到资金的追逐程度，某商品的持仓量越大，代表该商品越受到市场资金的关注。比如 2018 年第四季度，螺纹钢主力合约的持仓量基本维持在二百万手以上，而价格更便宜的豆粕的持仓量仅有一百万手左右，仅为当期螺纹钢期货的一半，可见当期市场中，相对于豆粕而言，资金更加关注的期货品种是螺纹钢。

交易量反映的是市场的分歧程度。为什么这么说呢？因为市场的基本原则就是有买必有卖。如果没有足够的卖单就无法成交足够的买单，反之也一样。同样是上涨十个点，背后推动的资金可能完全不一样。比如在单边上涨的市场中，上涨预期比较强烈，卖单报价较少，此时无须很大的成交量就能推动市场继续上涨。再比如，当价格上涨到关键阻力位的时候，此时卖单增加，成交量放大，显示市场出现分歧，交易者对价格能否突破持不同看法，这些看法都体现在成交量上。

如图 1–7 所示为 PTA 主力合约的 30 分钟图，价格走出一段上升走势，然而在前期阻力位（上方虚线处）受到压力，成交量两次放大，显示出市场在此位置出现分歧。随后价格下跌，结束了这段上涨走势。

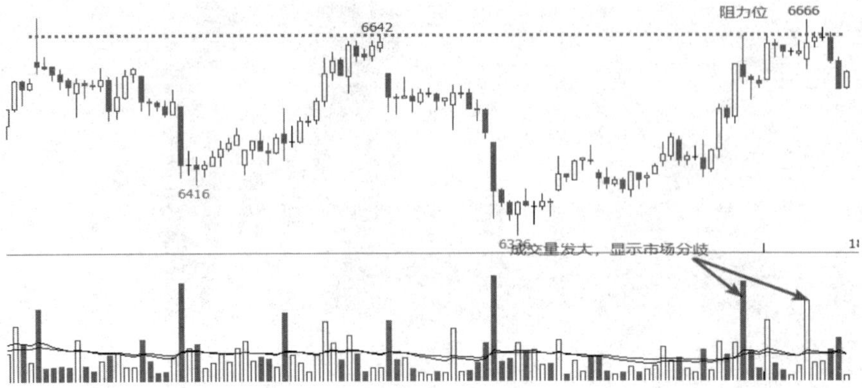

图 1–7

3. 解读期货的盘口

下面要引入一个重要的内容——期货的盘口。交易者经常说“看盘”，那么看盘到底是看什么呢？在我看来，盘口应该包含两个部分：一个是技术图形，另一个是盘口变化。技术图形反映的是市场整体的趋势情况，而盘口变化则反映市场微观的交易情况。如果说技术分析是从历史到未来的分析过程，那么盘口分析就是活在当下。

盘口分析，就是让交易者关注当下市场的成交状况，以此来指导自己的交易。那么什么是盘口呢？所谓盘口，就是市场上买家和卖家的实时交易状态。盘口分析就是直接从交易层面来进行分析，先来看一对概念——内盘和外盘。

【内盘和外盘】

现在我们就来到期货市场，从交易的角度也就是买家和卖家的角度来看一下这个市场是如何运作的。

现在有一个交易者准备在螺纹钢期货市场买入一手螺纹钢期货。有两种方式来完成这笔交易。目前螺纹钢市场的报价有两种：一种是买家的报价；另一种是卖家的报价。假设现在买家报价为 3 455 元 / 吨，卖家报价为 3 456 元 / 吨。

第一种情况，如果该交易者接受卖家的报价，那么买卖双方马上可以达成成交，成交价格即为 3 456 元 / 吨。这种情况下买家主动与卖家成交，成交量为两手，分别是买家一手，卖家一手。在统计成交量时，就会把这种买家主动接受卖家的报价完成成交的成交量统计为外盘。所以盘口术语中的外盘就是指买家主动接受卖家的价格进行成交的成交量。

第二种情况，如果该交易者认为卖家的价格不符合自己的心理预期，那么该交易者在市场上挂出自己的买入价格，该价格可以是 3 455 元 / 吨，也可以更低。假设该交易者是以 3 455 元 / 吨挂单，该价格是不能够马上成交的，要被动等待卖家接受自己的价格。如果在自己挂单之前，在 3 455 元 / 吨的价格已经有十手挂单，那么按照价格优先、时间优先的原则，该交易者的挂单只能排在第 11 位，也就是说，该交易者需要等待前面十手挂单成交之后，新的卖单接受自己的价格之后才能够成交。此时的成交主动权掌握在卖家手里，只有卖家主动接受交易者的价格才能够成交。该交易者等待了几分钟之后，有卖家接受了他的挂单，于是双方达成了成交，这种卖家主动接受买家的报价完成成交的成交量，记做内盘。所以期货盘口中的内盘是指卖家主动接受买家报价达成成交时的成交量。

实盘的例子如图 1-8 所示。

塑料1901 11901			
卖出	8655	162	
买入	8650	128	
最新	8650	涨跌	70/0.82%
现手	2	速涨	0.00%
总手	112362	开盘	8615
持仓	157018	最高	8685
日增	-8210	最低	8580
外盘	59304	结算价	0
比例	53%	昨收	8550
内盘	53058	昨结	8580
比例	47%	涨停	9005
杠杆	----	跌停	8155

图 1-8

在图 1-8 中可以看到塑料 1901 期货合约在某个交易日的情况，即外盘成交量为 59 304 手，占比为 53%，内盘成交量为 53 058 手，占比为 47%。外盘的量明显大于内盘，说明该交易日目前买方主动接受卖方报价成交的比例大于卖方主动接受买方报价成交的比例，买方在市场上更加积极，市场的气氛偏向买入做多。

了解了内盘和外盘，就对交易日当时的整体市场成交状况有了一个整体的印象。但是投资者想看得更细，看看其他交易者都在做什么事情。这就是实时盘口行为。

【实时盘口】

在期货交易的过程中，会涉及交易者的行为、期货的价格、成交量以及持仓量的变化，每一笔交易都涉及这 4 个要素。比如我以卖家的报价买入开仓 2 手螺纹钢，这笔交易就涉及上述 4 个要素。第一个要素是交易者的行为，分为买家的行为和卖家的行为，我作为买家的行为是买入开仓，买家必然对应一个或者多个卖家，我买入的 2 手螺纹钢，可能是一个卖家也可能是两个卖家卖出的。卖家的行为可能是卖出开仓，也可能是买入平仓。第二个要素就是价格，这笔交易是以买家的报价成交的，还是以卖家的报价成交的？如果是以买家的报价成交的，那么就是卖方主动接受买方的报价而卖出。如果是以卖家的报价成交的，那么就是买方主动接受了卖方的报价成交的。第三个要素是成交量，买家买入 2 手螺纹钢，卖家卖出 2 手螺纹钢，所以这笔交易中的成交量是 4 手，该成交量又叫作现量或者现手。第四个要素是持仓量，这笔交易可能会造成持仓量的变化，如果买家买入开仓的同时，卖家卖出开仓，那么这笔交易就会造成持仓量的增加。如果卖家不是开仓，而是以前的多头平仓卖出，那么这笔交易是一位螺纹钢的持有者卖出，转移到了另外一位交易者继续持有，持仓量保持不变，仅仅是持有者发生了变化。所以每一笔期货交易都涉及这 4 个要素，为了反映交易中这 4 个要素的变化情况，期货软件中会用一系列的术语，来帮助交易者了解目前市场中正在发生的事情。

双方开仓，简称双开。双开表示买方和卖方同时开仓，也就是多头开仓对应空头开仓的情况，这种情况下持仓量的变化等于现手。比如交易者甲买入开仓 2 手螺纹钢，同时交易者以卖出开仓 2 手螺纹钢。此时的成交量也就是现手为 4 手，螺纹钢的持仓量增加 4 手。持仓量的变化等于现手的变化。这就是双开。如果双开是以买方主动成交的，那么此时交易软件中会以红色来显示；如果双开是以卖方主动接受买方报价成交的，那么以此时交易软件中会以绿色来表示这笔交易。

双方平仓，简称双平。双平表示买方和卖方同时平仓，也就是多头平仓对应空头平仓的情况，这种情况下持仓量的变化等于现手。比如交易者甲买入平仓2手螺纹钢，同时交易者乙卖出平仓2手螺纹钢。此时的现手还是等于4手，持仓量减少4手。持仓量的变化等于现手，这笔交易就是双平。如果双平是以买方主动接受卖方的报价成交的，那么这笔交易在交易软件中会以红色来显示；如果是卖方主动接受买方的报价来成交的，那么交易软件中会以绿色来表示这笔交易。

多头换手，简称多换。表示买方主动以卖方的报价开仓，但对应的卖方是原先持有多单的交易者平仓，也就是多头开仓对应多头平仓的情况。这种情况下虽然现手交易量增加，但是持仓量并不发生变化。比如交易者甲买入开仓2手螺纹钢，此时正好有交易者乙挂单准备卖出自己手上持有的2手螺纹钢。这笔交易成交之后，交易者乙持有的螺纹钢多单就转移到了交易者甲手上，现手还是4手，但是持仓量并没有变化。交易软件中会以红色来表示多头换手。

空头换手，简称空换。表示卖方主动以买方的报价开仓，但对应的买方是原有的空单持有者准备进行平仓的挂单，也就是空头开仓对应空头平仓，与多头换手一样，此时虽然交易量增加，但是持仓量并没有发生变化。比如交易者甲卖出2手螺纹钢准备开仓放空。他的对手单是原先的空单持有者挂价准备平仓的单子。这笔交易成交之后，交易者乙原先持有的螺纹钢空单就转移到了交易者甲的手上，现手虽然增加4手，但是总体的持仓量并没有发生变化。期货软件中会以绿色来表示这笔交易。

多头开仓，简称多开。此时买方主动接受卖方的价格进行开仓，但此时的卖方并不是单纯的空头开仓和单纯的多头平仓，而是这两种卖方都有。在这种情况下持仓量是增加的，但是增加的数量又赶不上现手。比如交易者甲接受卖方的挂单买入开仓2手，但这两手卖方的挂单分别是两个不同的交易者挂的，1手是卖出平仓，1手是卖出开仓。这笔交易成交以后，现手还是4手，但是持仓量只增加了2手。有聪明的读者可能已经发现了，一笔多头开仓，可以看成一个多头换手和一个双边开仓。多头换手并不增加持仓量，增加的只是双边开仓的持仓量。但是因为这只是交易者作出的一笔交易，恰好这笔交易的对手方有两个，既有空头开仓也有多头平仓，所以交易软件中还是用红色来表示这笔交易，记做多开。

空头开仓，简称空开。理解了多头开仓也就理解了空头开仓，空开表示卖方接受了买方的挂单做空，其对应的对手方既有多头开仓也有空头平仓，这笔交易实际上也是空头换手和双边开仓的结合。持仓量增加了，但是增加的程度不如现手。比如交易者甲，看到市场上目前买方的报价有 2 手螺纹钢的挂单买入，于是接受了这个价格并以这个价格卖出开仓。但是这 2 手挂单当中，有一手是多头开仓，还有一手是原先的空头准备平仓的挂单。这样一来，成交之后持仓量仅增加多头开仓与空头开仓对应的部分，也就是双开的部分。还有一手成交实际上属于空头换手，并不增加持仓量。现手还是 4 手。交易软件中用绿色来表示这笔交易。

多头平仓，简称多平。多头主动在市场以买单的报价进行平仓，对应的对手单既有空头平仓也有多头开仓。实际上也可以拆解为换手加双平。持仓量减少，但是减少的量比现手要少。比如交易者甲欲卖出平仓手上的 2 手螺纹钢多单，于是主动接受买家的报价成交，报价的买家中，一手是做多的多头开仓，一手是持有空头的交易者的平仓。这样成交以后，一手多头平仓对应一手空头平仓相当于双平，另外一手多头平仓对应一手多头开仓相当于换手。换手持仓量不变，双平持仓量减少。交易软件中用绿色来表示这笔多头平仓的交易。

空头平仓，简称空平。空头主动在市场以卖单的报价进行买入平仓，对应的对手单既有多头平仓也有空头开仓。空头平仓对应空头开仓就是换手；空头平仓对应多头平仓就是双平。双平持仓量减少，换手持仓量不变。所以空头平仓会降低持仓量。比如交易者甲欲卖出平仓手上的 2 手螺纹钢空单，于是主动接受卖家的报价成交，报价的卖家中，一手是做空的空头开仓，一手是持有多单的交易者的平仓。因为空平是买方主动，所以交易软件中用红色来表示这笔多头平仓的交易。

上述就是盘口的术语，包括双开、双平、多换、空换、多开、空开、多平和空平。下面来看一个具体的例子（见图 1–9）。

时间	价位	现手	增仓	开平仓
13:52:30	3594	662	24	空开
13:52:30	3592	1666	-114	多平
13:52:31	3592	2810	-608	多平
13:52:31	3590	292	-30	多平
13:52:32	3589	2612	-1952	多平
13:52:32	3589	614	-216	多平
13:52:33	3589	258	76	空开
13:52:33	3589	184	56	多开
13:52:34	3588	768	-492	多平
13:52:34	3588	750	-170	多平
13:52:35	3587	182	128	空开
13:52:35	3587	1136	24	空开
13:52:36	3586	412	174	空开
13:52:36	3585	912	6	空开
13:52:37	3585	674	192	多开

图 1-9

如图 1-9 所示为螺纹钢期货交易的一个实盘盘口。可以看到整个图中空头占绝对优势，仅有两笔多开是多头主动成交。其余全部是卖方主动寻求买方的挂价成交，很明显空头在控制市场。列表中的第一笔是 13:52:30 的空开，在 3 594 的价格成交，可以看到现手为 662 手，但是增仓只有 24 手。空开代表空头开仓，其对手方是多头开仓和空头平仓。空头开仓只有对应多头开仓才能增加持仓量，可见 3 594 这个价位上挂单的多头开仓并不多，只有 12 手而已，剩下的几百手全部是空头的平仓单。反映市场真正做多的动能不足。多头平仓显示了此时市场上持有多单的交易者的交易倾向，说明市场在价格到达阻力位时，做多的动能不足，突破的决心并不强烈。连续多笔的多头平仓，使得多单在这个位置被迫换手，持仓量下降。随后出现的多头开仓也只有一笔，并没有形成连续的市场动能。随后市场的氛围继续往偏空的方向发生转变，出现了连续多笔的空头开仓，市场由原来的多头平仓向空头开仓出现了一个接力。投资者可以体会一下市场的氛围，当价格到达阻力位置时，出现了连续的多头平仓，持仓量减少，如果市场需要突破，那么此时的盘口应该是多头开仓或者双边开仓，因为阻力位存在争夺，市场的分歧会使得持仓量增加，但是多头平仓和持仓量减少，显示目前市场在阻力位置并不存在这样的分歧。投资者观察到这个盘口就可以预见目前阻力位并不存在突破的动能，既然突破不了随后就是市场出现回落，在多头平仓之后出现空头开仓也预示着这一点。

观察盘口，最重要的是看清目前市场中采取主动的交易者的交易倾向。投资者可以按照多、空两个方向对盘口语言进行分类。

如图 1–10 所示，左边代表买方占据主动的盘口，右边是卖方占据主动的盘口。同样是买方占据主动的盘口，代表的含义也是不一样的，比如空头平仓，这是买方占据主动，但确实是持有空单的交易者发动的。而多头开仓是新开多单的交易者占据主动。同样在卖方占据主动的市场，空头开仓代表新开空单的交易者采取主动，而多头平仓则是原先持有多头部位的交易者主动卖出平仓。

多	空
双边开仓（持仓量增加）	双边开仓（持仓量增加）
多头开仓（持仓量增加）	空头开仓（持仓量增加）
多头换手（持仓量不变）	空头换手（持仓量不变）
空头平仓（持仓量减少）	多头平仓（持仓量减少）

图 1–10

【短线跟单与盘口】

有一种期货交易者擅长短线跟单，通过观察市场在关键点位的强弱变化来判断市场的下一步走势，试图交易一笔单纯的短线行情。

盘口是短线跟单交易者的有力工具。当市场处于关键支撑和阻力位时，观察盘口判断突破或者回调的概率，从而选择交易方向。

通过盘口判断支撑位和阻力位的走向有一定规律可循，如图 1–11 所示。

（1）当价格上涨到达阻力位时，如果有突破的可能，则往往最先会出现多头的换手，因为此时必然有一部分原先持仓的多头进行平仓，新跟进的多头为了要把价格推动到阻力位以上，就会接下这些平仓的多头，于是在盘口上就可以看到多头换手，仅仅是多头换手还不够，阻力位是空头阻挡多头进攻的堡垒，所以在阻力位上往往就有空头开仓，空头开仓与多头开仓同时进行，就会在盘口上看到双开和多开出现，此时持仓量增加也反映出市场在此的争夺。当市场突破阻力位之后，此时如果空头放弃防守就会出现空头平仓，或者原先以此为止损点的空头被击破止损位而出现被动平仓，此时就会出现空头平仓和持仓量下降的情况，价格继续上涨。

价格上涨到达阻力位	价格下跌到达支撑位
突破 多换 + 多开（双开）+ 空平 持仓量先增后减	突破 空换 + 空开（双开）+ 多平 持仓量先增后减
无法突破 多平 + 空开（双开） 持仓量先减后增	无法突破 空平 + 多开（双开） 持仓量先减后增

图 1-11

（2）当价格上涨到达阻力位时，如果出现频繁的多头平仓，而无法跟上多头开仓和多头换手，则显示出市场上涨的动能不足，此时持仓量减少，市场开始回调，随即回调得到确认，出现空头开仓进一步打压价格，持仓量增加。

（3）当价格下跌到达支撑位时，如果有继续向下突破的可能，就会出现频繁的空头换手，接下在支撑位平仓的空头平仓。如果市场一鼓作气就会出现双边开仓和空头开仓进一步打压价格跌破支撑位，使在支撑位防守的多头放弃防守，多头放弃防守之后会出现多头平仓，使得价格进一步下跌。持仓量也是先增加后减少，在争夺支撑位时，空头开仓和多头开仓会增加市场的持仓量，直到多头溃败开始平仓，持仓量就开始减少。

（4）当价格下跌到达支撑位时，如果出现了频繁的空头平仓，而没有空头换手和空头开仓来消化这些平仓，则显示市场并没有下跌的动能，市场没有动能击穿支撑位，价格随即开始反弹，多头随即跟入开仓，多头收复失地，持仓量增加。这是一个持仓量先减少后增加的过程。

上述给出了一个价格上涨和下跌到达支撑和阻力位时，每一个盘口变化的基本模型，但是市场变化莫测，交易者应该切忌教条主义。然而，无论如何，通过盘口变化可以观察到目前市场中占据主导地位的交易者的交易倾向，从而判断未来市场价格的走向，是一个短线盘口交易的基本思路。

4. 学会计算期货交易的盈亏

对一个期货交易者而言，会算账是最起码的要求。由于期货交易的方式是采用保证金交易，而且实行每日清算制度，所以期货交易的账户计算比股票交易复杂。很多新手交易者因不了解规则而无法掌握要领，总是不明白账户里面的盈亏、权益和保证金，甚至不明白资金的余额是如何计算出来的。

下面讲解期货账户的计算方法。

在期货交易账户计算中，盈亏计算、权益计算、保证金计算以及资金余额计算是 4 项最基本的内容。

按照开仓和平仓的时间划分，盈亏计算可分为如下 4 种类型：

（1）当日开仓当日平仓；

（2）当日开仓后未平仓转为持仓；

（3）上一交易日持仓今日平仓；

（4）上一交易日持仓今日继续持仓。

各种类型的计算方法如下。

第一，当日开仓当日平仓的，计算其买卖差额。

第二，当日开仓而未平仓的，计算今日结算价与开仓价的差额。

第三，上一交易日持仓今日平仓的，计算平仓价与上一交易日结算价的差额。

第四，上一交易日持仓今日继续持仓的，计算今日结算价与上一交易日结算价的差额。

在这里特别要注意的是，在进行差额计算时，千万不要搞错买卖的方向。

下面举例说明。

假如我在某期货经纪公司开户后存入保证金 50 万元，然后买进 3 手沪深 300 股指期货合约，成交价为 2 100 点，同一天我在 2 115 点卖出平仓 1 手，当日结算价为 2 105 点，假定交易保证金比例为 15%，手续费为单边每手万分之 0.3，则我的账户情况为：

（1）当天卖出了 1 手，赚了多少钱呢？可以通过如下公式计算。

当日平仓盈亏 =（2 115−2 100）×300×1=4 500（元）

其中，2 115 是我当天卖出平仓的点位，2 100 是我当天买入的价位。买入和卖出的差价乘以股指期货的合约点数 300，再乘以平仓的手数 1 手。最后得出当天平仓 1 手股指期货赚到了 4 500 元。

（2）我平仓 1 手之后，还剩下两手未平仓合约，这两手未平仓合约就是我的持仓。那么，这两手持仓合约在当天有多少利润呢？可以通过如下公式计算。

当日开仓持仓盈亏 =（2 105−2 100）×300×2=3 000（元）

用当天的结算价 2 105 减去我开仓的价格 2 100，然后乘以股指期货的合约点数 300，再乘以持仓的手数 2。最后就可以得出两手持仓的利润为 3 000 元。

这 3 000 元持仓的利润加上平仓 1 手的利润就可以算出我当日的总利润。于是就有了如下计算公式。

当日盈亏 =4 500+3 000=7 500（元）

所以当天总共的盈亏是 7 500 元。很不错吧！

那么我在当天的交易中一共用了多少手续费呢？可以通过如下公式计算。

手续费 = 2 100×300×3×0.3+2 115×300×1×0.3=56.7+19.04=75.74（元）

这个计算就是用我开仓 3 手的手续费加上平仓 1 手的手续费之和。无论是开仓还是平仓，手续费都是用交易的价格乘以交易的单位，再乘以手续费的收取比例，最终得到的数字。

需要注意的是，在股票交易中，无论什么股票，一手都等于 100 股。而在期货交易中，不同的交易品种，一手所对应的数量是不相同的。比如一手铜为 5 吨，一手大豆为 10 吨，而在本例中，一手股指期货就代表 300 点。投资者在计算时，千万不要搞错。

最后就可以算出当日的权益。

当日权益 = 500 000 + 7 500 − 75.74 = 507 424.26（元）

当日权益是指投资者在当日期货账户所拥有的资产。在本例中，我原有

50 万元资金，当天盈利了 7 500 元，但是因为交易花费了 75.54 元手续费，最后得出，当日我，期货账户所拥有的资产为 507 424.26 元。

但是，我虽然拥有这么多的资产，但是其中有一部分被用于两手持仓的保证金，这部分保证金在我没有平仓之前是不能够使用的，两手股指期货持仓总共占用了我多少保证金呢？通过如下公式就可以计算出来。

保证金占用 = 2 105 × 300 × 2 × 15 % = 189 450（元）

上述是用当日股指期货的结算价乘以持仓的数量 2 手，再乘以保证金的比例计算出来的。

持仓保证金是由交易所冻结，我不能够使用。那么，我实际可以使用的资金余额，就等于我的总资产减去占用的保证金。可以通过如下公式计算。

资金余额（可交易资金）= 507 424.26 － 189 450 = 317 974.26（元）

最后得出的结果317 974.26元，就是我可以在以后交易中继续使用的资金。

第三节　小资金也有大梦想——期货交易从一万元开始

1. 为什么要从一万元开始你的期货交易之旅

用一万元开启投资者的期货交易之旅，很多人对此或许会有所疑虑，尤其是一些具有股票交易经验的投资者。这些投资者会不自觉地将期货和股票进行对比。不可否认，一万元的交易资金在股票市场中确实比较难以有所作为，但期货交易与股票交易是有很大不同的，其中有如下两个主要的不同点。

其一，期货是采用保证金的交易方式，也就是说，期货交易是带有杠杆的。当然不同的期货品种以及临近交割时间的不同，期货的杠杆水平会有所变化，假设期货的平均杠杆水平为十倍，那么就意味着在期货市场中 1 万元的保证金可以交易价值为 10 万元的商品。而股票市场是不具备这个特性的。

不过投资者需要明白的是，同样资金的持仓条件下，期货交易所能容忍的资金回撤要比股票交易中更低，而且期货持仓是有时间限制的，在不移月的情况下，期货的持仓往往只有几个月的时间。这与股票市场中投资者往往抱有亏损的头寸几年甚至十几年的情况大有不同。

其二，期货市场是可以做双向交易的，也就是说，投资者既可以在上涨的行情中做多获利，也可以在下跌的走势中放空盈利。所以相对于股票市场而言期货交易有着更多的盈利机会，而且对于短线交易来讲更是如此。在期货市场中日内交易占有一个非常大的比重，这主要源于期货市场 T+0 的交易规则，也就是说，当日买入的合约在当天就可以平仓，也不限制对该合约的再次买入，这个交易规则使得期货日内短线交易大行其道。短线交易相较于长线交易而言，虽然单笔利润不如长线交易丰厚，但是其承受的风险幅度较小。所以期货市场中双向交易和 T+0 的交易规则就可以使交易者承受较小的风险，以较少的资金在短线交易中获取比较多的交易机会。

相对于股票市场而言，期货市场中的交易频率要快得多，对一个手动下单的日内期货交易者而言，每个交易日内做 2 笔到 5 笔交易很正常， 甚至某些交易员可以做到十笔以上的日内交易。计算机程式化的高频量化交易员，可以在短短的一分钟之内凭借计算机程序连续做十几笔甚至几十笔交易。对一个正常的期货日内短线交易员而言，其在一个月内的交易量可达到一个股票交易员一年甚至更长时间的交易量。在期货市场，能够在相对较短时间，通过大量的交易让一名新手迅速地适应市场并走向成熟。

众所周知，任何领域的成功都需要成本，毕竟没有付出就没有收获。在金融交易领域也不例外，任何成功的交易者都会有很多失败的经历。交易是一项非常奇怪的活动，一个人即使拥有再多的理论知识，如果没有经历过实践，没有培养起在残酷的市场中生存的本能，那么这些投资知识也不能发挥太大的作用。所以对刚刚进入期货市场的新生交易者而言，我不建议初始就用太大的资金来冒险，尤其不建议交易者拿出那些对自身非常重要的资金来进行交易。因为这会让交易者进入一种“只能赚不能亏”的尴尬境地，对于交易而言，最危险的事情莫过于此，而一万元资金对很多个人和家庭来讲并不算是一个太大的数目，即使这笔资金发生亏损，也不会对个人和家庭的生活状况造成太大影响。就好比你去参加一个交易学习班，这一万元就是你第一期进入市场的学费。它能够让你学会很多东西，学会如何做期货交易，如何从懵懂无知开始熟悉一个个期货品种，学习计划自己的交易，以及设计自己的交易系统，最后慢慢地走向成熟并成为一个可以稳定盈利的交易者。

一个人如果计划出国留学，就会去学习外语；如果想成为一名设计师，就需要去学习画图和使用设计软件；如果计划成为一名音乐创作者，就要去学习乐理知识和一些乐器的演奏。这些事情人尽皆知，但奇怪的是当人们进入金融市场时，唯一的想法就是赚钱，而没有想过交易和投资也是需要学习的！世界上难道还有比这更加可笑的事情吗？所以我希望初入金融市场的交易者能够有一个正确的心态，不要试图一夜暴富， 盈利和亏损只是数字的变化，不要过分地在意这些事情，而是踏踏实实、规规矩矩地把每一笔交易做好，培养一个良好的交易习惯，这才是交易者在市场中终生制胜的法宝。

就让我们从一万元开始， 走进期货市场的大门，开启我们的交易之旅。

2. 一万元可以做的那些事情

有人会问，只有一万元在期货交易中能做哪些事情呢？下面就来看看利用一万元在期货市场中投资者能做些什么？

【可以做哪些品种？】

首先来看一下利用一万元的交易资金可以在期货市场中交易哪些品种。

（1）农产品

对于绝大多数的农产品投资者都可以交易，包括玉米、白糖、大豆、豆粕、菜粕、豆油、菜籽油、棕榈油、鸡蛋、玉米淀粉等。农产品当中，玉米、豆粕、菜粕、棕榈油等都是比较好的选择。其中，玉米是占用交易保证金最少的期货品种，而且玉米的日内波动相对较低，风险也比较小，比较适合于使用小资金交易的初学者。白糖占用保证金的比例稍高，走势相对而言把握难度较大，所以这里并不做特别推荐。豆粕也是一个交易量相对活跃的品种，而且一直以来比较容易受交易者的关注，是整个大豆压榨产业链中保证金使用最少的品种，也是一种可供选择的期货品种。

（2）化工产品

原油和化工系列期货产品包含众多的品种，也是我国期货交易品种中一个比较大的系列，但是原油期货有资金门槛限制，而且交易占用保证金较高，利用 1 万元保证金无法从事原油期货交易，但是在化工产品中有很多品种适合于 1 万元资金的小交易者，比如 LLDPE（塑料）、PP、PTA、PVC、沥青、甲醇等。LLDPE 和 PTA 都是上市比较久的品种，交易量也还不错，PP 也是一个比较活跃的期货品种，其走势与 LLDPE 相仿，但波幅更大，有时候相对于塑料而言更容易出行情，也是一个可以被交易者所接受的选项。

（3）黑色系期货品种

这里的黑色系期货品种是指煤焦钢系列，这是一整条产业链，包括上游的焦煤、焦炭和铁矿石，也包括下游的螺纹钢、热卷等。该系列中可供选择的品种毫无疑问应该是螺纹钢，螺纹钢是目前商品期货中交易量最大的品种。螺纹钢期货相较于农产品中的玉米和豆粕而言，其保证金占用稍高，目前大约为 5 000 元。螺纹钢期货最大的优势在于其走势比较独立，甚少受到外盘和周边市场的影响，而且其波动性比较适中，风险相对可控。其缺点在于对 1 万元资金的交易者而言基本上只能操作一手，有盈利后可以操作两手，相对来说资金管理的空间比较小，不过仍不失为一种良好的选择。

【可以做哪些交易？】

（1）日内短线交易

对于经验和资金较少的交易者，首先推荐的就是日内短线交易。日内短线交易不会持仓到第二个交易日，所以风险的可控性较高，尤其是对于那些受到周边市场和外盘影响比较大的品种，虽然交易者设定了止损，但是受隔夜消息面以及外盘走势影响，第二个交易日大幅度的跳空可能远远超过交易者当初设定的止损位，这是小资金交易者尤其需要避免的风险。很多人批判日内短线交易者过于频繁的交易会使资金处于不断的损耗中，而且无法在大级别的行情中获利。从某个方面来说，这种批判有一定的道理，但是对初入市场的小资金新手交易者来说，他们的焦点不应该放在能够立刻在大级别的行情中获利，而是应该首先放在迅速地学习和了解期货市场以及掌握交易的能力上，其次才是学习如何在期货市场中赚钱。日内短线交易毫无疑问是进步最快的方式，而且优秀的日内短线交易者的盈利能力并不逊色于其他任何一种交易方式的交易者。

（2）日间波段交易

日间波段交易所使用的时间框架比日内短线交易要更长，如果说日内短线交易者经常使用 1 分钟、5 分钟、15 分钟这样的时间框架，那么日间波段交易者就会使用 30 分钟、1 小时这样的时间框架。日间波段交易者会持仓过夜，一笔持仓可能会持有 1 天到 2 天或者 3 天到 5 天，但是一般不会超过 5 天。日间波段交易的风险显然比日内短线交易更大，交易者应该选择一些行情连贯、走势独立的品种。农产品中玉米的波动较小，是一个可供选择的品种。豆粕虽然受外盘影响较大，但是其走势的独立性也越来越强，其占用保证金比例相对较低，如果仓位不重，那么也是一个可以考虑的品种。螺纹钢的走势比较独立，很少出现大幅度隔夜跳空的情况，而且螺纹钢具有夜盘，在需要止损时还是可以做到。

（3）长线趋势交易

对于仅有一万元交易资金的交易者来说，我不太建议做长线的趋势跟踪，因为长线的趋势跟踪策略要想有比较好的利润率，其关键点在于能够在合适的部位准确加仓，而显然利用一万元的交易资金很难做到这一点。所有品种中只有玉米能够勉强做到这一点，但是这又有点得不偿失，因为会失去很多在其他品种上的交易机会。总之，虽然利用一万元也可以做长线的趋势交易，但是因为风险管理和资金管理的要求，我并不建议太小资金的交易者采用这样的交易策略。

（4）跨期套利

所谓跨期套利是指交易者在买入某个期货品种的合约时，同时放空该期货品种的另一个合约。比如我在做多豆粕 1901 合约的同时放空豆粕 1905 合约，反过来也是可以的。套利交易者实际上是在投机这两者之间价差的变化。套利交易者的风险相对于单纯的单边持仓风险更低，当然潜在的获利空间也较小，但是学会套利的交易思路对交易者成熟而言有着非常大的作用，比如在交易者持有的豆粕 1905 合约多单有亏损的时候，交易者可以在不平仓的情况下放空豆粕的其他合约，使其变成一个套利组合单，从而规避市场继续下跌的潜在风险。对仅有一万元资金的交易者而言，能够选择套利的期货品种非常有限，可能只有玉米、豆粕等寥寥几种，但是我认为交易者应该尝试一下这种交易，并且争取在实践中掌握套利交易的玩法，这对交易者以后用更大的资金进行交易会有非常大的帮助。

第二章

一万元可操作的期货品种分析——慧眼识金

第一节　期货中的明星——螺纹钢

1．钢铁是怎样炼成的

钢铁是由铁和碳组成的合金。根据含碳量的不同来区分钢和铁。含碳量低于 2.11% 的“铁碳合金”叫作钢；含碳量为 2.11%~4.3% 的“铁碳合金”叫作生铁。

整个钢材生产的工艺大概分为 3 个环节，分别是炼铁、炼制粗钢、连铸和轧制。炼铁的主要原材料是铁矿石和焦炭。铁矿石经过球团和烧结处理后，与焦炭和石灰石等原料一起进入高炉进行炼铁。炼制出来的铁水到转炉里面进行炼钢。除此之外，还可以使用废钢在电弧炉里面进行冶炼。这种方式目前在我国并不十分流行，因为我国目前的工业化程度水平仍然不高，废钢的原料比较少。目前还是以先炼铁后炼钢的长流程生产为主。而电弧炉炼钢的产量，目前只占到总产量的 10% 左右。转炉炼钢之后就是连铸，得到不同形状的钢坯——方坯和板坯，在规模大的钢厂，利用钢坯直接进行轧钢。通过不同的轧线可以形成不同的钢材、包括螺纹、线材、中厚板、热轧板卷等。冷板的生产是通过热轧板卷进行深加工形成的。一些中小钢厂没有高炉和转炉这种环节，而是直接从大厂购买钢坯，加热以后再进行轧制。

【螺纹钢成本的估算】

了解了钢材的工艺流程后，就可以来初步测算钢材的生产成本。对期货交易者而言，了解标的商品的成本，就可以知道价格的安全边际。这对交易来讲具有比较大的意义。

（1）炼铁

炼铁的主要原材料是铁矿石和焦炭，炼制一吨生铁需要大约 1.6 吨的铁矿石及 0.5 吨的焦炭，这也是炼铁工艺中对总体成本影响最大的因素，除此之外成本中还包括一些辅料和燃料以及人工费用，这些费用与副产品回收进行冲抵后约占总成本的 10%，可以得到如下公式。

生铁单位成本 =(铁矿石单位成本 ×1.6+ 焦炭单位成本 ×0.5)/0.9

（2）炼制粗钢

生铁炼制好以后就可以炼制粗钢。一吨粗钢中含有 0.96 吨的生铁，此外还要加上 0.15 吨的废钢。在炼钢的过程中，因为合金的加入及耗电量的增加，以及一些后期的维修费用，使得除了主要原材料之外的其他费用占到炼钢总成本的 18% 左右。于是可以得到一吨粗钢的成本计算公式。

粗钢单位成本 =(生铁单位成本 ×0.96+ 废钢单位成本 ×0.15)/0.82

（3）连铸和轧制

粗钢生产出来以后，紧接着就是进行连铸和轧制。以螺纹钢为例，三级螺纹钢的单位成本就是在粗钢单位成本的基础上加上大约每吨 300 元的轧制费用。于是可以计算出三级螺纹钢的生产成本。

三级螺纹钢单位成本 = 粗钢单位成本 +300

上述就是钢材生产的流程及初步的成本测算，在钢材生产所有的成本构成中铁矿石和焦炭的占比最大。其中，铁矿石占总成本的比例为 35% 到 50%；煤炭在钢材的成本中占到 15% 到 25%，主要是焦煤和喷吹煤。电力成本大约占到 4% 到 5%。另外就是折旧、人工和其他费用等其他损耗。从钢材的各项生产成本占比中可以看出，铁矿石和煤炭价格的变化对钢材生产成本的影响非常大，所以铁矿石和煤炭价格的变化会影响到钢材生产企业的利润水平，也会影响到钢材价格的变化，进而对整个钢材市场的供给造成影响。

2. 螺纹钢价格变化的逻辑

钢材是一个价格波动性非常大的品种。大概梳理一下，历史上钢材价格出现过 5 个周期。

周期一：2008 年全球金融危机之前，随着中国经济的快速发展，对钢材的需求也日益增多，同时上游铁矿石价格的上涨，如此一来，就出现了成本和需求的双重推动作用，于是钢材价格经历了一波幅度比较大的上涨。

周期二：2008 年经济危机之后，由于经济危机的冲击，钢材价格出现了断崖式的下跌。

周期三：2009 年到 2011 年，为了对冲经济危机对我国经济造成的影响，我国推出了大规模的刺激政策，快速拉动了国内房地产和基建需求，钢材价格再度涨到了 5 000 元以上。

周期四：2011 年上半年，随着房地产限购政策的出台，国内经济增速放缓，伴随国内的需求逐渐走弱，同时产能在逐步地释放，使得钢材价格出现了大幅度的下跌。

周期五：2016 年随着环保以及去产能政策的持续发力，钢材价格又重拾涨势。

【螺纹钢的供给、需求与库存变化周期】

那么，投资者应该如何分析螺纹钢价格的走势呢？可以从供给、需求和库存周期 3 个方面来进行分析。

首先是供给的变化，供给主要看产量，钢材的产量等于产能乘以产能的利用率。影响产量的因素主要从两个方面来分析，一个是行业政策方面，比如产能限制的政策和环保的政策。另一个是利润方面，一般而言，利润增高会刺激产能的投放，而如果利润过低则又会限制产能的增加，如果企业炼钢处于亏损状态，那么企业就会限产和停产。

其次是需求的变化，也可以从两个方面来分析，一个是中间需求，另一个是终端需求。中间需求是指钢材贸易商的需求情况，包括对市场的预期、贸易商的库存水平以及贸易商的资金状况等。在贸易商对市场未来预期看好、库存水平不高以及贸易商资金充足的情况下，中间需求就可能有一个比较大的增长。终端需求又可以分为内需和外需，内需包括建筑行业的需求、工业用钢的需求等，外需包括直接出口的需求和间接出口的需求。在需求当中，中间需求和终端的内需主要受国内的宏观经济形势影响，而终端的外需则受到国际市场以及内外贸易政策的影响。

最后是库存，是反映钢材市场整体情况的一个指标，可以通过库存、企业利润与市场价格变化之间的联系来分析市场行情的下一步走势。

首先，钢材价格上涨会导致钢厂利润增加，进而会影响钢厂增加产量，使得供给增加，如果同时需求好转，库存就会呈现主动性增加的状态，这是一个主动补库存的周期，使得钢材价格出现上升。

然后，在价格持续上涨的过程中，如果需求持稳或疲软，那么库存会表现出被动性增加的情况，这就是被动补库存的周期，会导致钢材价格下跌，钢材利润下降，甚至钢厂出现亏损，进而影响钢厂的产量，使得供给减少。

此后，如果需求整体表现持续疲软，那么库存会表现为主动型的库存减少，市场进入主动去库存的周期，这样就会使得钢材价格出现进一步的下跌。

之后，在价格下跌到一定时候，如果需求好转或者需求开始持稳，那么库存会表现为被动型的库存减少，市场进入被动去库存的周期，从而使得钢材价格出现上涨。

【产业链利润分配与价格的传导】

在我国的期货市场中螺纹钢是黑色系期货品种的领头羊，整个黑色系期货品种包括上游的铁矿石、焦煤、焦炭，以及下游的螺纹钢和热卷。这些品种的价格之间是会互相影响的，其影响因素就在于产业链利润的分配，这是产业链价格传导的核心逻辑。

可以看一下在整个产业链中有哪些利益环节。首先是铁矿石矿山的利润分配，其次是煤矿的利润分配以及生产焦煤、焦炭的焦化厂的利润。这是上游产业链的利润，传导到中游就会变成钢厂的利润环节，钢厂的利润环节又分为炼钢的利润环节和轧材的利润环节，因为有一些钢厂是以调坯轧材为主，故而投资者也会关注轧材的利润。整个产业链的利润就在上游、中游和下游的利润主体之间进行动态的分配。

那么，产业利润的动态分配是由哪些因素影响的呢？有 3 个方面。第一个方面是产业链各环节中供需的紧张状况决定了该环节的利润分配比例。越是供需紧张的环节其所分配的利润就越高。第二个方面是产业集中度，某个行业的供需与产业集中度的状况决定了行业的定价权，比如焦化行业和铁矿石行业的对比，焦化行业属于中间环节，上游有煤矿，下游有钢厂，对焦化行业来讲，上游煤矿和下游钢厂都是比较强势的行业，所以焦化行业就不太有定价权。当钢材市场低迷时，利润往往从焦化行业向钢厂转移。而铁矿石属于上游行业，当市场转好时，钢厂的利润又向铁矿石行业转移。所以当市场繁荣的时候，铁矿石行业相对于焦化行业就更具有定价权。第三个方面是产能投放时间的一个错配，这样会导致上下游利润的转移。

铁矿石的产能，从勘探到投产大概需要 8 年时间，而工程进度的周期大概需要 1 年到 2 年时间。比如在 2014 年和 2015 年，铁矿石的产能扩张很大，而我国此时经济进入了调整期，市场对粗钢的需求下降，所以就难免发生矿山的利润让渡给钢厂的情况。

3. 螺纹钢的价差分析

基本面的分析往往有一个问题，即数据往往是滞后的。也就是说，交易者对基本面数据和价格传导的时效性往往很难把握。这时就需要一些更加直观的辅助手段。价差就是一个很好的工具。

就螺纹钢市场而言，投资者可以关注螺纹钢市场的各种价差，比如地区间的价差、市场间的价差，还有产业链品种之间的价差、月间的价差以及钢材品种间的价差，通过分析这些价差来了解和推导整个钢材价格走势情况。

◆ 螺纹钢的期现价差

螺纹钢的期现价差能够反映现货市场以及对于未来预期的一些情况。比如投资者观察发现螺纹钢的期现价差有一定的季节性规律。在每年 3 月底到 6 月底，基差往往会走强，但是走强的幅度偏小。因为当时现货处于旺季阶段，此时现货强于期货，所以出现基差走强的情况。到了 7 月至 9 月初，基差一般会小幅走弱，这时一般为现货需求的淡季，市场表现为期货强于现货。紧接着 9 月初到 11 月，此时基差相对波动幅度会大一点，而且整体会出现走强，主要原因就在于该时间段是“金九银十”的传统旺季，现货表现往往强于期货表现，基差大幅度地走高。在第一年年底到第二年年初，也就是 12 月到次年 3 月，基差会快速地走弱，这时现货市场终端需求减少，市场会表现出期货强于现货的状态。

◆ 螺纹钢的月间价差

螺纹钢的主力合约一般是 1 月、5 月和 10 月这 3 个月的合约，这 3 个月的合约反映不同的基本面的情况。近月合约的基本面近似于现货市场，反映整体现货市场近期变化的趋势，而远月合约反映了市场对未来基本面的预期，通过对不同期货合约的基本面进行分析，投资者可以把握远近合约价差变化的趋势。

螺纹钢临近交割时，近远月价差的波动也会比较大。临近交割时，应该更多地关注仓单的数量以及仓单的品牌。螺纹钢的交割品牌之间价差比较大，而且交割的品牌和地点的不确定因素比较多。总体来说，交割不太利于买方。所以经常导致螺纹钢近月合约的价格在交割时会向可交割现货的最低价格进行收敛，最终经常出现贴水交割的情况。

◆ 产业链品种之间的价差

除了上述期现价差、合约间价差外，投资者还可以关注整个螺纹钢产业链品种之间的价差。包括螺纹钢与钢坯，螺纹钢与铁矿石，螺纹钢与焦炭、焦煤或者废钢之间的价差。这种产业链上下各品种之间的价差，可以体现出整个产业链利润分配的转移情况。比如铁矿石和螺纹钢之间的价差，就可以反映出矿山利润和钢厂利润之间的转移。

目前整个黑色产业链上市的期货品种还是比较丰富的，包括铁矿石、焦炭、螺纹钢、热轧卷板等。因此投资者可以在盘面上构建钢材的炼制利润，从而交易“盘面利润”来进行套利。在钢材利润比较高的时候，投资者预期钢厂为扩大生产，加大原料的采购，加快产成品的销售，从而利多原材料、利空螺纹钢，使得盘面利润减少。此时投资者可以做空盘面利润。而当钢材利润较低时，投资者预期钢厂会调节生产节奏，减少原料的采购，从而利多螺纹、利空原材料，使得利润恢复上涨。此时投资者可以考虑做多盘面利润。从历史数据来看，盘面利润与铁矿石、螺纹钢的比价在节奏上有所不同，但整体趋势是保持一致的。这也使得盘面利润的交易成为一种基本面交易的选择。

第二节　世界经济的血液——原油与化工产品

1. 商品之王——原油

原油号称商品之王，有如下两个主要原因。

第一，原油是工业生产和社会生活中应用得最广泛的一种能源。虽然现在提倡使用风能、核能、潮汐能等新型能源，但是目前这些新能源还远远无法达到替换原油的程度。

第二，原油除了是一种重要的能源外，还是很多化工产品的原材料，比如乙烯、芳烃等，这些化工产品用于电子、建筑、农业、医学等社会生活的方方面面。

即使有一天原油作为能源的属性开始减弱，也很难找到其他作为最重要化工原材料的替代品。所以在可见的将来，即使原油不再作为能源，人们的社会生活仍然缺不了它。从这个角度来说，原油无愧于商品之王的称号。

原油其实是一种成分复杂的混合物，主要成分是碳和氢。全世界探明石油储量中，地区分化比较严重，其中中东地区储量最大，占全球总储量的47.7%，其次是美洲和非洲，亚太地区储量最少。中东地区储量虽然很大，但是受到地缘的影响，增长乏力，增长速度最快的是中南美洲地区，近十年皆以年均 20% 的速度增长。亚洲地区的储量占比世界最小，但是亚洲地区的消费增长非常迅速，尤其是中国，目前中国已经成为原油消费全球第二的国度。委内瑞拉目前已探明总储量达到 3 009 亿桶，占世界的 17.6%，是石油资源最丰富的国家。

因为原油在世界上的储量并不均衡，其质量也是五花八门，所以需要对原油进行分类，最常见的分类方法是按照比重指数 API 度来进行分类。分为轻质原油、中质原油和重质原油等。原油最基本的加工方法是分馏，人们所说的汽油、柴油、煤油、润滑油等就是原油经过分馏后的产物。当然仅仅分馏得到的馏分还不算是石油产品，只是中间产品或半成品，只有经过进一步加工，满足了油品的质量标准以后，才算是石油产品。

【原油价格体系】

原油如此重要，所以其价格变得举足轻重。二战以来，原油的定价可以分为 4 个阶段，而且这 4 个阶段的差异非常显著。其中，1946 到 1973 年，原油的价格常年维持在 10 美元附近波动。在 1973 年到 1979 年的两次石油危机冲击之后，原油的价格出现了飙升，最高曾经一度涨到 60 美元。随后在 80 年代和 90 年代持续下跌，一直到 2000 年之后又重拾涨势，并且在 2008 年出现了历史性的高点。原油历史价格的 4 个阶段走势，其背后的原因就是原油定价机制的转变。了解了原油定价机制的历史转变，对于投资者深刻地理解原油市场有着非常重要的意义。

对应原油价格的历史走势，原油定价机制的改变也可以分为 4 个阶段。第一个阶段始于二战以后。二战以后，欧美国家把持了原油市场的话语权。海湾国家被“原油七姐妹”把持，以比较低的价格从海湾国家获取石油利益，而原油开采几乎没有任何的节制。这种情况下，原油的供应接近于无限。所以此阶段原油价格一直维持在低位。在第二个阶段，欧佩克收回了定价权，并且在石油危机中对西方实行石油禁运，供应相对于需求大幅度地削减，油价也大幅上涨，海湾国家的需求得到充分满足。第三个阶段和第四个阶段就进入了市场化定价的阶段。原油价格受到市场因素的影响，不再由某一个利益集团严格把持。这两个阶段的不同点在于第三个阶段原油的定价更多体现于现货和分散式的报价。而随着期货的发展，原油开始体现于集中的基准原油的定价，这就使得原油市场的定价更加具有效率。目前的原油定价基本上集中于 WTI、布伦特和迪拜 3 个原油定价中心。

目前国际上有12家交易所推出了原油期货。芝加哥商品交易所集团旗下纽约商业交易所（NYMEX）和洲际交易所（ICE）为影响力最大的世界两大原油期货交易中心，其对应的WTI、布伦特两种原油期货也分别扮演着美国和欧洲基准原油合约的角色。另外，迪拜商品交易所（DME）上市的阿曼（Oman）原油期货也是重要的原油期货基准合约。

在WTI、布伦特和迪拜3个基准原油定价中，WTI和布伦特是最重要的。这两个基准定价中，期货都起到了非常关键的作用，而其中WTI完全是由期货来定价的，现货价格直接由次月的期货价格形成。布伦特既是原油的贸易市场又是重要的产地，所以布伦特的价格体系相对复杂，既包含确定了船期的现货交易价，又包含签订了船货协议的远期价格，布伦特原油期货对应于远期价格，并随之影响即期的现货价格。中东和亚太市场也有自己的现货价格，但还是主要依托于上述两地市场，从这个角度来看，迪拜只能算是一个二级的原油定价中心。不过近年来阿曼的原油期货交易量也在逐年上升，目前已经是阿曼和也门原油出口的基准价。

依托这三地原油的基准价格，全球主要出口国的原油出口价格便有了定价的依据。其中北美和南美地区的原油，基本上以WTI的期货价格作为基准价格，而中东和西北非地区出口到北美的原油价格，同样锚定于WTI的价格。欧洲与非洲地区的原油价格依赖于布伦特定价；中东地区出口到欧洲的原油价格，同样与布伦特原油价格挂钩；中东出口到亚太以及亚太地区原油的基础价格，会与迪拜原油的价格相挂钩。

这三地基准原油价格确定之后，依托于其价格之上的全球定价体系便基本形成。各个地区原油就形成了相应的基准价格，加上品级和地区的升贴水之后，再根据装船时间选择相应的计价周期，那么原油的结算价便基本形成，这个方式就叫作公式定价法。

总结一下，目前原油市场的定价体系中，期货价格充当原油定价体系中的基准价格。目前最主要的基准价格有3个，一个是WTI，一个是布伦特（Brent），还有一个是迪拜（Dubai）。其中，WTI是CME上市的期货价格，目前是北美和南美的基准价；Brent是ICE的期货加上北海现货，目前是欧洲和非洲的价格基准；Dubai现货和期货价格是亚洲的基准。

比如，北美一个进口商从沙特进口原油，进口价格怎么确定呢？

价格 =WTI 次月期货价格 + 升贴水 + 计价周期

WTI 的期货价格就是此次贸易的基准价格，然后看地区、品级加上一个升贴水，再根据装船时间，定计价周期。这就决定了这笔贸易的价格。

如果是欧洲商人从沙特进口，就变成了如下计算公式：

价格 =Brent 期货月加权平均价 + 升贴水 + 计价周期

如果把沙特换成其他国家，这里 Brent 期货月加权平均价，可能会换成 Brent 期货 + 北海现货。这个框架是确定的。这也是目前国际原油贸易的通用方式。

同理，亚洲进口，基准价格就经常参考 Dubai。当然迪拜处于产油区，而不是消费区，目前完全盯住 Dubai 的好像只有阿曼和也门，而且迪拜的重油质量不如 WTI 和 Brent 的轻油，所以亚洲进口一般要加升水。这也使得亚洲进口原油往往要多花钱，而且迪拜受到 Brent 影响很大，应该算是二级定价中心。

1983 年，WTI 原油期货推出并在随后成为全球第一大交易商品。纽约商品交易所目前拥有近千种能源期货以及掉期和期权等衍生品。涵盖了从煤、气、油、电到采矿权等一系列的能源产品。值得注意的是，WTI 的交割地是在中西部的库欣。因而近年来受到了美国“页岩油革命”的影响，其价格相对于其他的原油基准长期处于贴水状态，但这并没有影响它的基准定位，反而增加了更多的可交易的形式。WTI 原油交易合约，可以说是目前主要能源期货的范本，其规格是 1 000 桶，报价单位是一美分每桶，没有涨跌停板，但是有熔断的机制，交割地在美国的库欣。采取现货保值交割，但是不能进行期转现交易。

布伦特是目前的第一大原油基准。最早在伦敦的国际石油交易所上市，后来被洲际交易所收购。布伦特存在场外现货远期交易市场，其价格与期货相互联动，并最终形成基准市场价。不过由于期货价格的透明和开放，仍然有不少贸易商和国家选择以期货直接定价。布伦特与 WTI 一样，同样属于轻质低硫原油，但是品级略微低于 WTI。历史上曾经一度对 WTI 贴水 1 美元到 2 美元，但是近年来美国页岩油的产量快速提升，使得布伦特的价格较 WTI 有了升水，也使得产油国更为受青睐。但是布伦特有其自身的劣势，即产量下滑比较快。

国内原油期货以人民币计价，但是可以接受外币作为质押物，冲抵保证金。并且为外资提供了4种参与方式，是国内真正意义上的第一个国际金融产品。合约规格设计略低于国际主流的原油期货，为100桶。主要是为了满足国内中小投资者的投资需求。值得注意的是，由于国内原油进出口的管制，原油的交割将以港口的保税交割作为基准的交割方式。

2. 用途广泛的化工品——塑料与PTA

（一）塑料

塑料又叫作LLDPE，其上游原料是烯烃。原油经过分馏之后可得到成品油，成品油中的石脑油经过裂解装置之后就得到了芳烃类的产品和烯烃类的产品。烯烃类的产品包括乙烯、丙烯和丁二烯，乙烯在经过简单的聚合之后变成了聚乙烯，所以投资者在关注塑料的上游情况时，就需要关注原油、石脑油和乙烯。这种通过原油裂解得到的烯烃叫作油制烯烃，除此之外，烯烃可以包括煤制烯烃和气制烯烃。目前整个聚乙烯（PE）行业的销售模式是由炼化企业（中石油、中石化）生产产品，销售给各地的销售分公司，然后各地的销售分公司通过直销的方式销售给终端工厂或者分销给各级的经销商。

【供给因素】

投资者关注塑料的供给，可以关注如下几个方面。

第一，上游原料以及加工的成本，包括原油的价格、石脑油的价格、乙烯的价格以及它们各自的供需情况。此外就是各个环节的加工成本，比如从原油加工成石脑油，以及从石脑油加工成乙烯的成本和利润情况。

这些年来塑料的生产成本呈现逐步下降的格局。目前世界上大多数国家生产PE采用油制烯烃为主，由于油制烯烃的生产成本比较高，我国在大力发展煤制烯烃项目，所以煤制烯烃在我国有比较大的发展前景，煤制烯烃在成本上比油制烯烃具有优势。此外，还有气制烯烃，气制烯烃主要包含常规天然气和非常规天然气烯烃。常规天然气的主要使用地为北美和中东，这两个地方资源非常丰富，所以价格也相对便宜。非常规天然气的使用地主要是北美，北美掌握着先进的开采技术，可以规模性地开采页岩气，所以生产成本也比较低。因此从全球来看，塑料的生产成本都呈现不断下降的格局。

第二，国内的产量变化情况。有没有新增产能？装置的情况如何？有没有停工检修？对于检修时间的长短,如果检修的时间比较长就会减少市场的供应，从而影响市场的价格。除此之外，进口量的增加和减少也会在一定程度上对国内的现货市场形成一定的冲击。

石化企业供应情况的变化对塑料的价格也会产生比较大的影响，原油进行分馏之后其主要产品是成品油，包括汽油、柴油等，而石脑油只是这些成品油的副产品,所以成品油的供应情况一定会影响作为副产品的石脑油的供应情况。因此投资者在研究塑料的影响因素时不但要研究石脑油，还要研究汽油、柴油的社会需求情况。

聚乙烯各个子产品存在一定的关系。聚乙烯有一个特点就是低压的装置和线性的装置有时候是可以进行转产的，这种装置叫作全密度装置。这种装置既可以生产低压的装置，也可以生产线性的产品。当市场上线性的产品价格比较高时，企业可以将装置进行转换，因此这种装置生产什么样的产品也会在一定程度上影响塑料的价格。

石化装置计划内的检修和计划外的检修以及其他的突发事件等都会让市场的供应减小，而重启装置就会增加市场上的供应。石化装置的检修和复产计划对市场有一定的指导意义。如果下个月有很多装置进行检修，那么估计下个月的市场供应可能会大幅度地减少，这会对商品价格形成一定的支撑。此外，还有石化装置开工率负荷的调节。一般石化企业是不轻易停工的，如果市场行情好，装置的开工率就会被调高。如果市场行情不好，装置的开工率就会被调低。所以装置开工率的调节会对市场供应造成一定影响。

第三，国际市场上的价格。国际市场上的价格是国内价格的重要参考标准。进口价差是影响进口的重要因素，当进口价差大幅度上升时市场就会开启套利空间，导致市场进口的货物大量增加，当进口货物达到一定程度时，国内市场供过于求，此时进口量就会逐步减小，进口价差也会逐步地回落。所以进口价差会对市场的进口量产生影响，在一定程度上影响塑料的价格。

第四，除此之外还要关注再生料的情况，因为国内很多企业都在回收一些废料，这些废旧的塑料再加工之后就可以成为下游塑料需求的原料。所以再生料的情况也会影响市场的供应。

【需求因素】

因素一：各个细分品种的淡旺季。LLDPE 下游的需求主要用于包装膜和农膜，从整个下游行业来看，包装膜的需求比较平稳，没有明显的季节性变化，农膜有比较明显的季节性变化。但包装膜是塑料的主要需求。塑料有 65% 的需求在包装膜上。所以包装膜的需求决定塑料需求的大趋势，而农膜的需求的变动只会在短期内影响塑料需求的变化。

农膜的生产有明显的淡旺季。在淡季，塑料的价格就比较容易下跌。在旺季，需求旺盛、供不应求，塑料的价格就相对容易上涨。每年 1 月到 2 月是塑料需求的淡季，此时塑料的价格一般比较低迷；在 3 月到 5 月，价格开始上涨，5 月往往出现一次年内的高点；在 5 月到 7 月，塑料的价格一般呈现区间平稳波动的格局；在 7 月到 9 月，整个高温天气导致开工率降低，而高温天气又是塑料包装膜和农膜的销售旺季，所以经常在此时达到一个全年价格的高点；进入 10 月到 12 月，北方工厂陆续停工，需求降低，此时塑料的价格会出现回落。从塑料历史走势图来看，大部分年份的 4 月、8 月、12 月都会因为农膜旺季的带动出现价格上涨的行情。

因素二：塑料制品的产量和出口量。近些年来我国的塑料制品的产量和出口量一直维持在一个稳步增长的格局。这是因为我国生产的塑料制品都是相对低端的产品，刚性需求比较强。关注塑料制品的产量和出口量的情况有助于了解外部市场的变化。

因素三：下游工厂的订单以及开工情况。例如，当农膜需求旺盛时农膜工厂就会加大生产力度，这样一来就会在一定程度上提升塑料的需求。所以下游工厂的订单和需求情况是投资者需要关注的。

因素四：下游的主要行业的发展情况。关注国家对农业、农村的一些政策是否提高了农产品的种植面积，以及一些关于包装行业的政府政策可能带来的影响。

（二）PTA

PTA 是一种非常重要的化工原料，在国民生产生活中占有重要的地位，是服装的上游主要的原材料之一。目前我国是全球最大的 PTA 生产国，其产能占到全球总产能的一半以上。

【PTA的产业链】

PTA产业链的源头是原油，原油经过分馏之后得到石脑油，石脑油经过裂解得到乙烯和芳烃，然后进一步加工得到混合二甲苯(MX)，再进一步加工得到对二甲苯(PX)，对二甲苯就是PTA的直接原材料。此外还可以不用生成MX，而是直接从石脑油生成PX，这叫作一体化生产。目前一体化生产越来越成为主流，但是MX法仍然占很大的市场份额。

在下游，PTA和乙二醇聚合就生成各种聚酯材料，包括聚酯切片、聚酯长丝和聚酯短纤。聚酯切片可以做成包装材料，聚酯切片生成长丝和涤纶短纤，长丝和短纤可以织成面料，最后这些面料做成纺织品服装。

【PTA的成本因素】

原油价格会影响PTA价格是毫无疑问的，但是从历史数据来研究，PTA价格和原油价格之间的关联度并不均衡，有些年度原油价格与PTA价格关联度非常强，但是有些年度这两者的关联度就比较弱。

那么从原油到PTA，其成本环节是如何计算的呢？

（1）从原油生产出石脑油。

石脑油价格等于原油价格加上石脑油的加工费用，为35~50美元/吨。计算公式如下：

石脑油价格=原油价格+35~50美元

（2）从石脑油到MX。

根据数据显示，从石脑油加工到MX，每吨的加工成本为50~60美元/吨。计算公式如下：

MX价格=石脑油价格+50~60美元

（3）计算PX价格。

① 石脑油直接生产出PX。其PX价格要在石脑油价格的基础上加上每吨300美元到350美元的成本。计算公式如下：

PX价格=石脑油价格+300~350美元

② 通过MX来生产PX。其PX价格是在MX价格的基础上加上每吨80

美元到 100 美元的成本。计算公式如下：

PX 价格 =MX 价格 +80~100 美元。

（4）计算 PTA 价格。

PTA 国内和国外厂家由于位置不同其计算方法是不同的。

① 国外厂家 PTA 价格的计算一般用 PX 价格乘以 PTA 生产过程中 PX 的使用比例 0.655，再加上 150 美元到 170 美元的加工费。计算公式如下：

PTA 价格 =PX 价格 ×0.655+150~170 美元

② 国内企业生产 PTA 成本主要涉及汇率和关税问题。把这两者加进去就可以得到如下计算公式：

PTA 价格 =PX 价格 ×0.655×1.02×1.17+800~1 000 元人民币

从历史上来看，原油价格与 PTA 价格之间的关系并不稳定，在某个时期这两者之间具有非常强的正相关性，但是原油价格并不能完全主宰 PTA 价格的行情，因为原油到 PTA 之间的生产链比较长。在历史上当 PTA 的供需关系有较大改变时，供需关系对 PTA 价格的影响就比较明显，从而削弱了原油价格变化对 PTA 价格的影响，甚至两者之间可能出现相反的走势。所以当供需相对稳定时，原油价格和 PTA 价格往往呈现比较强的正相关性，但是当供需有所变化时，原油价格对 PTA 价格的影响就让位于供需关系对 PTA 价格的影响。

【PTA 的供需变化分析】

（一）供给

我国 PTA 的产能一度发展得很快，有一种观点认为 PTA 产能扩大并不会对产品的价格产生太大的影响，因为当需求萎缩时企业可以调整运行负荷的高低来适应下游需求的大小，从而达到供需的平衡。但事实并非如此，因为生产运行负荷的高低在短周期内的决定因素是利润而非需求。当企业生产利润很小，甚至无利可图时，生产的积极性就会下降，此时企业会调低生产运行负荷，这样一段时间过后，产品就会有供不应求的情况出现，PTA 价格自然会上涨。而当利润空间比较大时，生产商的生产积极性就会增加，于是会快速提高产量而无暇顾及下游是否能够顺利地消化。这时产能供过于求的情况在短时间内就会出现，从而给 PTA 价格带来非常大的压力。

PTA 的运行负荷是指目前正在开启的装置的产能占总产能之比，运行负荷降低则产量就会降低，运行负荷提高，则产量也会提高。PTA 下游的需求有淡旺季的区别，生产厂家会根据需求的淡旺季来调整运行负荷，但运行负荷更多地受利润因素影响。生产周期存在一定的滞后性，当价格行情开始上涨时，企业的利润会放大，这将刺激企业加大生产负荷，而随着价格进一步地上升，下游的需求会逐渐减弱，此时供应量的加大会对行情产生不利的影响，最终供求关系发生改变。在下跌的过程中也是如此，由于价格的下跌使得企业的生产利润降低，生产企业开始调低生产负荷，于是市场的供应量就会逐渐减少，当价格降低到一定程度时会刺激下游需求开始增加。此时就会出现供不应求的局面。

（二）需求

PTA 主要用于生产聚酯， 聚酯产能负荷的大小直接体现了对 PTA 需求的大小。聚酯负荷高，说明市场对 PTA 的需求量大；聚酯负荷低，说明市场对 PTA 需求量小。从历史来看，聚酯负荷升高能够对 PTA 价格产生比较大的推动力，而聚酯负荷下滑时，PTA 价格就会随之下降。在其他因素不发生变化的情况下，这两者的相关性还是非常明显的。所以聚酯的需求对 PTA 价格有着重要的影响，而具体的需求又取决于聚酯下游终端的需求。如果聚酯下游终端需求很差，那么聚酯价格往往会下跌；如果聚酯下游终端需求好，产品销售旺盛，库存水平低，那么聚酯价格就具备上涨的基础。一般来说，聚酯价格上涨会对 PTA 的行情产生拉动的作用，聚酯价格下跌会对 PTA 的行情产生打压的作用。

聚酯的下游就是面料，而面料的需求有一定的淡旺季。在每年的春节期间需求都会萎缩，虽然在传统的春节人们会增加对食品和衣服等消费品的消费，但是从生产周期来看，其面料的采购应该在年前的 11 月到 12 月之间完成。这样才能够保证在春节之前制成成衣，所以春节以及之后的一个月左右的时间是面料需求相对的低点。元宵节以后市场的人气会逐渐地恢复，之后在春季 3 月到 5 月是纺织品需求的旺季。到了夏天 6 ~ 8 月由于天气炎热，人们的衣着减少，纺织品的需求会出现下降，所以夏季是面料的淡季。在秋季来临前，服装企业往往会在 8 月下旬因为开始加工秋冬季的服饰而准备原料，此时纺织品的需求将会增加，秋季旺季会随之出现。面料的需求呈现明显的 M 型走势，夏、秋两季是面料消费的旺季，而冬、夏两季则是面料消费的淡季。

第三节　最古老的期货品种——农产品

1. 作为主粮的投资品种——玉米

玉米是全球第一大粮食作物。在国际期货市场，玉米也是交易最早的一个期货品种。玉米营养丰富、用途广泛，在所有粮食作物中是产业链最长的品种。全球玉米的种植面积接近 1.77 亿公顷，总产量近十亿吨，约占全球粮食总量的37%，主要分布在美国、中国、巴西和阿根廷。美国是世界第一大玉米生产国，中国是世界第二大玉米生产国。目前我国国内的玉米产量已经超过了稻谷，成为第一大粮食作物，但播种面积和玉米单产等指标还是明显低于美国。中国和美国两国的玉米产量之和占全球总产量的一半。

【玉米产业链】

玉米整个产业链的基本流程与上下游的联系，可以分为 3 个部分，第一部分是生产种植的原料链，第二部分是初加工与深加工的加工链，第三部分是销售各种加工产品的销售链。

在原料链中，农民负责种植生产。加工企业、粮库以及经纪人作为收购环节来进行收储。从玉米的种植和收获来看，全球玉米以南、北半球分成两个生产期，北半球的播种期是在每年 4、5 月，南美的播种期是在 9~12 月。南美洲的巴西和阿根廷的玉米收获期是在每年 3~5 月，而地处北半球的美国和中国的玉米收获期是在每年 9~10 月。南、北半球相比较而言，南美的产量相对较少，所以全球的集中供应还是在 9~10 月。这种种植周期使得玉米具有一季生产全年消费的特点。

在玉米的消费结构中，饲料是最主要的用途，基本上占到玉米消费总量的60%以上，其次是深加工。随着全球玉米加工产业的发展，对玉米的消费需求还会增加，产需矛盾会更加突出。中国和美国是玉米最主要的消费国，消费量占到世界整体消费量的50%以上。玉米消费可以分为工业用消费和饲料消费。工业化程度比较高的国家，玉米的工业消费就占主导地位，而发展中国家对玉米的主要需求是饲料需求。中国目前是世界上最大的玉米食用国家之一。中国玉米的工业消费量只占美国玉米的工业消费量的1/3左右。未来还有很大的发展空间。

美国是世界上最大的玉米出口国，主要出口地是日本，美国向日本出口的玉米出口量，约占美国整个出口量的1/3以上。韩国以前主要从中国进口玉米，但是现在中国的出口量出现了明显的下滑，所以韩国开始转向从美国进口玉米，目前美国已经是韩国的第二大玉米进口国。中国虽然是世界上第二大玉米主产国，但是近年来的出口量非常少，主要因为国内供应紧张以及政策限制等因素，使得中国的玉米出口自2008年之后就处于停滞的状态。而我国玉米消费存在巨大的刚性，从2008年以来，我国玉米的进口量出现了攀升。我国玉米也主要从美国进口，基本上占到整个进口量的90%以上。

我国玉米进口是配额管理的，主要是国有贸易企业进口。目前国家尚未允许玉米深加工企业来进口生产。我国对玉米进口实施配额管理，这也是对国内玉米种植产业的一种保护，因为从美国进口的玉米无论是从其品质还是价格来看，都要优于国内的玉米。

我国玉米的生产和消费极不平衡，生产主要集中在东北和华北，而玉米的主要销区是在华南、华东和西南地区。在长江流域以南地区，由于饲料工业和畜牧业的发达，虽然玉米产量只占全国的20%，但是消费量达到了全国总产量的50%以上。因此形成了当前玉米“北粮南运”的流通格局，最长的运距达到了2 000公里以上。

【玉米的产业政策】

玉米在我国的粮食生产中处于非常重要的位置，我国各项的粮食政策几乎都涉及玉米，从而影响了玉米的生产流通、消费等各个领域，而由于玉米政策的实施，使得我国玉米价格走势比较国际市场显得非常的独立。

为了避免粮食市场的大幅波动，保护农民种粮的积极性和利益，我国自2004年开始，首次对稻谷实施了最低收购价的政策，在2006年又对小麦实行了最低收购价的政策。2005年，我国首次在早籼稻的主产区启动了主产的收购的预案，随着市场粮价的不断上涨，最低收购价也不断抬升。自2008年开始实施的临时收储政策，使得玉米底部价格抬升，在产量连年增加的同时，玉米价格并没有下降。

此外，玉米的产业政策还包括玉米市场流通和调控的政策，比如收储运费补贴的政策。国家通过运费补贴政策，积极地鼓励用粮企业到东北玉米主产区直接收购玉米减轻玉米丰收年份国家收储的压力。另外，国家也放开了对收购主体的限制，与私营企业进行代收代付，这样减轻了国家临储的库存问题，充分利用了社会库容来实行玉米的收购。

此外，国家还出台了一些相关政策，包括调整农业的结构。以深加工为例，自2006年以来，国内玉米深加工产业快速发展，导致饲用玉米的供应产生了紧张，与此同时政府出台了玉米深加工政策的调控政策，制定了政策红线把深加工玉米的用量限制在26%左右。这项政策的出台使得我国玉米深加工行业的发展受到了比较大的限制，但是这样就保护了玉米食用的用量，保证了粮食的安全。

有关玉米的政策带来了一些积极的影响，同时也出现了一些问题，影响了玉米的市场价格。比如临储政策，使得玉米收购价格底部不断地抬高，这样就使得东北玉米价格相对于美国玉米的优势在不断地丧失。国际玉米价格长期维持在1 000点以上的进口盈利，使得国内的玉米市场受到了一定的冲击。此外，因为玉米价格居高不下，也使得国内的玉米种植效益比较显著，耕地更多地向玉米集中，这样大豆、棉花的种植面积就开始下降。

2013年，国家对玉米实行了运费补贴。这一政策导致了我国玉米市场价格出现了南北倒挂的局面，因为补贴政策使得企业完全能够通过补贴来涵盖运输成本，所以即便北方港口的玉米成本高于南方的价格，但是对企业来说考虑到运费补贴仍然有利可图，导致阶段性的需求增加的局面，而在运输补贴政策结束之后，南方港口的玉米出现了积压的情况，不享受补贴的中小贸易商受到了一定的挤压，经营的境地就变得更加困难。

玉米最主要的用途是进行饲料生产，其品质的好坏直接影响到饲料品质的好坏。饲料企业一般要求以容重大于650g/L的二等以上玉米为主，而国家临时收储要求的是三等玉米水平。不同的行业对玉米质量的要求也不相同。在我国饲料以及淀粉加工行业，多要求国标二等玉米。酒精加工行业对玉米的品质要求就较为宽松。

此外，中国种植的玉米都是非转基因玉米，而中国进口与监管加强严格限制非转基因品种入境，而且中美贸易争端升级，给中国进口玉米带来很多不确定的因素。

2. 消费量巨大的消费品——白糖

白糖的主要原材料来自两种植物——甘蔗和甜菜。甜菜相对来说比较少见，但是对于甘蔗人们就比较熟悉，不过人们经常吃的甘蔗与用来生产白糖的甘蔗是不同的。人们吃的甘蔗叫作水果蔗，它的水分充足，但是糖分比较低；用来生产白糖的甘蔗叫作糖料蔗，它的含水量比较低，而糖分比较高。

在我国北方，新疆、内蒙古和黑龙江是主要的甜菜种植区。在我国南疆，广东、广西、云南和海南是甘蔗的种植区。所以甜菜和甘蔗一个种植在中国的最北方，一个种植在中国的最南方。

甘蔗生产的白糖称作蔗糖，占全国总产量的92%，甜菜生产的白糖叫作菜糖，只占全国总产量的8%。广西生产的白糖占全国总产量的60%以上，云南占17%，广东和海南是另外两个主产省，这4个省和自治区加起来的产量占全国总产量的80%以上。所以我国的白糖以蔗糖为主，而蔗糖以广西为主要生产地。

【甘蔗的种植与季节性规律】

甘蔗的生长包括发芽期、幼苗期、分裂期、伸长期和成熟期。在发芽期，最关键的是因素是气温。甘蔗分为春秋植株与冬季植株。春秋植株的发芽期比较短，一般15天到20天就可以发芽，而冬季植株要70天到110天才能发芽，因为温度比较低。幼苗期要求温度、水分适宜，分裂期要求温度偏高，要求阳光充足，约在每年春夏之际，也就是3、4月比较适宜。分裂期后就是伸长期，这个时期对杆的生长比较关键，需要较高的温度、湿度以及水分和阳光。伸长期大约在每年夏、秋两季，也就是 4 ～ 10 月，冬植蔗的伸长期在 6 ～ 11 月。伸长期之后就是成熟期，一般在秋、冬两季，此时昼夜温差变大，易于糖分积累。

甘蔗生长的一般规律是：种一年长 3 年，每年新种的甘蔗成为新植株。新植株也有秋植和春植的区别，但是国内以春植为主，砍后留根在次年继续生长。产量顺序为第二年产量大于第一年产量，第三年的产量最低。3 年以后单产会下降很多。每年约有 1/3 或者更多的甘蔗被翻种。甘蔗的种植面积与产量成正比，也就是说单产比较稳定，广西平均亩产为 4 ～ 5.5 吨。

甘蔗的主要灾害天气有两个，一个是干旱，另一个是霜冻。甘蔗本身并不耐寒，如果气温低于 −1℃达一周的时间就会产生霜冻而导致减产。

白糖有一个重要的特点，即具有增减产周期。产糖量存在 3 年增产、3 年减产的周期性，俗称增减产周期，大约经历 3 个榨季，产量会出现一个阶段性的高点或者阶段性的低点。从历史统计数据来看，阶段性低点的产量还是在不断地抬升。由于这种限制，全国产糖的潜力约在 1 500 万吨。增减产周期使得在糖价的波动上存在价格的周期性。减产周期，糖价处于上涨周期；增产周期，糖价处于下跌周期。

白糖的生产年度称为榨季，榨季一般从每年 10 月到次年 9 月。榨季有生产期和纯销售期的区分。每年 10 月，北方的菜糖开始生产，11 月和 12 月南方的蔗糖开始生产，一直到次年 4 月和 5 月。4、5 月生产结束一直到 9 月，整个榨季结束，这段时间就是纯销售期。这时国内已经不再进行白糖的生产，而仅仅以销售工业库存为主，原糖炼厂以原糖为原料，只要有原料就可以全年不间断地生产白糖。正常的保质期是一年半，超过保存期限，可以回炉重炼，原糖可以保存数年时间。

甘蔗砍后两天内就要入榨，如果不入榨糖分就会降低，成本就会上升。糖厂一旦开工，只要原料不断，那么就是 24 小时持续生产。年底、年初实际为生产期，在生产期，市场的焦点在于白糖的产量，到了第三季度也就是纯销售期，其时市场的焦点就在于白糖的销量。生产期和纯销售期，影响市场的关注点不同。纯销售期主要销售工业库存，市场价格可能在纯销售期上扬，非熊市的时候尤其如此，俗称翘尾行情。

白糖企业开机后就要24小时持续生产，且甘蔗砍后两天内必须入榨，生产时间非常集中，甘蔗款也不易拖延太长时间，这些特点都会造成年底、年初时糖企的资金紧张、库存紧张，需要进行现金流管理和库存管理。

【白糖的收购政策】

甘蔗收购采用二次结算制。所谓二次结算是指甘蔗收购价与糖价进行联动，执行二次结算。在生产期，按照政府的指导价对付一次甘蔗款，然后在榨季结束时，也就是9～10月，还要按照政府制定的联动系数，再对付一次甘蔗款，这就成为二次结算。二次结算的目的是使蔗农也能够享受到白糖价格上涨带来的收益，保证蔗农种蔗的积极性。当然如果白糖价格没有上涨，就不必二次对付。

广西甘蔗种植收购实行按糖厂片区管理的政策，也就是说，糖厂周围的甘蔗都归糖厂来进行收购，糖料占食糖生产成本的70%，因此白糖就兼有工业品和农产品的特性。广西官方指导甘蔗收购价，甘蔗收购价具有调整种植意愿的作用，不过广西除了固定用于食糖生产的耕地外，其他的耕地如坡地、旱地等，并没有太多替代品种可供种植。广西的市场成本糖价对全国成本糖价具有指导作用，然而近几年进口数量扩张迅速，广西的定价影响力有所下降。

制糖业是一个垄断竞争的市场结构，重点制糖集团的产量占比非常大，一度超过80%，是整个行业重要的影响因素。大集团的定价能力高，而且产量大，决定了整个制糖行业的格局。大型的制糖企业议价能力很强，一般来说，贸易商和加工企业只能被动地接受。制糖业的下游处于完全竞争的市场结构，企业数量庞大，食品制造企业、饮料制造企业数量繁多。类似于可口可乐、加多宝、统一、康师傅、光明、伊利、蒙牛等知名企业因为采购量大、可以直购，所以议价能力较强，而那些不知名的企业、采购量小的企业往往选择从中间商采购。

【白糖的储备体系】

白糖的储备体系可以分为3个方面，最重要的就是国家储备，这是一种战略储备，主要用于调控价格或者满足市场的不足，国家的储备既是供给来源也是需求的来源。如果白糖处于减产周期，出现供应短缺的情况，导致价格走高，那么此时国家通过“放储”成为供给方；如果白糖处于增产周期，供应过剩，导致价格走低，那么此时国家进行“收储”成为需求方。

除了国家储备之外，白糖还存在地方性的储备，这是一种帮助性的储备。往往是由地方政府实行收储，比如广西政府，制糖业对广西而言是非常重要的行业，影响就业和税收，因此在制糖企业面临难关的时候，地方政府的收储就可以帮助制糖企业渡过难关。另外就是工业储备，这只是一些临时性的储备，帮助企业解决一些库存和现金流的问题。

“交储”对糖厂来说是一项非常重要的事情，因为很多时候收储的价格要高于现货市场的价格，企业“交储”能够赚到比较大的利润，但是在“交储”前后市场的价格会发生波动。因此“交储”所获得的收益也并不是固定的，如果价格上涨就会导致“交储”的收益下降，制糖企业往往在“交储”之前，在期货市场做多，这样就可以锁定交储价，避免市场的价格波动影响交储的收益。

【白糖的消费】

白糖的消费有淡季和旺季之分。其旺季有两个，一个是夏季，夏季是饮料业生产和消费的高峰，尤其是最近五六年，饮料制造业的飞速发展导致白糖夏季消费高峰。夏季消费高峰一般从 6 月开始到中秋、国庆前后结束。

另一个是冬季，尤其是春节前，是饮料业生产和消费的一个小高峰，也是用糖企业如糕点、糖果等产品生产和消费的一个高峰，这是白糖的春节消费高峰。

食糖消费的价格弹性比较小，但是食糖供应的价格弹性比较大，此外替代品对市场消费的影响不容忽视。食糖的主要替代品是淀粉糖。近年来淀粉糖的产量迅速增长。

食糖的下游消费中，饮料、糕点和糖果的消费占比最大，约占整个白糖消费量的 66%，饮料中碳酸饮料的消耗量最大，但是碳酸饮料产量增长逐步放缓，果汁饮料的增长速度远远超过了其他产品。而果汁饮料未来可能会更多地使用淀粉糖进行生产，所以未来淀粉糖对食糖的消费影响不容忽视。

3. 不能忽视的豆类——大豆、豆粕和豆油

豆类也是我国上市的期货品种中一个比较大的门类。豆类品种的交易，从

时间框架上来区分，可以分为中长线的交易机会、中线的交易机会以及短线的交易机会。因为时间框架的不同，所以这 3 类投机交易所要关注的点也有很大差别。

对于中长线的投资机会来讲，基本面的因素占比较大的作用。投资者需要关注整体供需情况。这种对供需情况的分析对投资者来说难度还是比较大的，尤其是大豆的供需分析，相对来说涉及的点非常多。需要考虑上游的种植面积、生长状况和天气情况，收割的进展情况以及压榨的利润、消费的需求、进口的情况等。对于下游，投资者也要考虑消费的情况，包括禽类以及水产养殖的存栏量、养殖的利润、油脂的产量、油脂的价格及收储的政策等。至于连接上游和下游的中游环节，是指从油厂到贸易商之间的过程，这个过程需要考虑加工量、库存量、替代品的情况等。

【大豆的供需周期与长线投资机会】

大豆是一个一年产两季的品种。如果从全球这样一个比较大的格局来看，大豆具有 4 年一个产量周期的特点。这个特点在历史上表现得还是比较明显的。这是由价格来驱动的。上一年的大豆价格对于下一年的大豆种植意愿有比较大的影响，进而影响下一年的大豆产量。上一个减产的年度是 2015 年度到 2016 年度。目前 2018 年度到 2019 年度，仍然处于大豆的增产周期。目前豆类的价格也比较低迷，当然目前要关注中美贸易战的影响，是否会使美国的大豆减产。这在历史上是有先例的，比如 2007 年度到 2008 年度，以及 2008 年度到 2009 年度就连续出现了两年的大豆减产。这是由于受到全球经济危机的影响。

在大豆的增产周期，第一个增产年度属于恢复性增产，第二个增产年度属于正常性增产，第三个增产年度属于过渡性增产，是一个由增产向减产过渡的年度。这些年度的价格往往有不同的表现。

大豆的供给和需求受很多因素的影响。对交易者而言，需要把握其中的关键因素。对于供应来讲，4 年的周期性变化就是关键之一。对于需求而言，涉及的因素也非常多。对投资者而言，不可能一一进行研究。我个人认为交易者要把握大豆需求的关键，即库存。库存分析的关键是要看库存的安全性，单纯库存的涨跌意义并不具备太大的意义。所谓库存的安全性，就是指如果现在没有任何新的供应，那么目前的库存能够满足多少天的需求。俗话说得好，“手上有粮，心中不慌”。如果库存安全性比较好，库存比较多的情况下，即使短期的供应出现一些波动，也不会对价格产生剧烈的影响。库存有一个比较重要的指标叫作库存消费比。这个指标可以帮助交易者来判断需求的强度。通过历史数据可以很明确地看出，美国大豆的现货价格与其库存消费比呈现非常明显的负相关关系。在库存消费比比较低的时候，市场中会出现恐慌的情绪，此时价格往往会出现上涨。基本上每一个库存消费比的低点对应着一个价格的高点。库存消费比可以比较准确地反映出库存与需求之间的平衡状况，这是投资者把握需求的一个重点。

具体来说可以分为 3 种情况。第一种情况是产量大幅增加，库存也大幅增加，这时需求的增速往往不及产量的增速，价格往往出现下跌。第二种情况是产量大量减少，库存也大量减少。这时需求消化了大量库存，造成库存消费比的下降，往往对价格有支撑和提振的作用。第三种情况就是产量和需求大体匹配，此时价格往往难以出现比较大的波动。

【大豆的生产周期与中线投资机会】

下面讲解对中线交易机会的把握。当然每一位投资者对中线的定义不一样，在这里所讲的中线主要是对一个生产周期的交易机会的把握。豆类品种因为其生产周期的缘故，具有半年一个周期的特性，所以在半年之内的交易机会，可以认为是中线交易机会。那么投资者就要考虑，是什么样的因素会促使豆类品种出现一个 3 个月到 6 个月的行情呢？

投资者要考虑的第一个因素就是季节性的特点。观察大连豆粕期货的走势，可以发现大连豆粕期货在上半年和下半年各有一个高点和低点。豆粕的上游是大豆，大豆的生长对应南半球和北半球一年两个季节。上半年的五六月份是收割季，那么之前的 2、3 月往往会出现市场上现货紧张的情况，所以在 2、3 月，市场价格出现上涨的概率会比较高。而下半年的高点往往出现在 7、8 月。第一是因为在七八月份整体饲料的需求处于旺季。第二是因为 9、10 月新豆上市之前是市场的一个供应紧张的阶段，而下半年的低点往往就出现在新豆上市之后的 11 月前后。

豆油的价格也有一定的季节性规律。与大豆不同，豆油的季节性规律更多地体现在需求端的影响。就豆油来讲，在供应端并不会有太大的压力，因为豆油有非常多的替代品，比如棕榈油，其能够保持全年的供应。所以豆油的整个季节性的特征主要体现在需求端的变化。豆油的季节性变化主要体现在下半年中秋和国庆节之后，市场价格往往上涨的概率比较大。而上半年尤其是春节之后，是市场需求的淡季，豆油下跌的概率要大于上涨的概率，此时往往出现一个季节性的低点。

投资者要考虑的第二个因素即中线交易的机会是对事件性的把握。在众多的影响价格行情的事件中，影响最大的就是天气状况。从生长周期来讲，豆类大概分为 3 个周期。第一个周期是早期，即从种植到出苗。此时如果天气偏冷或者偏干，那么对豆类的出苗会有不利的影响。豆类价格对于早期的天气影响，往往表现并不剧烈，因为即使此时出现了影响，还可以通过后期的补种来挽回损失，所以早期的天气炒作往往是一些短期的行情。第二个周期是豆类的关键生长期，即在出苗之后的一个月到两个半月这段时间。对于北半球是指 7 月中旬到 8 月份下旬这段时间，这是豆类最关键的生长周期。这期间的豆类需要大量的水分。所以这段时间投资者应该关注的天气因素就是降雨量。第三个周期是指大豆生长的末期，即成熟期和收割期。此时如果气温偏低，出现了早霜或者霜冻等天气现象，那么对大豆会产生非常不利的影响。投资者对这 3 个周期的天气状况都需要关注，但是最关键的还是中间的生长期，所以就要特别关注 7 月中旬到 8 月末的天气状况。关注真实情况与预期之间的差异，以及现在的预期与之前预期情况之间的差异。对于天气对大豆的影响，投资者重点关注的是干旱。近些年来，由于全球气温的变化，经常出现厄尔尼诺和拉尼娜的天气状况。厄尔尼诺利多于单产，而拉尼娜则利空于单产。

此外，对交易豆类期货的交易者而言，关注 CFTC 基金的净多持仓情况也是非常重要的。从这里可以看出国外的基金持有大豆的一个意愿。如果再结合一些大豆进口国的进口情况，则可以判断是否有基金对大豆的交易方进行逼仓的行情出现。

第四节　理解期货与现货之间的关系

1. 期货价格与现货价格

期货属于一种金融衍生品，金融衍生品是一种其价值与其他商品相联系的金融产品。这种相关联的商品就是金融衍生品的标的资产。金融衍生工具的价格和走势，很大程度上受标的资产的表现影响。但实际上金融衍生工具常常反过来推动现货市场的走势。其价值依附于基本商品，也就是现货。

【期货价格与现货价格的差异】

期货价格是在期货市场上通过公开竞价方式形成的，现货价格是买卖实际货物的交易双方达成的商品具体成交价格。期货价格与现货价格既有联系又有区别，期货与现货都受同一种商品供求关系和基本面的影响，但是期货价格与现货价格的时间因素不同，现货价格一般是指商品的即期价格，而期货价格则是商品远期的价格，远期的价格包含时间因素，不仅反映目前的供求状况，还反映未来基本面变化的预期。这是交易者必须明确的。

现货价格反映商品现在的供求关系，而期货价格不仅反映商品当前的供求关系，还反映了商品未来基本面变化的预期。

交易者不能仅仅通过当前市场的供求关系来判断期货价格的走势，而应该把眼光聚焦到基本面可能发生的变化上，这是很多新手交易者的思维盲点。只有到了交割月份期货价格才会与现货价格发生回归，随着交割时间的临近，期货价格慢慢失去其时间价值，从而变成即期交割的现货价格。

此外还有一点不同的是，期货价格是标准化的价格，因为期货是在交易所交易的标准合约，具有相同的规格品种，用于交割的不同的商品质量和品级通过升水和贴水来反映。即使期货到了交割月份，其价格仍然是标准商品的价格，或者叫作标准现货价。

【基差与基差贸易】

反映当前现货价格与期货价格直接关系的指标是“基差”。基差是指某一特定商品在某一特定时间和地点的现货价格与该商品在期货市场的期货价格之差。

基差 = 现货价格 − 期货价格

如果现货价格大于当期的期货价格，则基差为正。一般情况下，期货价格是大于现货价格的，因为期货包含时间价值，所以基差一般是负值。基差为负值的市场，叫作正向市场；基差为正值的市场，叫作反向市场。

基差并非简简单单数学上的概念，而是在现实社会的贸易中有着实际的应用，是连接期货和现货的重要工具。这里就要讲到基差贸易。

传统的贸易方式，是一手交钱一手交货的方式，这种贸易方式在全球化和社会分工不断深化的环境下越来越显示出局限性，为了满足贸易需求，就出现了很多新型的贸易方式，基差贸易就是一种有别于传统贸易方式的新型贸易方式。基差贸易连接期货市场与现货市场，目前已经成为大宗商品交易中经常采用的一种交易方式，尤其对于国际贸易而言。

期货价格是由众多的参与者采用公开透明的集合竞价的方式产生的，并非由个别商业团体和政治组织定价，所以在进行贸易时，会把期货价格作为贸易的基准价，尤其在国际贸易中更是如此。买卖双方在签订销售合同时，会把商品、数量等因素确定下来，但是价格并不确定，交易的价格采用基准价 + 升贴水的方式。该基准价是期货价格，升贴水由卖方报出。比如，卖方报 a 美元升水，买方会根据自身需要和市场行情决定基准价。比如，某日 CBOT 大豆的价格是 b 美元。买方接受 b 美元的价格，就确定 b 为贸易的基准价。于是这笔贸易的价格就确定了，即 b+a。这就是基差贸易，在此贸易中，买方决定基准价，卖方决定基差。买方根据期货市场的价格确定某个期货价格为基准价的行为叫作点价。以某个期货合约作为点价合约，然后在规定的有效期内进行点价，点价之后再加上一定的升贴水来确定最终的销售价格。

现货价格大于期货价格，称之为现货相对于期货升水，此时的基差为正。现货价格小于期货价格，称之为现货相对于期货贴水，此时的基差为负。

可见基差并不仅仅是一个数学上的概念，期货价格的涨跌可以通过基差贸易传导到现货市场。

2. 同时在期货与现货市场上交易

【套期保值与套利交易】

前面讲了基差贸易直接联系着现货与期货市场，但这并非基差影响现货与期货市场的唯一途径，下面再介绍两个非常重要的途径，即套期保值与套利交易。

套期保值是一种利用期货市场来规避现货价格风险的操作方式。如果企业未来要采购商品，那么自然会面临未来商品价格上涨的风险，但是如果现在就买现货，则又会面临资金、成本、仓储、运输等各方面的压力，此时企业就可以提前在期货市场进行买入，这样即使未来价格上涨，需要花费更多的资金来购买现货，但是期货上面已经取得盈利，该利润就弥补了未来现货市场价格上涨所带来的损失。这种方式叫作买入套保。假如企业现在已经有商品的库存，那么未来就面临商品价格下跌导致库存损失和利润下滑的风险，就可以在期货市场持有期货的空头。如果未来商品价格下滑，虽然现货上造成了损失，但是在期货上空头的部位有盈利，这个利润就弥补了现货价格下跌给企业带来的损失。这种方式叫作卖出套保。

买入套保，其实就是买入期货、卖出现货的一种交易策略。所谓卖出套保，就是卖出期货、买入现货的一种交易策略。

做买入套保的主要是下游需求企业，做卖出套保的主要是上游生产企业。贸易商既可以做买入套保，又可以做卖出套保，因为贸易商是连接上游生产与下游需求的中间环节，贸易商从上游生产厂家进货建立库存并在下游市场销售去库存。

总之，商品的需求方做买入套保，商品的供给方做卖出套保，连接供给和需求的贸易方在贸易的不同环节可以做不同的套保。

基差与套保有什么关系呢？前面已经讲过基差等于现货价格减去期货价格。买入套保实际上就是买入期货，同时卖出现货的交易。卖出套保实际上就是买入现货，同时卖出期货的交易。现在用加号（+）代表买入，用减号（-）代表卖出。

于是：买入套保 = + 期货 - 现货 = -（现货 - 期货）= - 基差。

可以看出，买入套保就相当于卖出基差。

同理，卖出套保 =+ 现货 - 期货 =+ 基差。所以卖出套保就相当于买入基差。可以发现，套期保值根本上就是针对基差的交易。

如果基差上涨，那么卖出套保的企业就获利了，因为卖出套保实际上就相当于买入基差。如果基差下跌，那么买入套保的企业就获利了，因为买入套保实际上就相当于卖出基差。那么，什么情况下基差会上涨呢？绝大多数情况下，期货与现货的价格同涨同跌。当价格上涨时，如果现货价格上涨的幅度超过期货价格上涨的幅度，那么基差就会上涨。当价格下跌时，如果现货价格下跌的幅度小于期货价格下跌的幅度，那么基差也会上涨。也可以粗略地理解为现货比期货更坚挺的时候基差会上涨。同样的道理，如果价格上涨时，现货价格的涨幅不如期货价格的涨幅，当价格下跌时，现货价格的跌幅还要大于期货价格的跌幅，那么基差就会下跌。

【基差修复与期现套利】

前面讲了套期保值，企业参与套期保值是为了避险，而不是在基差的变化中获利，对套期保值者而言，基差的变化是一种潜在的风险。但是还有交易者试图通过抓住基差的变化而获利，这就是期现套利的交易者。

对期现套利的交易者而言，如果预期未来基差会上涨，则套利者会买入基差。如果预期未来基差会下跌，则套利者会卖出基差。

那么，如何判断未来基差是上涨还是下跌呢？期现套利者所依据的一个基本原理就是基差修复。所谓基差修复是指当期货临近交割时，期货价格会与现货价格趋近于相等，也就是说，基差会趋近于零。这非常容易理解，期货交割之后就变成了现货，所以当某个期货合约距离交割时间越来越近，该合约与现货的基差就越来越趋近于零。这就是基差的修复。

假设现在某个期货合约深度贴水，基差为正且绝对值很大，那么随着该期货合约走向交割，基差会趋近于零，也就是说基差会减小。所以对于这样的期货合约来说，会有套利者做卖出基差的交易。同样的道理，假如某个期货合约升水很大，此时基差是一个绝对值很大的负值，该基差会在该期货合约不断趋近于交割时也向零值靠拢，也就是说基差会上涨。针对这种情况，就会有套利者做买入基差的交易。

3. 现货的基本面如何影响期货的价格

在前面探讨期货价格与现货价格的关系时，讲过期货价格与现货价格面临着相同的基本面。比如作为现货商品的螺纹钢和期货市场中的螺纹钢期货合约，其基本面都是现货市场中螺纹钢的供求关系。两者所面临的现实基本面是一样的，那么，为什么螺纹钢的现货价格和期货价格并不相同，而且有时候还存在非常大的差异呢？对比原因在上文中也探讨过了，即期货所反映的不仅仅是现实的基本面，还包括投资者对未来基本面变化的预期。基于这个逻辑，在投资者考虑基本面会如何影响未来期货价格的变化时，应该关注的不仅是静态的基本面，而且还应关注基本面未来会向什么方向演化。

【基本面与基本面的变化】

商品的基本面可以理解为商品的供求关系，也就是供给与需求的平衡匹配关系，供给是指上游生产端，需求是指下游消费端。此外，还包括连接生产与消费之间的中间贸易端。

（1）生产端。在生产端投资者应该关注的是那些可能会引起产量发生变化的因素，比如产业政策、天气情况、利润因素等。其中，产业政策和天气状况属于影响产量的外部因素。比如螺纹钢的生产厂家在环保政策的影响下，在空气污染严重的情况下被迫停产，又比如农产品在不利于农作物生长的天气情况下被迫减产。这些都是企业不得已的行为。利润因素就会使企业主动地调节产量，比如在企业生产利润过低，甚至亏损的情况下，企业就会主动采取停产和限产的措施，而利润的增加又会使企业主动增加产量。所以投资者在分析基本面变化的情况时，就可以从两个方面进行分析。第一，考查影响产量变化的外部因素，有哪些外部因素可能会引起未来产量发生变化，比如农产品的投资者可能会关注天气情况，考虑天气的变化是否会造成减产。第二，考查影响产量变化的内部因素，比如虽然目前现货市场供过于求，但是当商品生产企业利润过低或者处于亏损状态时，企业可能会主动停产或者限产使得未来的产量减少，如果需求不变，这一未来可能的基本面变化传导到期货市场，可能就会引起期货相对应的远期合约价格上涨，使得期货远期合约价格相对于近期合约的价差上涨。

（2）需求端。在需求端投资者应该关注那些可能会引起消费发生变化的因素，也可以从外部因素和内部因素进行考查。外部因素又可以理解为市场因素，比如随着人们的可支配收入增加，原来消费量很小的商品慢慢地扩大市场规模，而在整体经济情况不理想，失业率升高、工资涨幅缩小的情况下，人们会减少一些非生活必需品的消费等。内部因素即企业的利润因素，即使一个市场需求规模很大，如果利润很低或者亏损，那么也无法激励下游的生产厂家扩大采购。

（3）中间端。从贸易角度来看，中间端就是指贸易商。贸易商从生产厂家进货，然后卖给下游企业。不同的商品有着不同的贸易格局，有的是厂家直供，有的是分级经销商体系，有的需要进口等。期货的个人投资者无须花费太大的精力去研究商品的贸易行为。我觉得只要把握商品的库存变化情况就足够。库存包含生产商的库存、贸易商的库存、下游企业的库存等。但是，一个商品贸易流通的基本逻辑就是“生产—库存—消费”。所以，库存可以反映整个中间环节的状态。

很多交易者不理解库存，其实非常好理解。有一道关于水池放水的数学题：“一个水池有一个入水口，一个出水口，然后同时入水和出水。”库存就相当于这个水池，上游生产所产生的供给就是入水口，下游需求所产生的消费就是出水口。如此就能理解供给和需求的变化对库存的影响。

如图 2-1 所示，当市场需求上升时，下游企业加大采购，此时出水口突然放大，但是入水口还没来得及反应，而产量的扩大需要时间，如果是农产品的种植面积的扩大则更需要时间。这时需求上升，但是产量一时跟不上，所以库存就会减少。这种被动型的库存减少叫作被动去库存。

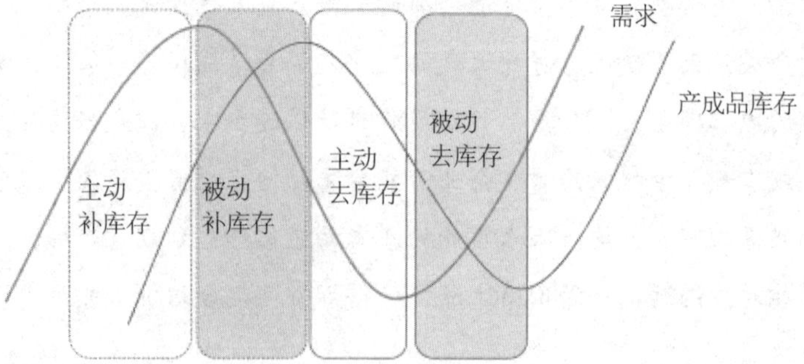

图 2-1

当市场的需求稳定下来，不再急剧扩大，随着产能逐步扩大，入水口的水量增加，于是库存开始上升。这叫作主动补库存。

当市场需求低迷，水池的出水管不断缩小，但是因为企业无法及时收缩生产，而且在生产企业还有利润空间时，企业可以通过降价来促进销售，所以产量可能还会惯性地增加，这样一来库存就会被动地增加。这叫作被动补库存。

当企业的利润已经下降到低点，甚至已经达到亏损或者接近亏损的边缘，需求仍未见明显的好转，前景仍然低迷，此时企业就会主动削减产能，降低产量，缩减库存池子的入水口，使得库存开始下降。这叫作主动去库存。

如图 2-2 所示为商品的供求关系在经济周期当中的变化，以及在这种变化中库存周期的循环过程，对应商品的趋势，商品的下降趋势会在被动去库存阶段结束，随后在主动补库存阶段进入上涨趋势的主升段，接着进入上涨趋势的末期，此时对应库存周期的被动补库存阶段，趋势由上涨趋势转变为下跌趋势，并在主动去库存阶段进入下跌趋势的主跌段。

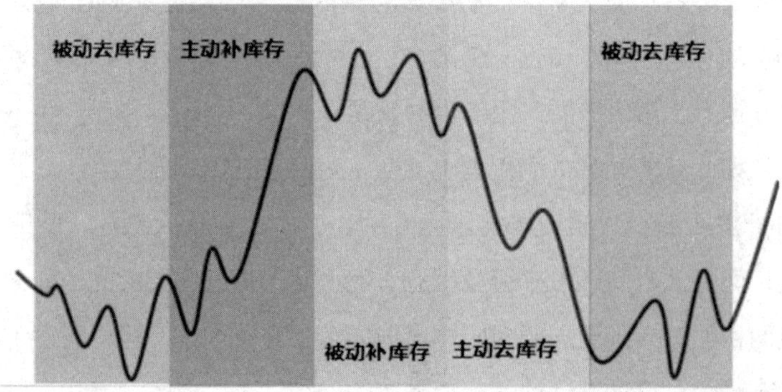

图 2-2

4. 把握期货基本面进行交易

前面已经讲解了基本面和期货价格之间的关系以及互相的影响，本部分就对上述知识进行梳理并整理出可供交易者参考的交易思路。

首先来梳理一下前面讲到的内容。

（1）在研究现货价格和期货价格之间的关系时讲到了一个重要的概念即基差，基差代表目前市场上现货与期货之间的关系，基差变化的趋势对产业客户套保和投机客户套利有着比较大的影响。在下跌趋势中，期货往往深度贴水，市场呈现反向市场，而市场如果预期未来基本面有所改善，那么期货市场会先于现货市场出现复苏，此时基差开始走弱，会吸引买入套保和卖出基差的交易者。同样，在上涨趋势的末期，期货往往高升水，如果此时期货市场预期到未来基本面发生变化，那么期货价格开始先于现货价格下跌，此时升水幅度减少，基差开始走强，就会吸引卖出套保和买入基差的交易者。

（2）从供给和需求的关系来看，交易者应该关注影响供给和需求发生变化的外部因素，主要指利润情况。过低的利润率会限制企业的产能，而比较高的利润率又会使产量大幅度地增加。

（3）商品的库存是连接上游生产与下游消费的蓄水池，库存周期的变化会对应商品趋势的变化，交易者可以通过库存周期来佐证和判断目前趋势的发展情况。大宗商品趋势的主升段往往发生在主动补库存的周期，下跌趋势的主跌段往往发生在主动去库存的周期。如果发生被动去库存和被动补库存的情况就要考虑趋势是否发生变化。

综合上述提到的基本面要素，可以粗略地得出一个基本面与期货市场价格走势的发展模型（见图 2–3）。

如图 2–3 所示，在一波大的下跌趋势中， 基本面非常萧条，期货价格相对于现货价格更是深度贴水，企业的利润低到极点，甚至出现大面积亏损，企业被迫减产、停产，使得库存不断下降。慢慢地市场感觉到经济开始出现好转，下游订单开始增多，而这种好转尚没有传导到上游的生产企业，此时库存因为下游需求的增加而进一步减少，出现被动去库存的情况。期货市场预期到市场基本面的变化，于是基差开始走弱，这吸引了买入套期保值和卖出基差的交易者，这些交易进一步夯实了期货价格的底部空间。随着需求情况的进一步改善，传导到了上游的市场，企业的利润逐步改善，同时吸引了更大的产能的投放，主动补库存使得库存水平不断升高。基差也由原来的反向市场进入了正向市场，期货的升水不断地升高，价格也进入了上涨趋势之中，当市场到达上涨趋势的尾部时，需求开始下降，期货预期到未来市场基本面的改变，于是基差开始走强，这就吸引了卖出套保和买入基差的交易者。市场慢慢出现顶部，由于产能具备刚性，此时库存水平因为需求减少和产能的波动增加，出现被动补库存的情况，最终现货价格跟随期货价格下跌，上涨趋势结束。

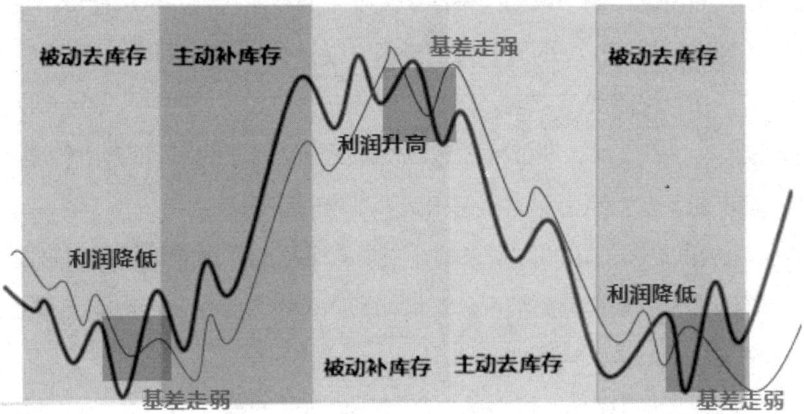

图 2-3

综合上述情况，对交易者而言，可以根据基本面的一些征兆，来指导自己的交易。

（1）如果出现被动去库存 + 企业低利润 + 期货深贴水改善的情况，那么此时交易者可以考虑建立多头仓位，博弈市场出现底部。

（2）如果出现被动补库存 + 企业高利润 + 期货高升水改善的情况，那么此时交易者可以考虑建立空头仓位，博弈市场出现顶部。

（3）当市场处于利润、库存不断升高，期货价格维持升水的情况下，此时市场大概率上涨趋势得以维持，交易者可以采用趋势跟踪系统，坚持持有多头头寸。

（4）当市场处于利润下滑，库存下降，期货维持贴水的情况下，此时市场的下跌趋势有很大的概率可以维持，交易者可以采用跟踪下跌趋势的策略，持有空头头寸。

第三章

看懂市场经纬线——技术指标

第一节　抓住市场中的经纬线之——趋势指标

1. 一切的基础——K 线

说起技术分析，就不能不说K 线，它是技术分析中最常用的指标。据我所知，很多交易者不辅助于其他的技术指标，仅凭 K 线就能实现盈利。可见 K 线是一个强大的交易工具。

K 线是最直观的技术指标，通过把价格绘制成 K 线，可以很直观地反映这个时间段内价格的变化。知道了一个时间段的第一笔成交价，最后一笔成交价，以及这个时间段的最高价和最低价，就可以绘制出一根 K 线。如果是日线图，那么 K 线的第一笔成交价就是当日的开盘价，最后一笔成交价就是当日的收盘价。

K 线由柱状线和影线组成，柱状线分为阳线和阴线两种，阳线表示收盘价大于开盘价，代表这个时间段内价格是上涨的。阴线恰恰相反，表示收盘价小于开盘价，代表这个时间段内价格是下跌的。影线代表最高价和最低价到柱状实体之间的距离，最高价到柱状实体之间绘制的一条竖线就是上影线，最低价到柱状实体之间绘制的一条直线就是下影线。影线代表盘中的折返走势，比如上影线就代表价格在盘中到达最高点但是又出现折返走势，并最终在收盘价结束该时间段的交易。

K 线可以直观地表达很多信息。如果最高价和最低价之间的价差很大，那么表明这个交易日经历了非常大的波动。如果开盘价和收盘价之间的价差很小，那么表明这个交易日的多空双方在经过一番厮杀后，最后势均力敌收场。如果最高价和收盘价或者开盘价之间的距离很长，那么绘制出来的 K 线图中会有一根很长的上影线，这说明在这个交易日虽然多头一度把价格推到了很高的位置，但是最终丧失了这些优势。同样如果最低价距离收盘价或者开盘价的位置很远，K 线图中会呈现出一根很长的下影线，这说明空头失去了阵地，在盘中出现了力竭，被多头抓住了机会反击了过来。长的上影线和下影线常常成为一波走势反转的信号，尤其是出现在重要的支撑位和阻力位附近更是如此。

如图 3-1 所示，图中有 5 根 K 线，按照时间顺序依次反映了 5 个交易时间段的交易情况。这 5 个交易日中有 3 个交易日是阳线，两个交易日是阴线，所以这 5 个交易日经历了 3 天的上涨，两天的下跌。

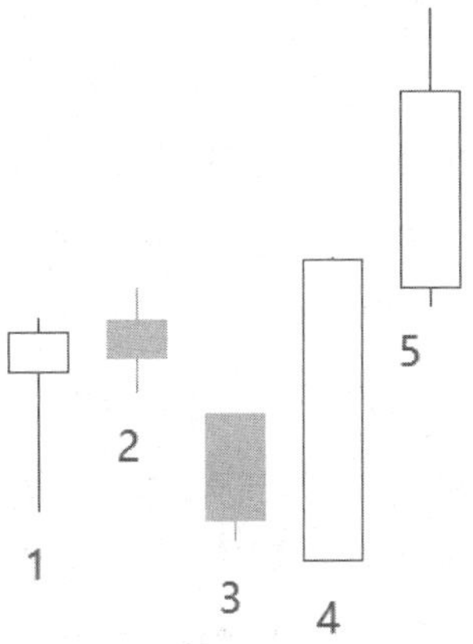

图 3-1

由 K 线 1 可以看出这个时间段内有一次比较大的折返走势，价格在到达最低价后，开始上涨，并最终超过开盘价，以阳线收盘，形成了一条较为明显的下影线。随后到达了 K 线 2，这是一根实体和影线都很短的小阴线，说明价格再次达到一个短暂的平衡。在 K 线 3 中，价格下跌，继续试探 K 线一时形成的最低点，但是并没有形成有效的突破。随后的 K 线 4 中价格大幅度上涨，几乎没有下影线和上影线，形成一条光头光脚的大阳线，并一举吃掉了 K 线 2 和 K 线 2 连续两个交易日的跌幅。这再次验证了 K 线 1 中长下影线的有效性。如此一来，在后续的行情中继续突破上涨的概率就非常大。果然，K 线 5 继续上涨，形成了一个实体比较大的阳线，但同时也有一个相对明显的上影线，显示了在K线5的盘中，还是经历了一定的折返走势。

经过上述例子的学习，就可以看出K线能够非常有效地反映出行情走势的情况。而分析K线的关键就在于分析多空力量的对比，据此来判断未来行情上涨或者下跌的概率。交易者要做的就是找出当下力量更大的一方，并与它们站在一起。同时关注在行情走势发展的过程中，双方力量的转换，及时调整自己的交易方向。

在目前很多国内学习K线的教程中，会为K线和K线组合按照形态的不同，起各种各样的名字。比如，乌云盖顶、早晨之星、三只乌鸦、三个红小兵等。这是一种总结出来的简便方法，便于不了解K线分析原理的投资者能够很快地上手使用。缺点就是投资者始终不了解K线分析的原理，以致在市场变化之后，仍然墨守成规，茫然失措。

实际上对于K线分析，如果硬要分类，则可以分为两种形态：一种是价格转折的形态；另一种是原有价格延续的形态。比如所谓的“乌云盖顶”，就是一种转折形态。而“三只乌鸦”和“三个红小兵”就属于价格延续的形态。转折形态意味着价格趋势很可能发生了方向上的变化，多空双方的力量对比出现了变化。价格延续形态，意味着目前趋势的延续，投资者仍然需要顺着目前价格趋势发展的变化来进行交易，直到遇见价格转折的形态。在图3-1中，K线3和K线4就组成了一个价格转折的形态，而K线4和K线5就是一个价格延续的形态。这里不讲流行的K线组合，就是不希望投资者形成一种思维定式。“乌云盖顶”之后，也可能会出现价格继续上涨。“三个红小兵”之后，也可能会出现价格下跌。不确定性永远是交易的精髓。所以投资者要记住的永远是具体情况具体分析。

因此，K线分析的精髓就是看多空双方力量的变化和强弱。那么，如何来判断呢？关键的点有如下几个。

（1）K线实体部分的大小。实体部分越长，代表力量越强。如果阳线的实体部分越长，就代表多头的力量越强。同样，如果阴线的实体部分越强，就代表空头的力量越强。很短的小阳线和小阴线，代表多空双方的力量达到相持的均衡状态。

（2）上影线和下影线的长度。影线代表出现了折返走势。很长的上影线则代表出现了很强的下跌折返走势，往往代表空头力量的加强与多头动能的减弱。很长的下影线则代表盘中出现了强烈的上涨折返走势。这代表多头力量的加强和空头动能的减弱。

（3）突破。突破在 K 线判断中是非常重要的。所谓突破，就是价格上涨或者下跌超过一根 K 线的最高点和最低点。这往往是非常强烈的信号。价格上涨超过前一根 K 线的最高点，往往是一波涨势的开始。价格下跌超过前一根 K 线的最低点，后面经常跟随连续的下跌。

（4）失败的突破。很多初级交易者不仅无法注意到突破，也不能发现失败的突破，而失败的突破往往能够给我们提供更可靠的交易信号。比如价格上涨超过前一根 K 线的最高点后，并没有形成上涨，相反又继续下跌，跌破了前一根 K 线的最低点。这往往意味着一轮强烈的下跌趋势。上涨突破失败传递给投资者的信号就是多头目前无能为力了，所以此时往往会引起更大幅度的下跌。

如图 3-2 所示，A 点的下影线结束了一波下跌走势，随后的上涨走势在 B 点受到压力，并且连续出现多根带有上影线的阴线，最终价格在此处回调。当价格回调到支撑位时，C 点 K 线向上跳空并且超过了前一根 K 线的最高点形成了向上的转折，价格随即上涨到达 D 点，一根带有上影线的小阳线和随后的大阴线结束了这波上涨走势。当价格下跌到 E 点后，走出了一根实体部分很长的大阴线突破了支撑位，随后价格出现了大幅度的下跌。

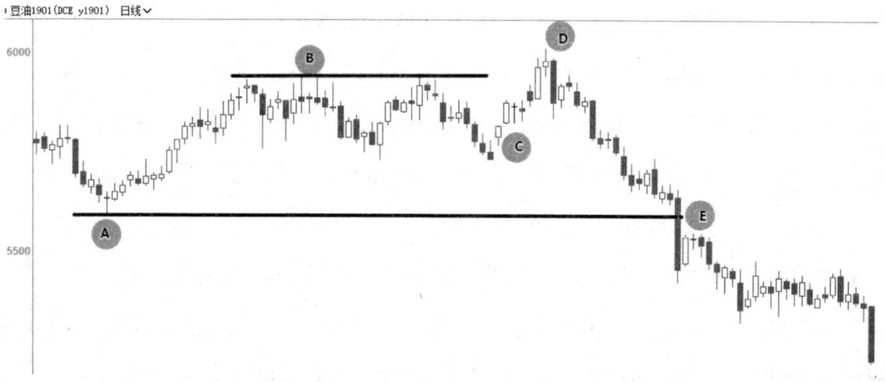

图 3-2

K 线是一个强大的交易工具，能够让交易者非常直观地感受到市场中多空双方力量的变化。K 线可以与其他技术指标进行配合使用，在实际交易中常用的还是把 K 线图作为主图，把其他技术指标，比如成交量、KDJ、MACD 等技术指标作为附图，与 K 线搭配使用，从而提高交易的准确性。

2. 从不骗人的趋势指标——移动平均线

移动平均线也是除 K 线之外使用频率非常高的一种图表型交易工具。移动平均线的优势在于可以缓和价格的波动性，可以剔除一些短期的、不规则的波动，使走势看起来更加平滑。尤其是在短线交易中，投资者使用非常小的时间框架，比如一分钟或者是 3 分钟图来进行交易。越小的时间框架，其随机性就越强。此时 K 线的交易者往往就会陷入比较大的麻烦。而在这种场合，移动平均线就能够发挥比较好的作用。

移动平均线的种类很多。最常用的有 3 种，分别是简单移动平均线、加权移动平均线和指数移动平均线。这 3 种移动平均线在结构和应用上存在一定的区别，需要分别加以讨论。

【简单移动平均线】

简单移动平均线的应用是最为广泛的。对投资者而言并不需要追求过于复杂的一种平均。以我的经验来看，简单移动平均线就已足够投资者使用。简单移动平均线的计算方法是将要计算的数据加总，然后除以观测数据的总个数，此时得到的数字就是所谓的均值。此时再将一个新的观测数据加入求和数据序列，比如当天的收盘价，同时把原来数据序列的第一项去掉。所得到的新的和再除以数据的总个数，即得到新的均值。不断地重复这个过程，即可得到一系列均值。然后把这些均值在图表中，用线连接起来，就得到了简单的移动平均线。

图 3-3 中的虚线是 60 日移动平均线，60 日移动平均线是各种周期均线中比较重要的一种，因为一个月大概有 20 个交易日，60 日正好约为一个季度，所以 60 日移动平均线又叫作季线。很多交易者都会把这条线添加到自己的图表中。如果 60 日移动平均线的方向向上，同时价格曲线又在 60 日移动平均线的上方，那么可以认为此时市场是多头市场。相反，如果 60 日移动平均线的方向向下，同时价格曲线在 60 日移动平均线的下方运行，那么此时市场是

空头市场。正如图 3-3 中所标记的那样，向上阴影部分表示多头市场，向下部分表示空头市场。

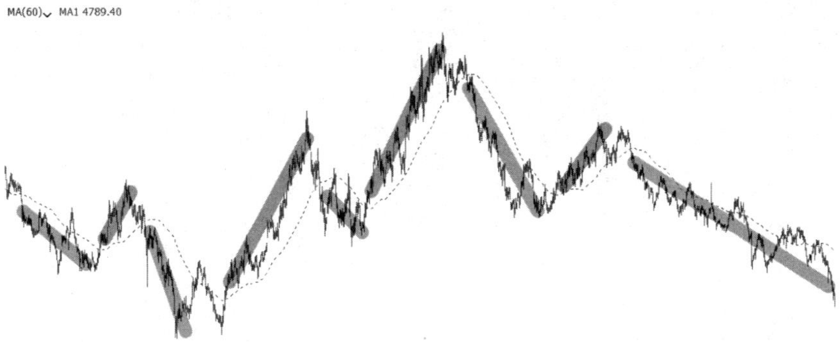

图 3-3

通过上述描述，可以了解移动平均线的如下两个重要特征。第一个是移动平均线的方向，不断向上延伸的移动平均线显示目前市场处于上涨趋势中的多头市场，不断向下延伸的移动平均线显示目前市场处于下降趋势中的空头市场，而且在市场趋势转变的过程中，移动平均线方向在价格转折点附近转头也是一个非常有力且可靠的交易信号。但非常遗憾的是，对简单移动平均线而言，移动平均线的反转一般发生在趋势已经转变之后，只能够确认趋势，而无法提供趋势反转的先行信号。

第二个是可以应用于判断的特征，通过分析价格曲线与移动平均线的关系，即价格曲线是运行在移动平均线的上方还是运行在移动平均线的下方来判断行情趋势。对上涨趋势而言，最可靠稳定的形态就是价格曲线运行在移动平均线的上方，且移动平均线的运行方向也向上，移动平均线不断地上升，价格曲线不断地上涨，这样移动平均线就会为上升趋势的回调提供可靠的支撑。对下跌趋势而言也一样，当价格曲线运行在移动平均线的下方，且移动平均线的运行方向也向下，这是对下跌趋势最有力的形态，价格曲线会被不断向下运行的移动平均线压迫，并且阻碍试图穿越移动平均线的反弹。

由上述分析可以得到 4 种有关价格曲线和移动平均线的状态关系。

第一种情况，价格曲线在移动平均线上方，移动平均线的运行方向向上。

第二种情况，价格曲线在移动平均线下方，移动平均线的运行方向向下。

第三种情况，价格曲线在移动平均线上方，移动平均线的运行方向向下。

第四种情况，价格曲线在移动平均线的下方，移动平均线的运行方向向上。

上述 4 种情况在图表中会是什么样的表现呢？下面来分析图 3-4。

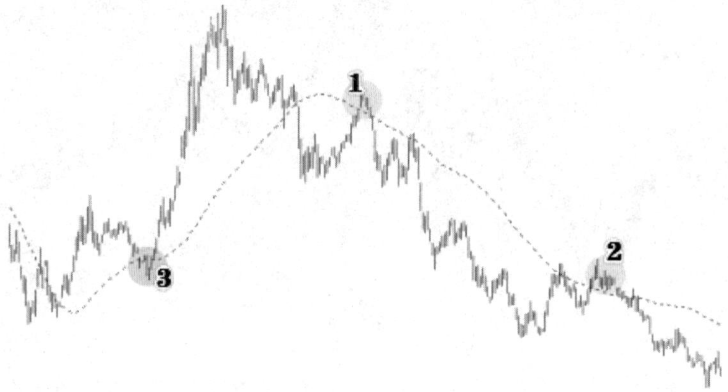

图 3-4

如图 3-4 所示，图中的圆圈 1 和 2 标示部分就是第三种情况，其价格曲线在移动平均线上方运行而移动平均线的运行方向向下。此时可以看出价格曲线虽然向上穿越了移动平均线但是并没有改变移动平均线的运行方向，随后在移动平均线的带领下价格曲线很快又向下跌破了移动平均线并继续开始了向下的跌势。 而图中圆圈 3 所标示的部分就是第四种情况，其价格曲线在移动平均线的下方但是移动平均线的运行方向向上，虽然价格曲线向下穿越了移动平均线但是并没有形成更深的跌幅，很快又在移动平均线的带领之下重拾涨势。

【移动平均线的穿越】

当市场趋势发生改变，投资者可以在图表中观测到一种现象，即价格曲线对移动平均线的穿越。当上涨趋势转为下跌趋势时，价格曲线会向下穿越移动平均线，随后会把移动平均线的运行方向由上涨扭转为下跌。下跌趋势转为上涨趋势时则正好相反，价格曲线会上穿移动平均线并且扭转移动平均线的运行方向。

市场中存在很多虚假的穿越，上述讨论的第三种和第四种情况都是如此。因为一般情况下当市场趋势发生改变时，价格曲线对移动平均线的穿越总是发生在移动平均线的方向发生改变之前。所以交易者有时候难以甄别此次穿越是真实的穿越还是虚假的穿越。此外，还有一点，即上涨趋势和下跌趋势之间的转换并不是无缝连接的，中间经常隔着一段让交易者感到方向难明的盘整走势。所以对交易者而言，关键是识别出那些使得趋势改变的有效的穿越。很遗憾的是没有完美的解决方案。

有一种改进的方法，即同时计算最高价、最低价和收盘价 3 个价格的移动线，这样就会在收盘价移动平均线的基础上形成上下各一条线的过滤器。

图 3-5

如图 3-5 所示，可以发现原先单条的移动平均线，再加以最高价和最低价计算的移动平均线后，变成了一条移动平均带。当价格曲线上穿移动平均线时，如果有足够的动能，则价格曲线应该能够上穿以最高价计算的移动平均线，如果价格曲线最终未能上穿最高价的移动平均线，则说明上涨时并没有足够的动能，可以判定这并非一次有效的穿越。向下穿越时，如果有足够的动能，则价格曲线应该能够穿越最低价的移动平均线，否则也可以判定这是一次虚假的穿越。 在图 3-5 中可以看到这条移动平均带多次成功阻挡住了虚假的穿越，其中圆圈标注的区域 A 和 B 处，以最低价计算的移动平均线两次成功地阻挡住了下跌走势对移动平均线的穿越，这两次穿越都已经跌破了以收盘价计算的移动平均线，但是因其动能不足，并没有穿越以最低价计算的移动平均线。在圆圈标注的 C 和 D 处，价格走势反弹已经突破了以收盘价计算的移动平均线，但是在以最高价计算的移动平均线处受阻， 由此判断这两次穿越也属于无效的穿越。

【移动平均线周期的选择】

选择合适周期的移动平均线对交易者而言至关重要，过长周期的移动平均线对趋势变化的反应迟钝，而过短周期的移动平均线会过于敏感以致会不断地发出误导或虚假穿越的信号。所以当交易者选择一条合适的移动平均线时，就要考虑这条移动平均线是否可以捕捉商品价格的周期性运动，又要在迟缓和过度敏感之间做出最佳的选择。

交易者在考虑选择何种周期的移动平均线时，首先应该明确自己交易的是哪种类型的趋势，是市场的短期趋势、中期趋势还是长期趋势。不存在一条可以反映出市场所有趋势的移动平均线，而且即使一条移动平均线可以完美地反映现在时期的市场趋势，这条移动平均线也不可能永远地适用于未来。所以即使交易者根据目前的市场行情选择出一条能够很好发挥作用的移动平均线，也要随着市场的变化而做适当的调整。

既然单条平均线无法反映市场所有的趋势变化，那么可以用多条平均线进行组合，最经典的组合方式就是把一条短期移动平均线、一条中期移动平均线和一条长期移动平均线绘制在一张图表中。至于这 3 条平均线如何选择，不同的交易者针对不同的商品和不同的时间架构，都会有不同的选择。我个人经常使用且认为其表现不错的一组平均线是 24MA、62MA 和 138MA，该组合基本上相当于月线、季线和半年线的组合。同时该组合也具有斐波那契数列的特征。在实践中，该组平均线对很多商品在不同的周期上都能够起到很好的效果。

图 3–6 所示为 24 周期、62 周期和 138 周期 3 条移动平均线的组合。可以看到这 3 条移动平均线在行情中有效地反映了上涨趋势和下跌趋势以及包括它们之间的转换。同时对反弹和回调的折返行情也经常起到有效的支撑和阻力的作用。图中圆圈 A 标示的区域就是均线对回调和反弹行情起到支撑和阻力的区域。圆圈 B 标示的区域代表价格曲线对均线的突破。从图中可以看到这 3 条均线组合对均线突破的虚假信号较少，而且对趋势发展也起到了比较好的指导作用。但是需要说明的是，并不代表这 3 条均线在任何商品和任何时间架构上都比其他均线组合表现要好，即使对于目前使用上表现比较好的商品，也不代表其未来在该商品上永远都有好的表现。交易工作永远无法一劳永逸。

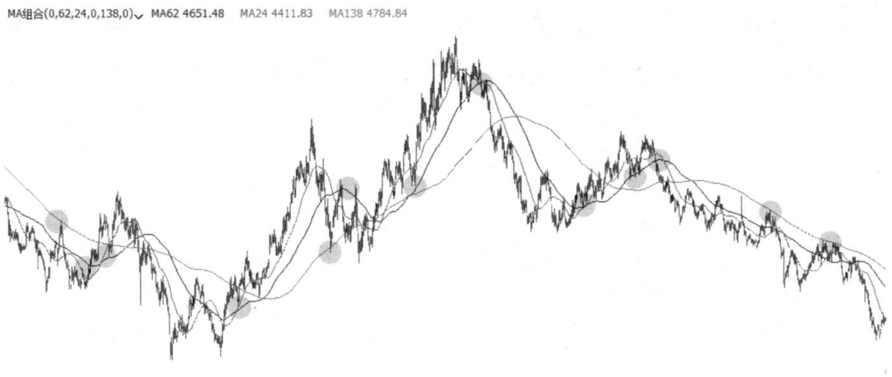

图 3-6

【加权移动平均线与指数移动平均线】

前面已经讲过，使用简单移动平均线来反映价格的运动趋势有一个显著的缺点，即信号在时间上存在滞后。为了解决这个问题，可以使用一个方法即增加最新数据的权重。用这种方法绘制的移动平均线与简单移动平均线相比，能够比较快地扭转方向。

在简单移动平均线的使用中，投资者关注的是价格曲线对移动平均线的穿越，而移动平均线本身方向的变化因为时间滞后的关系，仅仅用于对趋势反转的确认。加权移动平均线则不同，因为增加了最新数据的权重，使得加权移动平均线比简单移动平均线更加敏感，所以投资者可以通过加权移动平均线方向的变化，来考查趋势反转的信号，而不一定局限在价格穿越上面。

指数移动平均线是一种简单形式的加权移动平均线，因为在计算机广泛使用之前，加权移动平均线的计算非常麻烦，影响了其实用性，所以很多交易者用相对简单的指数移动平均线来代替加权移动平均线。指数移动平均线的计算为不同周期的时间跨度赋予了不同的指数因子，时间跨度越短的指数平均线就越敏感。如果某一条指数移动平均线过于敏感，而交易者又不想增加时间跨度，就可以使用一种解决方法，即将该指数平均线再做一次指数平均。进行指数平均的次数越多其曲线就会越平滑，但是敏感性也就会越差。从本质上来讲所有的移动平均线都是在时效性和敏感性上取得折中。

图 3-7 中黑色曲线为加权移动平均线，虚线表示简单移动平均线。可以看到，加权移动平均线对价格变化所作出的反应比简单移动平均线在时间上来

得更早，但是与此同时价格曲线对加权移动平均线有更多的虚假穿越，简单移动平均线比起加权移动平均线在趋势的运行过程中能够提供更加可靠的支撑与阻力，稳定性显得更好。

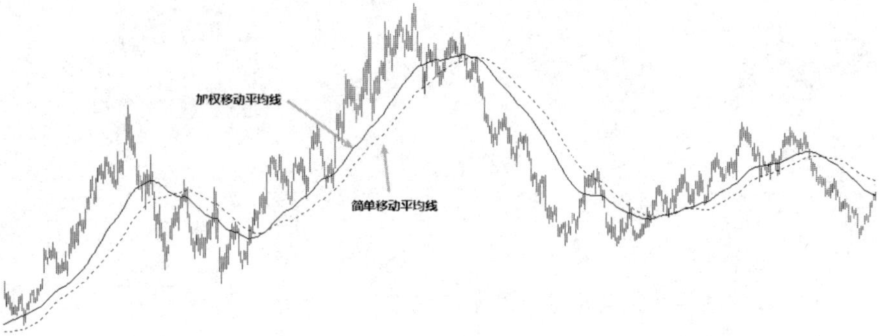

图 3-7

3. 最安全的框架——布林通道

布林线（BOLL）指标通过计算价格的“标准差”，再求价格的“信赖区间”。利用该指标可在图中画出 3 条线，其中上、下两条线可以分别看成价格的压力线和支撑线，而在两条线之间还有一条价格平均线，即中轨，简称趋势线。

按照纵坐标的价格来看，既然布林线指标是由上轨、中轨和下轨所组成，那么任何一个市场和时间架构上的 K 线在这个指标上的走势都会被分割成 4 种状态，如图 3-8 所示。

A：K 线在中轨和上轨之间。

B：K 线在上轨的上方。

C：K 线在中轨和下轨之间。

D：K 线在下轨的下方。

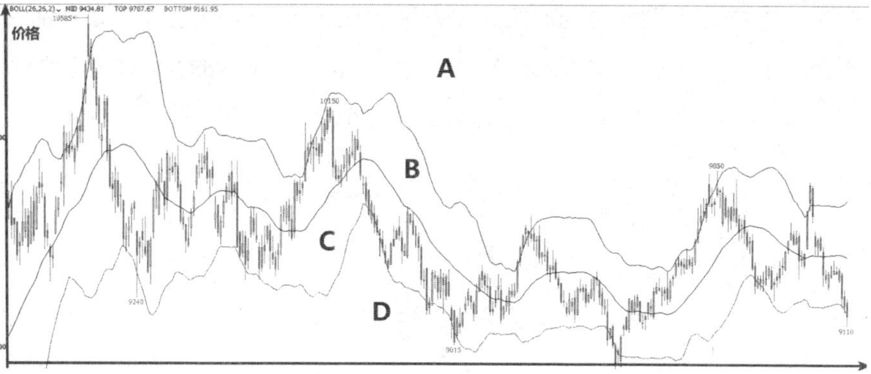

图 3-8

A，当 K 线处于布林线的中轨和上轨之间时，可以分为两种情况：一种是 K 线由中轨向上轨运行的上涨形态；另一种是 K 线由上轨向中轨运行的回调形态。图 3-9 分别标示了这两种形态。

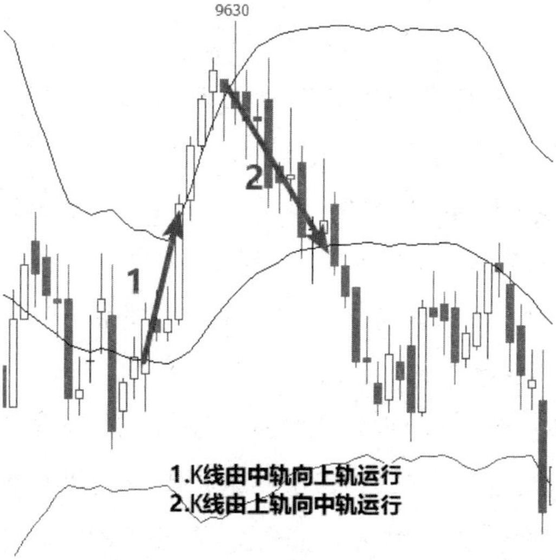

图 3-9

显然 K 线呈第一种形态时投资者应该持有多单，而在 K 线呈第二种形态时投资者可以做出平仓或者减仓，如果 K 线呈第二种形态时投资者继续持有多单，那么一定是在行情处于大阶段的上涨趋势时，从而使投资者忽略了这次回调。

B，当 K 线处于布林线上轨的上方时，投资者应该毫无疑问地持有多单，切忌此时放空，因为这种形态往往意味着市场出现了急剧的上涨，如果放空则风险很大。当K线处于布林线上轨的上方时，如果出现大的阴线或者上影线，那么大概率在后续的行情中会出现回调，如图3-10所示。

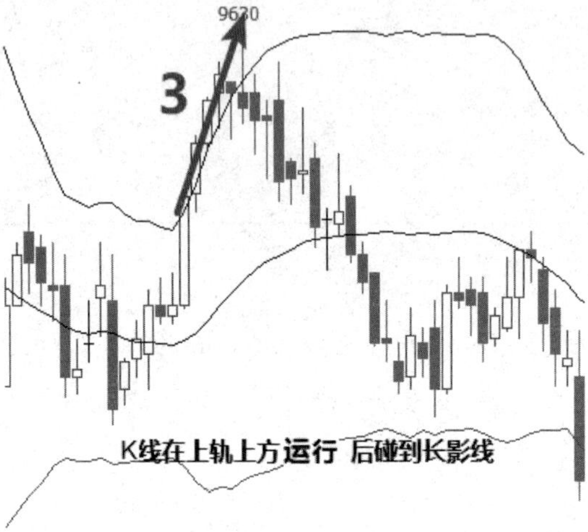

图 3-10

C，当K线处于布林线的中轨和下轨之间时，同样可以分为两种情况：一种是由布林线中轨向布林线下轨运行的下跌形态；另一种是由布林线下轨向布林线中轨运行的反弹形态，如图3-11所示。在K线呈第一种形态时投资者应该持有空单，而在K线呈第二种形态时投资者应该减仓或者平仓，当然也可以在K线呈第二种形态时继续持有空单，那么意味着此时投资者的判断是价格处于大阶段的下跌趋势中。

D，当K线处于布林线下轨的下方时，此时投资者应该毫无疑问地持有空单，因为此时意味着急剧和快速的下跌行情，如图3-12所示。投资者切忌在此时做多，风险很大。当K线处于布林线下轨下方时，如果出现大阳线或者下影线，那么后续市场出现反弹行情的概率很大。

BOLL通道指标将价格走势分成4个部分，每个部分都各有其功用，当价格在不同的部分显示出不同的形态时，可以帮助交易者分辨这些形态所代表的含义，交易者可以针对性地采用不同的交易策略，这也是BOLL指标的主要用法之一。

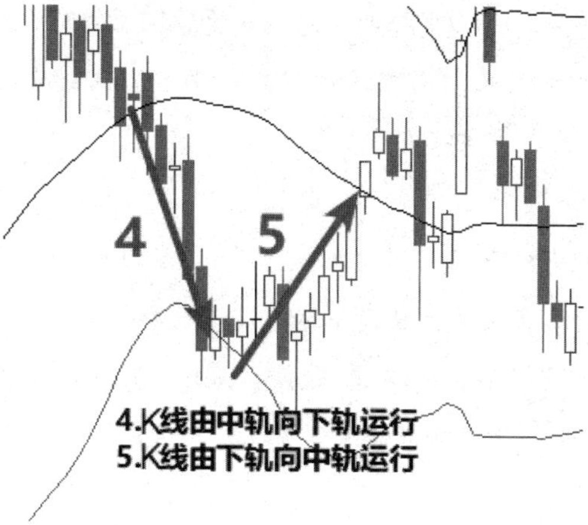

图 3-11

图 3-12

【BOLL 通道的张开与缩紧】

BOLL 指标的另一个用法是判断价格走势的趋势和盘整。这是通过 BOLL 通道的开闭口状态以及随后的走势来判断的。

经过实践观察，当价格走势即将形成时，BOLL 线会出现如下共性特征（见图 3-13）。

（1）上涨走势。

① BOLL 均线有向上转头倾向。

② BOLL 线开口扩大，上轨向上运行，下轨向下运行，形成泡状。

③ BOLL 线上轨继续向上方运行方向不变，下轨则改变方向向上运行，BOLL 线形成整体向上方运行的带状。

（2）下跌走势。

① BOLL 均线有向下转头倾向。

② BOLL 线开口扩大，上轨向下运行，下轨向上运行，形成泡状。

③ BOLL 线下轨继续向下方运行方向不变，上轨则改变方向向下运行，BOLL 线形成整体向下方运行的带状。

（3）盘整走势。

① BOLL 均线方向不定。

② BOLL 线可能形成泡状，但是后续无法形成稳定带状，而是开口又随即扎紧。

③ BOLL 线呈现水平带状走势。

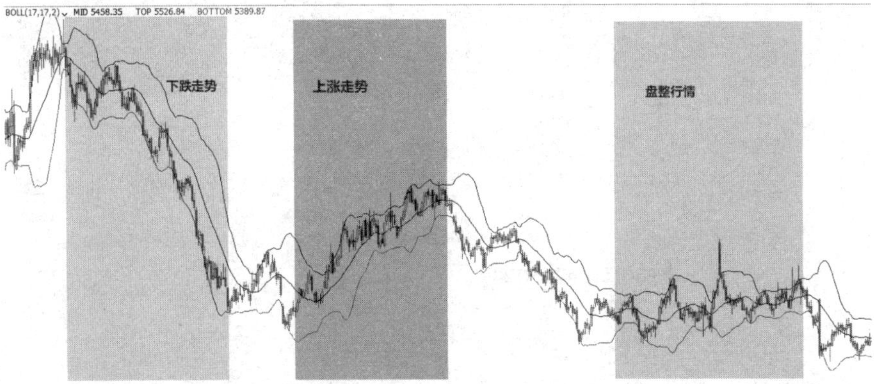

图 3-13

如图 3-13 所示，区域 1 中，BOLL 线中轨均线方向向下，价格形成向下走势时，首先形成一个泡状开口，下轨向下方运行，上轨向上方运行，然后上轨改变方向向下，随即形成一个向下的带状。区域 2 是上涨走势，走势开始发动之时，BOLL 线张开形成泡状，上轨始终保持向上的运行状态，下轨运行方向先向下，后随即向上形成带状带动整体价格走势向上运行。区域 3 中，BOLL 线中轨运行方向不定，整个通道时开时闭，即使张开，形成泡状但是很快又缩紧，后期通道直接变成很窄的水平带状。显示这是一段盘整走势。

根据图 3-13 可以总结出如下内容：

上涨走势中，BOLL 线先张口形成泡状，然后下轨向上支撑走势，形成一个稳步上行的带状形态。

下跌走势中，BOLL 线先张口形成泡状，然后下轨向下压迫价格，形成一个稳步下行的带状形态。

盘整走势中，BOLL 线开口形成泡状，但是很快扎紧，再张开，又被扎紧，看起来就像被串起来的鱼丸或者水平方向运行的较为窄小的带状。

上述讲解了 BOLL 通道的两种用法，我个人非常喜欢 BOLL 指标，这也是我常用的判断方法，这个方法能够在横坐标和纵坐标两极上对走势进行区分。在纵坐标上，将走势分成 4 个区域，分别对应多空动能的 4 种状态。在横坐标上，可以将走势区分为泡状、上行带状、下行带状、串状盘整、水平带状盘整等几种状态。把二维状态结合起来，交易者就能对目前市场运行的状态有一个非常清晰的了解，所以我一贯把 BOLL 通道作为主图指标，再辅以其他技术手段，就可以在实践中有不错的效果。

第二节　抓住市场中的经纬线——摆荡指标

1. 常用的摆荡指标之一——MACD

指数平滑移动平均线（Moving Average Convergence Divergence，MACD）是一种非常实用的技术指标，该指标是根据移动平均线而得到的，如图 3-14 所示。

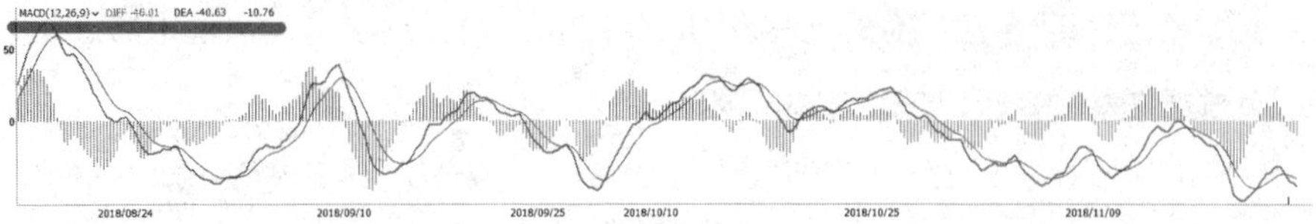

图 3-14

可以看到，MACD 由 3 个部分组成：一个是 DIFF 线、一个是 DEA 线，以及标示这两根线数值之差的红柱与绿柱。关于 MAC D 的使用可从如下 3 个方面来讲解。

【利用 DIFF 判断并且跟踪市场趋势】

DIFF 表示短期移动平均线（12MA）与长期移动平均线（26MA）之间的差值。该数值就是 MACD 的基础，当 DIFF 大于零时，代表 12 周期的移动平均线的值要高于 26 周期的移动平均线的值，这就代表短期的投资者对价格的预期比更早期的投资者要高，也就意味着新近加入市场的投资者更加看好后市。相反，DIFF 小于零时意味着 12 周期的移动平均线的值低于 26 周期的移动平均线的值。这意味着新进的投资者比更早期的投资者更加悲观，或许意味着后市还会下跌。下面来分析 DIFF 大于零和小于零分别对应的价格区间。

如图 3-15 所示为螺纹钢的日线图，DIFF>0 的区域显示市场是明显的多头市场行情，DIFF<0 的区域显示市场是明显的空头市场行情。所以一种常用的方法就是根据 DIFF 是否大于零来判断市场是多头市场还是空头市场。

图 3-15

市场并非只有多头市场和空头市场，还存在为数不少的盘整走势。然而均线的特性使 DIFF 可以跟踪趋势行情，但是信号的及时性不强，而且对于盘整的市场表现比较差。这是需要引起交易者注意的。但是无论如何，MACD 指标具有跟踪趋势的功能。

【DIFF 与 DEA 的差值，作为摆动指标，提高趋势跟踪的及时性，以及处理盘整行情】

仅仅用 DIFF 大于零和小于零来跟踪趋势还不够，毕竟还有如下两个问题无法回避。第一个问题是趋势跟踪信号具有一定的滞后性，第二个问题是盘整的市场需要投资者处理。于是 MACD 指标又加上一条线。对 DIFF 值做平均计算，得到一个值叫 DEA，再用 DIFF 值减去 DEA 值就得到这两者的差值，将该差值用不同方向和颜色的柱状图标示出来，这样使得 MACD 具有摆动指标的特性。

如图 3-16 所示，附图 MACD 深灰色标示的区域代表 DIFF>0 的部分，也就是图 3-15 中的中间灰色区域。K 线主图区域 1、2、3 代表 DIFF>DEA，也就是 MACD 柱状图在零轴以上区域。这里可以看出，“DIFF-DEA”得到的差值所显示的柱状图，将趋势跟踪的部位整体提前了，这是摆动指标的特性，据此解决均线趋势跟踪不及时的问题。如果单纯地将“DIFF>0”当作趋势跟踪的信号，那么只能在 A1 位置开仓，然后在 A2 位置平仓。但是如果加上红绿柱的摆动指标特性，就可以在 B1 位置开仓，在 B2 或者 A2 位置平仓。比起单纯的趋势跟踪而言，交易的效果要好很多。

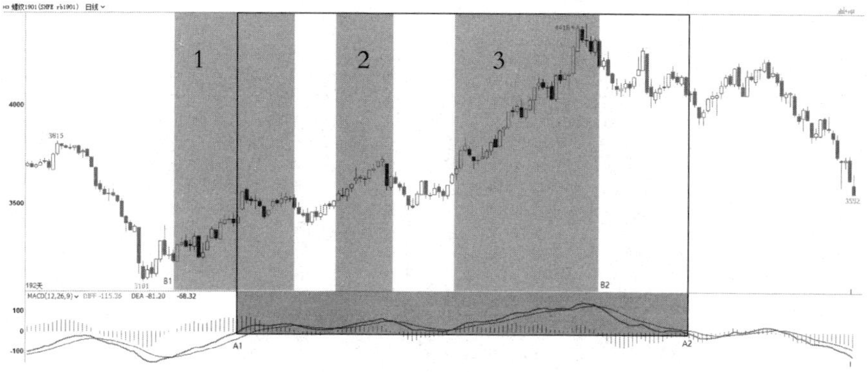

图 3-16

此外还可以用 MACD 具有摆动指标的特性来处理盘整行情（见图 3-17 和图 3-18）。

图 3-17 中灰色部分是 DIFF>0 的部分，但是目前明显处于盘整行情中，市场趋势明显，这种情况下投资者可以发现用 DIFF>0 做趋势跟踪的效果非常差，如果在区间开始时做多，结束时放空，做 4 笔交易，那么恐怕只有一笔能够盈利。可见在盘整行情中，用 DIFF 趋势跟踪效果不好，这也是所有单一趋势跟踪指标的通病。那么如果利用 DIFF-DEA 差值，这个摆动指标的特性将会怎样呢？

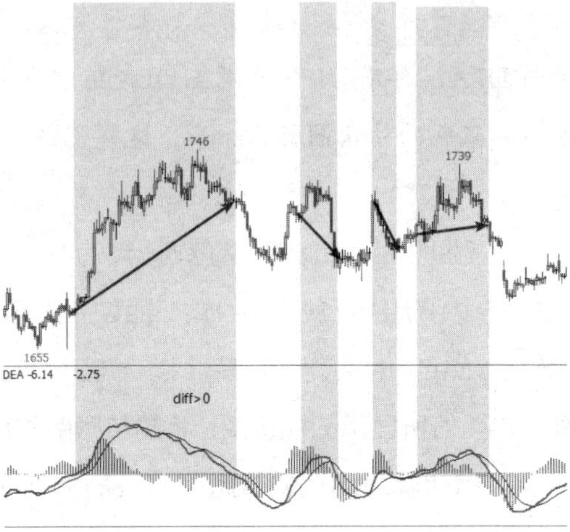

图 3-17

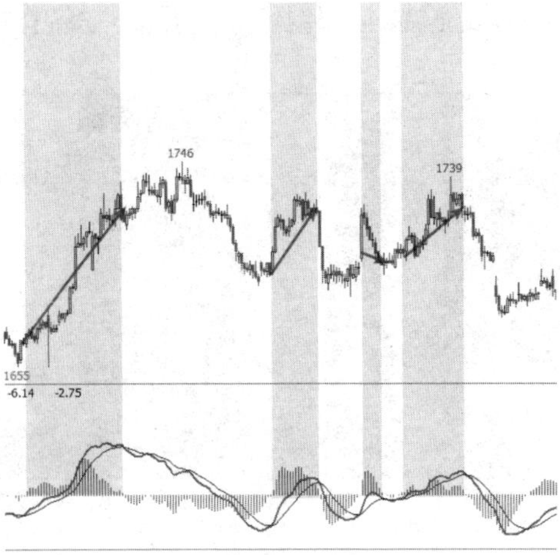

图 3-18

图 3-18 中的 4 块区域变成了 DIFF>DEA 的部分。同样在灰色区域开始

时买入，在区域结束时平仓，4 笔交易至少有 3 笔交易能够有不错的盈利。可见，在盘整的市场中，利用 MACD 摆动指标的特性就能取得比较不错的效果。

【MACD 的背离和信号过滤】

此外，还有一种使用 MACD 的方法，即背离。比如当价格 K 线创出新高时，相应的 MACD 指标 DIFF 线并没有创出新高，投资者会认为这是市场动能不足的表现，意味着后市可能会出现折返。因为 DIFF 代表 12 周期和 26 周期两条均线之间的差值，所以背离意味着，虽然价格创出了新高，但是两条均线之间的距离却更小了，这也许意味着此次上涨只是短线交易者的狂热，并没有带动价格的长期预期，而短线交易者是不稳定的。所以当短线交易者出现获利了结时，意味着价格可能出现快速的下跌，并向长期投资者的预期靠拢。但是投资者需要注意的是，背离也许仅代表短期过热走势可能会出现修正，并不代表长期的预期由此改变。所以对于长期趋势是否由此改变还需要继续进行观察。

MACD 可以和均线搭配使用，在盘整行情中，价格经常会围绕均线频繁穿越，造成趋势交易者频繁止损，有时候均线搭配 MACD 就可以避免这种情况，提高系统的稳定性（见图 3-19）。

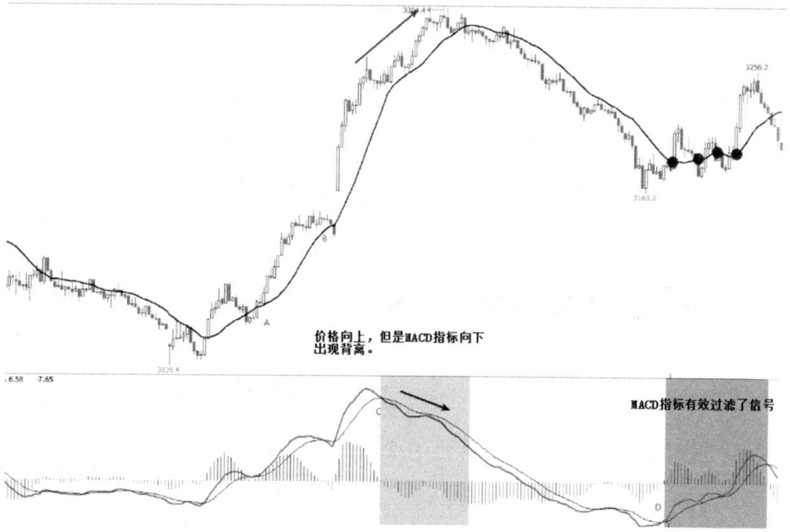

图 3-19

图 3-19 中的 A 点价格刚刚经历了一次回调，但是下面的 MACD 指标中

的 DIFF 仍然处于零轴的上方，同时 DIFF 线处于 DEA 线的上方。所以当 A 点价格重新向上穿越移动平均线时，可以认为这是一个比较好的做多信号。该图中的 B 点是这个交易日的尾盘，此时价格回调，MACD 指标上的 DIFF 线向下穿越了 DEA 线，考虑到日内交易的情况，此时可以在尾盘平仓，此交易日拥有比较丰厚的利润。再来看该图中的 C 点，此时价格不断创出新高，但是 MACD 指标已经出现了向下的背离，有些交易者可能会在这种上涨出现背离的情况下进场做空，我建议还是要等到 K 线图发出明确的下跌信号，所以交易者可以考虑在 K 线向下跌穿平均线的时候进场做空。在这个例子中，MACD 的背离早于价格向下穿越均线，可以将其看作一个向下穿越平均线放空的预警信号，同时也提高了此次交易的可靠性。再来看该图中的 D 点，此时可以看到 K 线频繁地穿越平均线，如果此时仅仅按照 K 线穿越作为交易信号，那么交易者可能会不断地亏损，而且会搞不清楚后市的方向如何。但是如果此时参考 MACD 指标，就会清楚地发现 MACD 指标不断向上抬升，虽然 K 线每次回调都向下穿越均线再拉回到均线上方，但是 MACD 指标上的 DIFF 线却始终在 DEA 线上受到支撑，并且低点不断地向上抬高，MACD 的柱线始终处于 0 轴以上。所以可以大胆地判定此时的市场是盘整偏多的格局，交易应该以逢低做多为主。

本部分讲解了 MACD 指标的 3 个主要用法，MACD 指标最大的特点是其兼具趋势跟踪指标和摆动指标的双重特性，同时其背离信号还可以作为市场反转的早期信号，这些特性使得 MACD 指标可以处理市场的多种情况。

2. 常用的摆荡指标之二——KDJ

KDJ 指标又叫作随机指标，最早是在期货交易圈内流行开来的，一直到现在 KDJ 指标仍然是交易中非常通用和流行的技术指标（见图 3-20）。

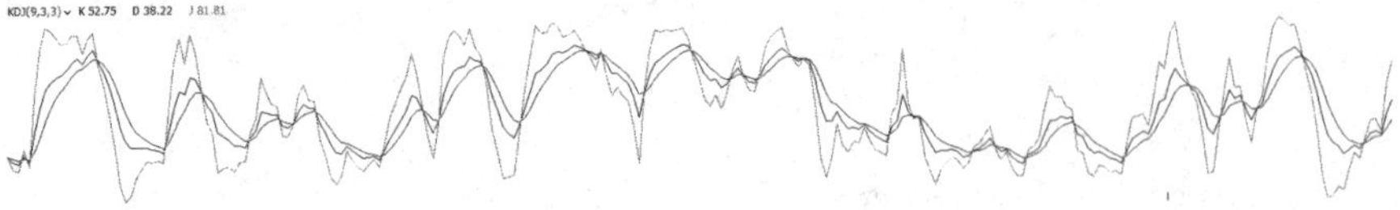

图 3-20

KDJ 指标隐含的原理是，在上涨趋势中收盘价格倾向于接近交易区域的最高价，而在上涨趋势的末期收盘价格会明显远离交易区域的最高价。在下跌趋势中情况则正好相反。这个理论在前面讨论 K 线时讲过，在一波上涨趋势中，在接近趋势的末端多头的力量由盛转衰，而空头的力量逐渐增加， 所以在上涨趋势的末期，收盘价有逐渐从最高价向最低价靠拢的倾向。同样在下跌趋势的末期，收盘价有逐渐从最低价向最高价靠拢的倾向，意味着多头的力量在逐渐增强。

KDJ 指标由 3 条指标线组成，分别是 K 指标、D 线和 J 线。下面分别分析这 3 条线。

【K】

K 指标是 KDJ 指标 3 条线中最基本的一条，实际上仅仅通过 K 指标就能够为交易者提供很多有利的信号，把 K 指标单独作为技术图表的附图，与主图中的价格曲线一一对应，就能够发现一些规律（见图 3-21）。

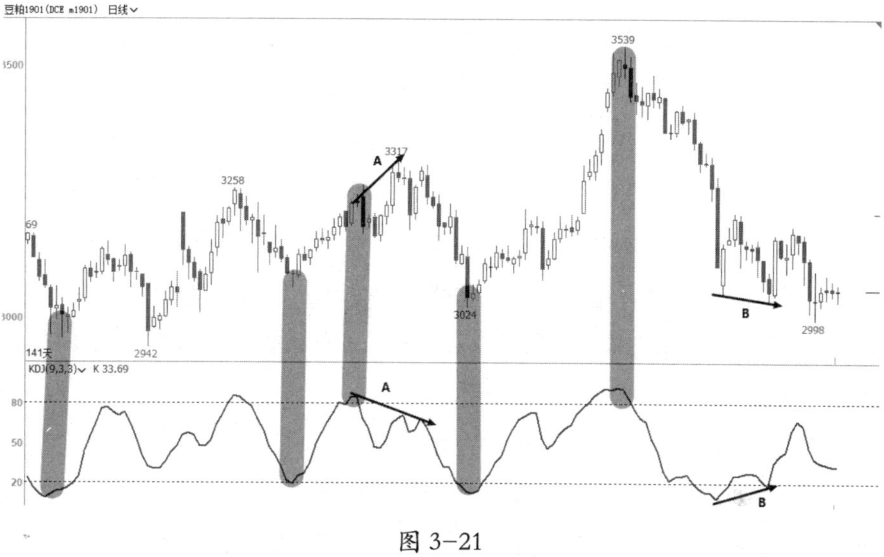

图 3-21

如图 3-21 所示为豆粕日线图的技术图表，主图为 K 线，附图就是 KDJ 指标中的 K 指标。很多讲解技术分析的书籍会把 KDJ 指标中大于 80 的区域叫作超买区，把小于 20 的区域叫作超卖区。我认为这种说法有失偏颇，因为超买区不代表不能继续购买，而超卖区不代表卖方不会继续卖出。这种说法会给没有交易经验的交易者一种不良的心理暗示，为了避免这种弊端，我更愿意把 KDJ 指标中大于 80 的部分叫作高价区，小于 20 的部分叫作低价区。通过观察这一段豆粕的走势可以发现如下两个规律。

规律一：K 指标在高价区经常对应一段价格走势的高点，K 指标在低价区经常对应一段价格走势的低点。

规律二：K 指标相对于价格走势的背离，是价格走势发生转向的一个先兆。比如该图中的 A 点和 B 点。

这两个观察到的规律，对交易者而言都是非常有用的，首先背离是摆动指标的特性之一，前面讲过 MACD 指标的背离，显然通过 KDJ 指标也可以观察背离。背离是交易信号中可靠性相对比较强的，而且背离往往出现在价格转向之前，因为背离的定义就是价格创出新高或者新低但是技术指标并未跟随创出新高或者新低，也就是说，技术指标的改变走在了价格改变之前，所以背离的信号可以当作价格改变的先行信号。这也是很多交易者非常重视指标背离的原因之一。KDJ 指标可以为交易者提供背离的技术信号，显然其首先在这一点上证明了其价值。但是背离信号的缺点在于，并非每一次价格转向都会有背离出现，即在价格改变之前能不能贯彻到背离指标是可遇而不可求的。所以为了丰富交易者的交易工具，自然还需要提供其他的可供交易者观察的技术信号。随机指标就给交易者提供了这样的技术信号，即当 K 指标进入高价区和低价区时，经常对应一段趋势的短期高点和低点，就如同上述豆粕日线图中所示一样。交易者需要注意的是，在强烈趋势的市场中，即使 K 值到达了高价区和低价区，但是没有发生折返走势，或者只发生了极其细微的折返走势，就被趋势推动着继续上涨或者下跌的情况也很常见。

其实这也是很多投资者不能理解的地方，很多技术指标时灵时不灵，那么为什么还要用？我在这里想说的是“金无足赤，人无完人”，这是自然和社会的基本规律。技术指标也是如此，世界上没有完美的技术指标。作为专业的交易者就是要了解每个指标的特性，然后在交易中做到在合适的时间使用合适的指标。其实不仅技术分析如此，基本分析也存在同样问题，那就是信息不对称，经济数据也无法做到完美。之所以还会有很多人喜欢并使用基本分析，是因为基本分析在有些交易者的交易框架中能够解决其面临的问题。

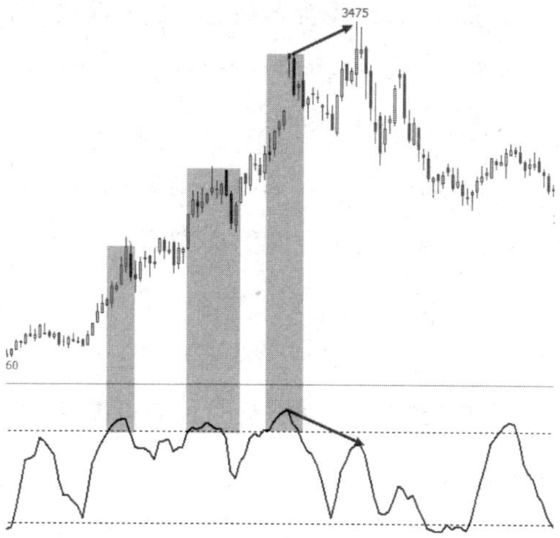

图 3-22

图 3-22 就是价格与 K 指标发生背离的示例，背离发生之后，价格结束了上涨趋势，转而下跌。

【KD】

上述讲解了随机指标中的 K 值，下面讲解 D 值。随机指标中的 D 值是对 K 值的平滑（见图 3-23）。

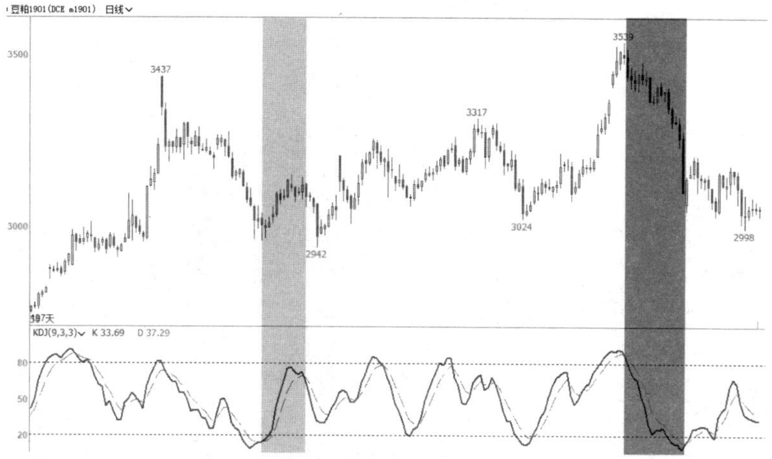

图 3-23

在随机指标原有的 K 值基础上加入一个 D 值，这样一来，两条线就会发生互动关系，从而为交易者带来一些交易信号。D 值因为在 K 值的基础上做了平行滑动，所以一方面D值的线看起来走势更加连贯，另一方面D值的线会比配置的曲线运行稍慢，一条快线和一条慢线运行起来就会形成金叉和死叉的交易信号。同时把图表可以分成两部分，第一部分是K值在D值的上方运行，第二部分是K值在D值的下方运行。在图3-23中可以看到，浅灰色部分是K值在D值上方运行的区域，很明显此时市场是一段上升走势。深灰色部分是K值在D值下方运行的区域，此时市场是一波下降走势。当市场从下降走势转变成上升走势时，随机指标的K值会从下方向上穿越D值，从而形成金叉。相反，当市场从上升走势转变成下降走势时，随机指标的K值会从上方向下穿越D值，从而形成死叉。

我认为K、D指标的互动关系对交易是非常有利的，这不仅局限于利用金叉和死叉来捕捉价格走势转折，利用K、D的价格分区来筛选交易方向和机会，对交易者而言也是一个非常重要的工具。比如在某个较大的时间框架上，当K值大于D值时，交易者不做空。当K值小于D值时，交易者不做多。这样一来就能够过滤很多胜率不高的信号。同样可以反过来说，当K值小于D值时，交易者要做的事情就是寻找可以放空的信号，而当K值大于D值时，交易者要做的事情就是寻找可以做多的信号。

豆粕期货的日线图如图3-24所示。

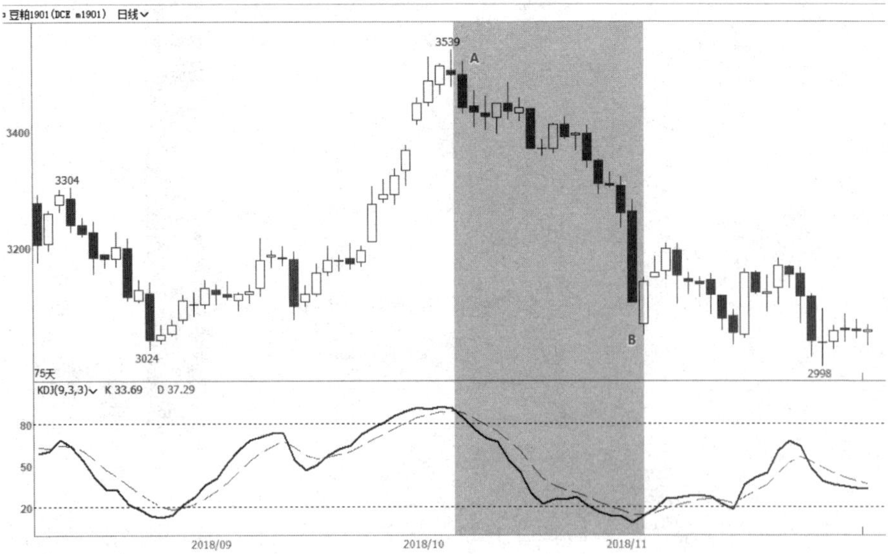

图3-24

图 3-24 中的 AB 段，对应的 K、D 指标中，K 值小于 D 值的区域。如果按照投资者的原则，那么在这一段中不做多，而是寻找机会放空。那么如何来寻找机会呢？这里提供一个思路，即利用更短的时间架构。该图中的 K、D 是在日线的时间架构上，投资者可以在比日线更短的时间架构上来寻找交易的机会，比如 1 小时图或者 15 分钟图。下面就来看一下豆粕的 1 小时图（见图 3-25）。

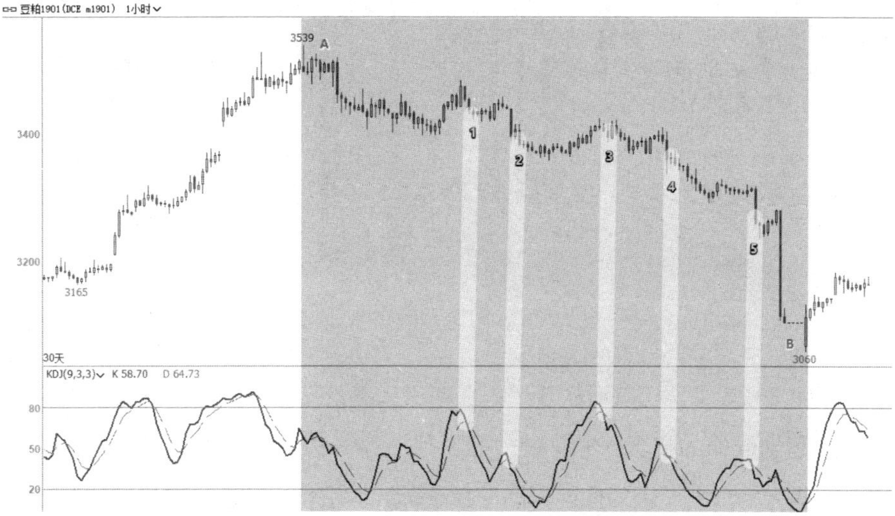

图 3-25

在图 3-25 中可以看到，日线上的 AB 段，对应到 1 小时图中就是灰色区域所标示的部分，按照此区域内只放空不做多的原则，投资者就需要在 1 小时图中寻找可以放空的信号，比如还是以 K、D 指标的 K 值向下穿越 D 值为放空信号，就可以得到该图中 5 个可供交易者放空的点。这 5 个点位目测都应该能够取得盈利。再拓展看一下，假设投资者在 AB 段的灰色区域内，当 K 值上穿 D 值金叉时做多，那么会发生什么情况？应该结果都不会特别理想。这样，通过 K 值与 D 值的关系，投资者可以过滤掉对自己不利的交易信号，让自己把握住正确的投资方向，提高交易的胜率，所以我觉得这是一个不错的交易工具。

【KDJ】

前面已经看过了随机指标的两条线，即 K 和 D，现在再看 J。在随机指标中加入 J 值，使得随机指标更加丰满。J 线的特点在于，它是一个比 K 指标更快的线，这就使得J线会更早地到达高价区和低价区（见图 3-26）。

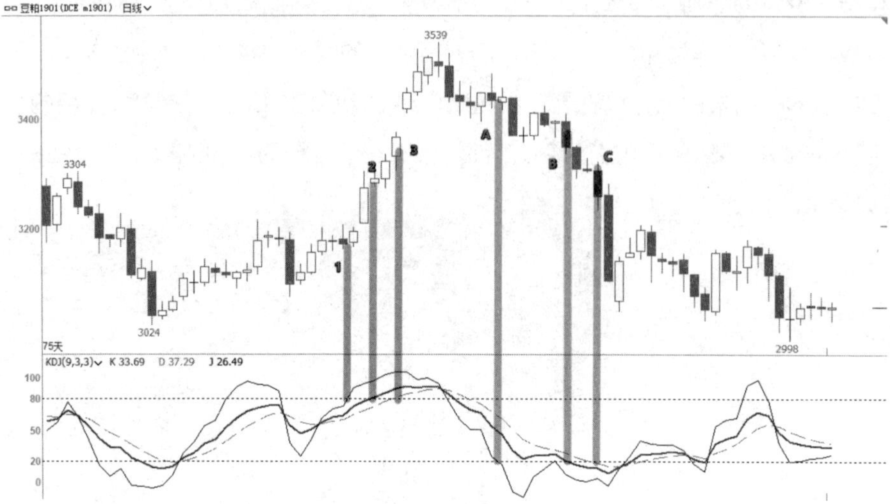

图 3-26

在图 3-26 中，可以看到 J 线是最早进入高价区的。而在 J 线从高价的超买区回落到低价的超卖区时，表现在 K 线上是一段完整的上涨走势，这可能出乎很多人的意料，因为他们习惯于在超买区卖出，在超卖区买入，甚至在指标线刚刚进入超买区就迫不及待地放空，殊不知此时却正好做反了方向。实际上当最快的 J 线进入高价的超买区时，此时恰恰是市场刚开始发动上涨走势的早期。

KDJ 指标最早就是在期货圈内使用的一种技术指标，因为 KDJ 指标非常适合于期货交易短平快的节奏，而且 KDJ 指标对于处理一段单纯的走势非常有用。一个指标可以提供多种判断手段，因此在实践中这是一个对期货短线交易者而言非常实用的指标。

3. 常用的摆荡指标之三——RSI

相对强弱指标（Relative Strength InDex）是人们在各类二级市场中常说的 RSI 指标的中文名称。它最早由 J. Welles WilDer 在 1978 年出版的 *New Concepts in Technical TraDing Systems* 一书中提出。

如图 3-27 所示，比起 MACD 和 KDJ 来说，RSI 看上去单一很多，横轴为时间，纵轴为百分比，而图中折线就是由不同时间的 RSI 值连接而成。这里需要注意的是，RSI 是一个上限为 100，下限为 0 的百分比值。比值越大，多方势力越强；比值越小，空方势力越强。

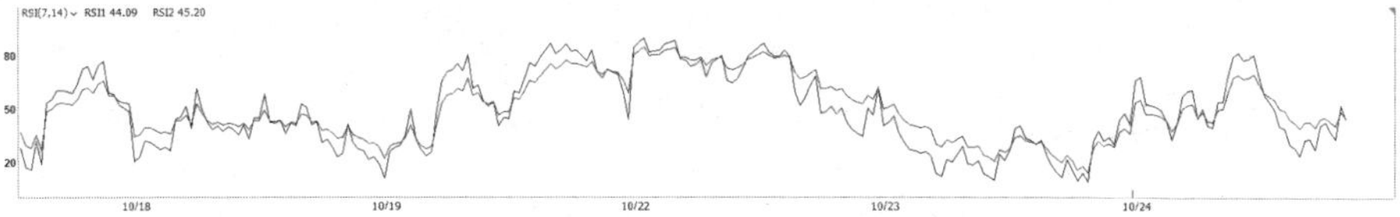

图 3-27

目前期货软件中的 RSI 指标一般使用 7 和 14 两个周期的相对强弱指标，这也是 RSI 指标的发明者威尔斯·威尔德所推荐使用的参数，当然这个参数并不是固定的，我就看过有人用 9 天和 25 天，以及 3 天和 13 天的相对强弱指标。交易者可以根据不同品种的不同特点和适用性来使用不同参数的指标，这需要交易者对期货品种具有深刻的了解以及丰富的经验，不过一般所选择的参数越小则指标的波动性就越大。

【RSI 作为价格顶底的领先指标】

相对强弱指标通常的用法是作为价格顶、底形成的领先指标，当 RSI 的数值超过 70，被称为筑顶，当低于 30 时被称为筑底。相对强弱指标所形成的顶和底，通常来讲经常领先于实际期货价格所形成的顶和底，因此 RSI 通常作为价格顶、底形成的领先指标。

如图 3-28 所示，就很清晰地显示了 RSI 指标形成的顶、底与实际价格曲线上形成的顶、底有着非常不错的对应关系，RSI 指标所形成的顶、底往往能够领先或者与实际价格形成的高低点同步，这样一来交易者在判断价格高低点时就有了一个可供使用的工具。这对交易者制订交易计划和设计交易系统都有实际意义。

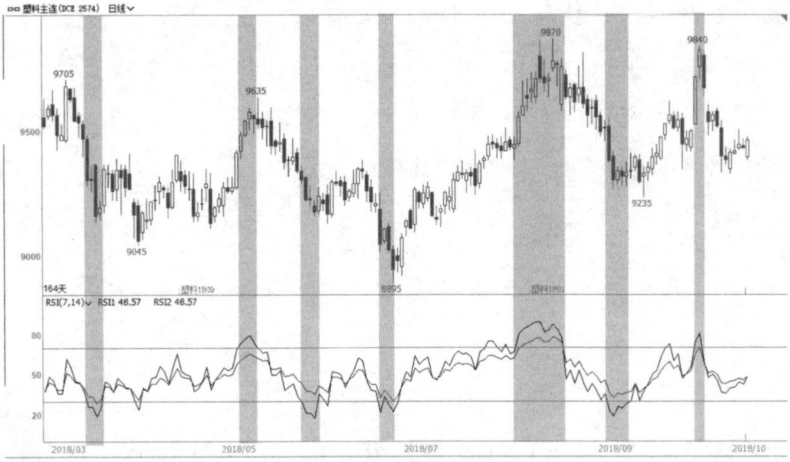

图 3-28

【RSI 的背离判断一段行情动能的减弱】

RSI 指标的背离也是判断一段行情改变的有效工具之一，当价格创出新高，但是 RSI 指标仅仅达到一个次高价，就会发生价格与相对强弱指标的背离，传达给交易者的信号就是市场此次行情的实际动能发生了改变（见图 3-29）。

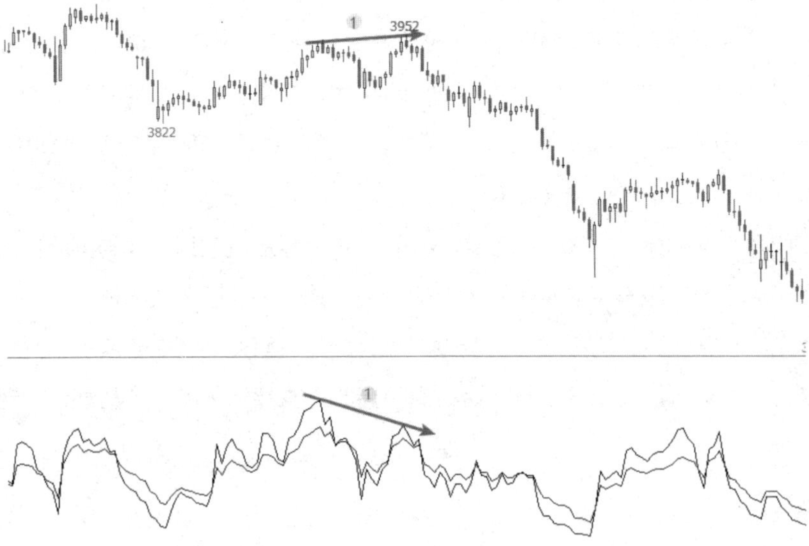

图 3-29

如图 3-29 所示的①部位，就是一个典型的 RSI 指标与价格的背离，此时螺纹钢整体处于下跌趋势，然后发生了一次反弹走势，反弹到了图中①的位置，出现了 RSI 和 K 线图的背离，K 线中①处价格的新高对应的 RSI 指标上升的幅度有限，显示出此刻反弹的动能有所减弱，随后证实这就是此次反弹的最高点，市场延续原来的下跌走势不断创出新低。

实践证明，利用 RSI 来判断市场的转折，可靠性还是很高的。尤其对于反弹和回调行情转折点的判断，利用好这个工具，可以让交易者在市场中处于一个有利的位置。

【趋势中的 RSI 指标】

RSI 指标用在趋势中，判断回调或者反弹的高点和低点具有很好的效果。如果再辅助均线系统以及支撑线和阻力线，可以让交易者做非常精准的交易(见图 3-30)。

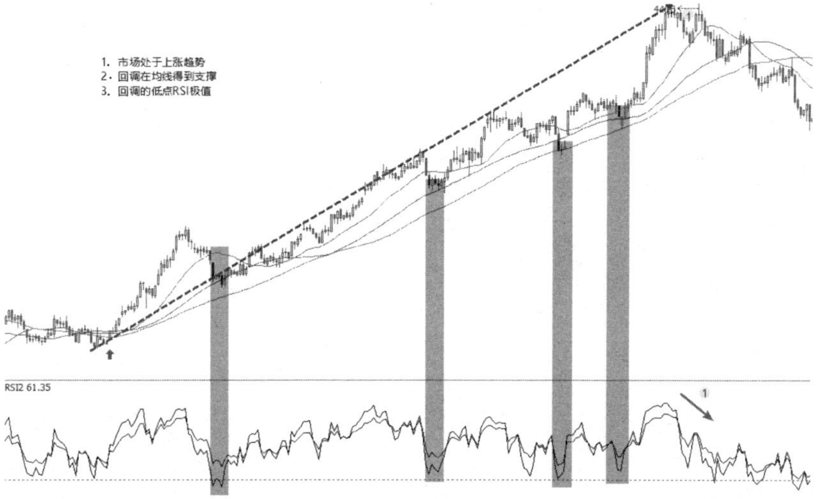

图 3-30

如图 3-30 所示为螺纹钢 1901 合约 1 小时图的一段上涨趋势，在向上箭头处价格穿越均线组，向上突破，此后不断上涨，均线呈现多头排列。这段上涨行情中，价格经过几次回调，都在均线的位置得到支撑，同时观察 RSI 的极值点，每个 RSI 低位极值转折点都对应了这波回调的低点，为交易者建立多单入场提供了清晰的信号。

第四章

看懂市场形态——学会赚钱

第一节　看懂趋势——让市场帮你赚钱

1. 趋势的定义与分类

趋势是交易者最有力的武器！顺势交易者在市场中处于有利的地位，交易者在交易中的主要工作就是寻找和识别趋势。移动平均线等趋势跟踪指标的任务是发现趋势和更好地在趋势中持有仓位。摆动指标是为了在趋势中更好地建立和调整仓位。仓量指标在持仓和判断趋势发展的各个阶段都有帮助。可见，交易是围绕着趋势进行的。首先来了解什么是趋势。

【什么是趋势】

趋势一词最早来源于道氏理论，道氏理论的起源是查尔斯·道的研究，在1900～1902年间，查尔斯·道在《华尔街日报》上发表了很多关于市场行为的文章，这些文章就是道氏理论的起源，在最初并没有用这些理论来预测股票价格本身的运动，而只是根据股票市场的情况来评估经济运行的整体情况。查尔斯·道的继承者威廉·彼得·汉密尔·顿在他的理论基础上形成了进一步的发展。1922年，汉密尔顿出版了知名的《股市晴雨表》，但是汉密尔顿还没有形成道氏理论的完整理论，直到1932年罗伯特·雷亚出版了《道氏理论》一书，这样道氏理论才成为一个完整和正式的理论体系。

虽然《道氏理论》主要是依据美国当时的股票市场而写的，但是其在期货市场中同样适用，尤其是关于趋势的判断，无论是在股票市场、期货市场还是在外汇市场等各种金融市场中，都具有非常重要的指导意义。

道氏理论认为价格行为决定趋势，如果以一系列涨势的高点不断地抬高，回调走势的低点也高于前期的低点，那么这就是一段多头的上涨趋势（见图 4-1），反之如果一系列的高点和低点不断地降低，就表示市场处在下跌趋势（见图 4-2）之中。道氏理论对于趋势的判断和定义主要考虑的是长期的趋势，以及价格的长期走势与经济之间的关系，对期货短线投资者而言，了解趋势的基本图表形态，即上涨趋势是不断抬高的高点和回调的低点，下跌趋势是不断下降的低点和反弹的高点。记住这个基本的图表形态，就能让交易者在交易中处于有利的地位。

上涨趋势是由连续一系列的涨势所构成的，每一段上涨都穿越前期的高点创出新高，中间也伴随着回调走势，但是每一次回调的低点都不会跌破前一次回调的低点。也就是说，上涨趋势是由高点与低点都不断抬高的一系列价格走势所构成的。

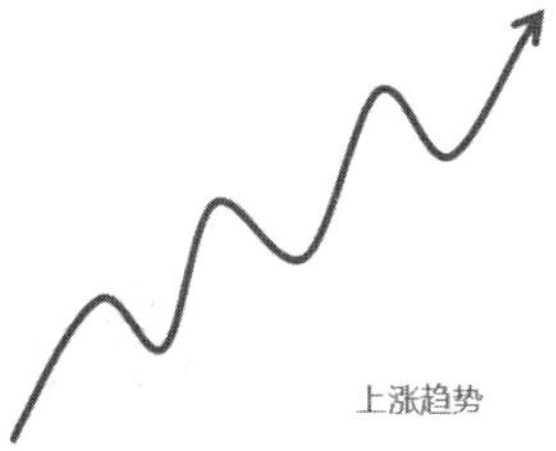

图 4-1

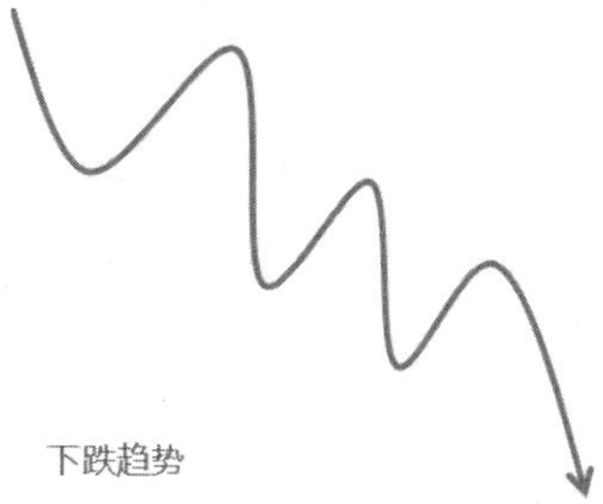

图 4-2

下跌趋势是由连续一系列的跌势所构成的，每一段跌势都持续向下跌破先前的低点创出新低，中间伴随着反弹走势，但是每一次反弹走势的高点都不会穿越前一次反弹走势的高点。总之，下跌趋势是由低点与高点都不断下滑的一系列下跌走势所构成的。

【各种不同周期的趋势】

趋势看起来非常简单，但实际上并非如此，因为市场中存在多种趋势，按照道氏理论的观点，把趋势分成长期趋势、中期趋势和短期趋势，其中长期趋势甚至以十年为单位，短期趋势也能持续数月之久，实际上市场中远远不止这些趋势。对期货交易者而言，持续数月的趋势已经能够被称为长期趋势，很多交易者甚至在更短的时间架构上来做交易，比如日内交易者常常利用 5 分钟的趋势来获利。

所以这里有必要探讨一下趋势形成的原因，可以假设有一股力量在推动价格朝着某一个方向发展，这股力量的出现使得价格不得不沿着这股力量上涨或者下跌。这种力量就是推动价格发生变化的因素，但市场并非由一种因素所影响的，推动市场的力量或者说影响市场变化的因素是多种多样的。有些因素可能来源于基本面，比如商品的供求关系。

2008 年经济危机过后，我国采取了宽松的货币政策和积极的财政政策，钢材价格也开始上行并于 2011 年达到了阶段性的峰值。螺纹钢价格从 2011 年达到峰值之后，开始了长达 4 年的下跌趋势。直到 2016 年国内需求端开始改善，使得螺纹钢价格在连续多年的下跌趋势后走出了一波不错的快速上涨行情（见图 4–3）。

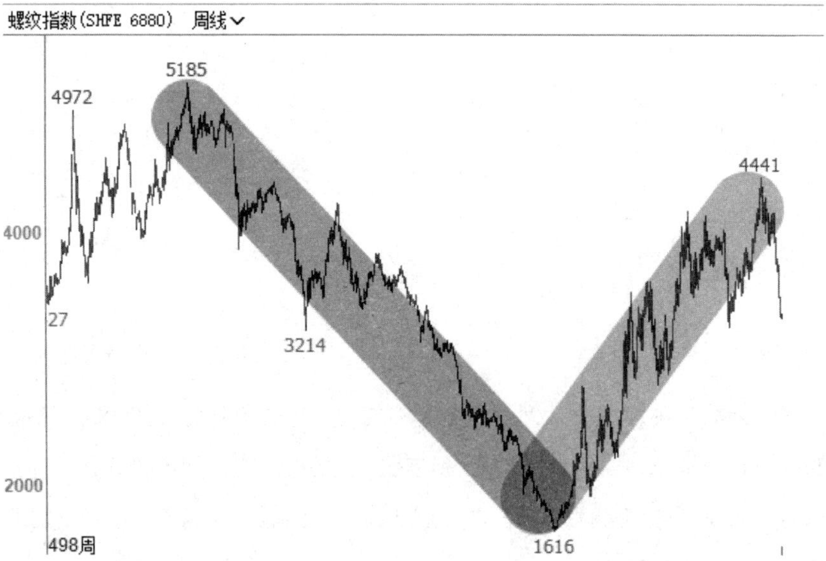

图 4–3

商品的供求关系会在长周期上影响价格的趋势，但是市场同时会受到中期和短期因素的影响，比如农产品就经常受到季节性的影响。例如，豆粕的上游是大豆，大豆的生长对应南半球和北半球一年两个季节，上半年的五六月是收割季，所以二三月往往是市场现货比较紧张的月份，此时比较容易出现市场的高点。而下半年的 9 月和 10 月是新豆上市的季节，所以下半年的低点经常会出现在新豆上市后的 11 月前后。这就是季节性的变化对商品价格中期走势产生的影响。此外在短线上，大资金的开平仓以及短线投资者的交易都会影响商品的短线趋势。

所以趋势并非唯一的，有短期趋势、中期趋势和长期趋势，不同的趋势其背后的驱动力量是不同的，一段价格的变化既处于短期趋势中，同时又处于更长期的趋势中。这些都需要投资者在交易中主动去辨别。短线交易者更应该关注市场的短期趋势，甚至在很短的时间架构上比如一分钟趋势图中寻找趋势。而对中长线交易者而言，可能更应该关注基本面推动的长期趋势变化。但这并不意味着长线交易者可以忽略价格短期趋势，相反，了解短期趋势的交易者会在长线交易中建立位置更加理想的头寸。同样，短线交易者如果关注中长期的趋势，也能为短线交易提供额外的胜率。所以不同的交易者虽然其关注的趋势不同，但是如果能够更加全面地了解驱动市场的各种因素，则必然能够相对于其他交易者而言处于更加有利的地位。

如图 4-4 所示为螺纹钢的 15 分钟周期图，从该图中可以看到这是一波非常明显的上涨趋势，有着不断抬高的高点和低点，总共持续时间为 15 个交易日，走出一波短期上涨趋势。下面来看图 4-5。

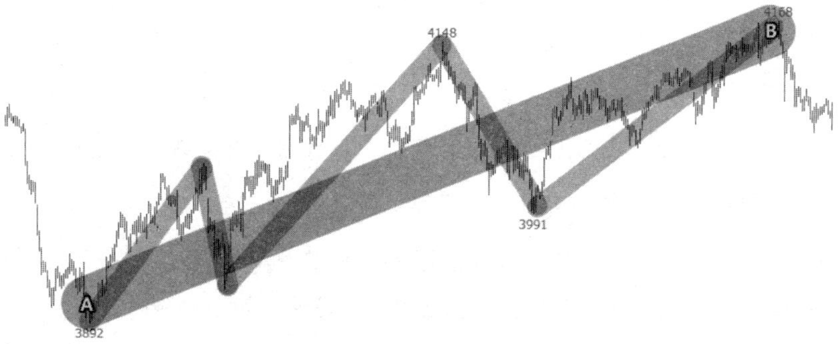

图 4-4

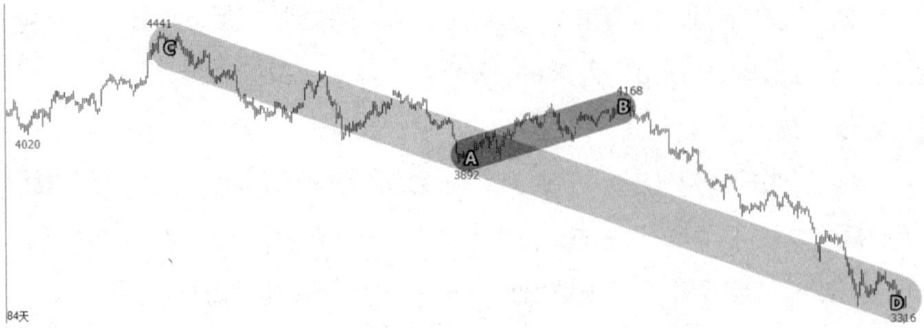

图 4–5

如图 4–5 所示为螺纹钢 1 小时周期图，从该图中可以发现，15 分钟图中 AB 这段上涨趋势，放在更大的时间架构上，仅仅是 CD 这段下跌趋势中的一个反弹，虽然从持续时间以及反弹的幅度来看，这波次级走势还是相对比较可观的，但是当驱动这波次级走势背后的因素消失后，其长期推动因素就继续推动价格朝着长期下跌趋势方向运行了。

【判断趋势已经结束】

无论一段趋势发展得多么好，交易者都必须承认这段趋势迟早会结束。而作为交易者必须密切关注趋势可能结束的信号。那么，如何判断一段趋势是否可能结束呢？我认为有 4 个重要的信号值得关注。

（1）技术指标发生背离。

（2）价格无法创出新高或新低。

（3）价格跌破或上涨超过这段趋势中支撑作用一贯表现良好的均线。

（4）价格穿越重要的支撑位和阻力位。

这 4 点是交易者在判断趋势是否结束时应该关注的重点。这 4 点中如果只发生一点，还不足以判断趋势已经结束，但应该引起交易者的关注，而出现的征兆越多，趋势结束的可能性就越大。比如交易者在观察一段趋势的时候发现技术指标出现了背离，此时虽然不足以判断趋势已经结束，但是交易者心中应该警醒，考虑到趋势在未来一段时间内结束的可能性，如果在后续价格的走势中又发现价格跌破了前期一条非常重要的平均线，随后的反弹又没有创出新高，或者又向下跌破了上升趋势中的重要的支撑位，那么此时交易者应该采取行动，告诉自己市场确实已经发生了变化。

从图 4-6 中可以看到，首先技术指标发生了背离，K 线创出了新高，但是成交量和 MACD 的柱状图都有走弱的情形。随后价格又突破了一条在前期多次起到支撑作用的平均线。之后价格出现了大幅度的下跌。

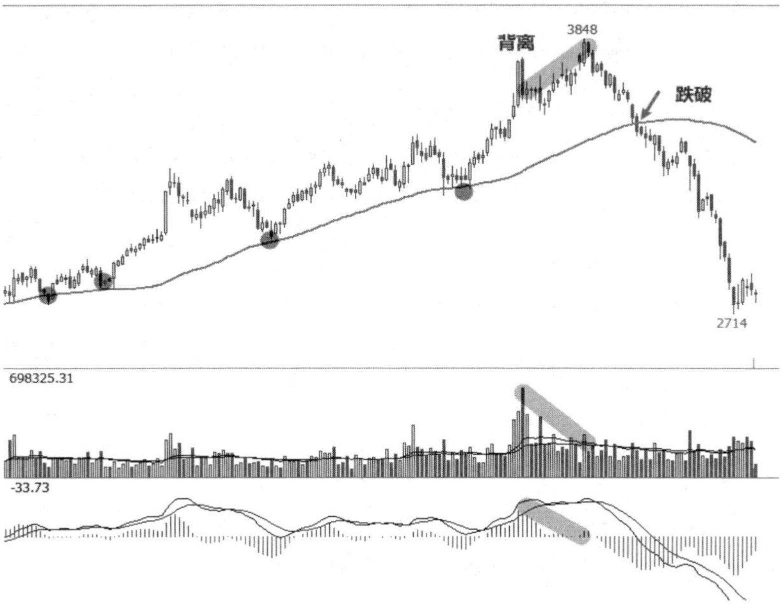

图 4-6

图 4-7 中的价格在经过一段急促的下跌走势后开始盘整，但是始终未能创出新低，随后价格开始上涨并突破了一个非常重要的阻力位，该阻力位又在随后的回调中起到了重要的支撑作用，市场验证支撑有效后价格开始快速地上涨。

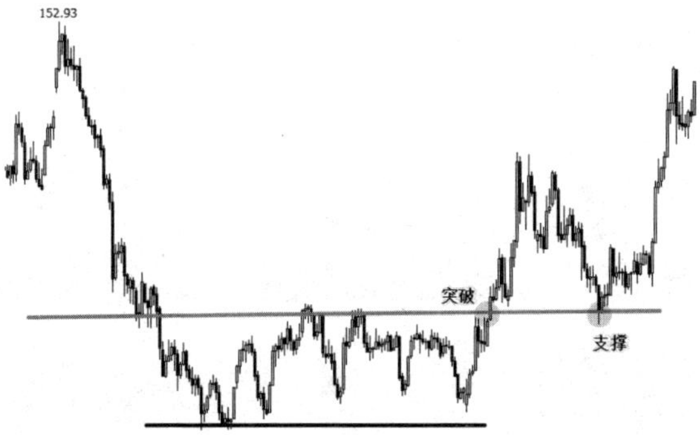

图 4-7

2. 盘中趋势

有很多期货交易者偏爱日内交易，试图抓住行情的日内波动而不管隔夜的走势。这样交易的好处是避免留仓的隔夜跳空带来的潜在风险。短线交易的宗旨是把握及时的利润，积少成多，而不是持仓追求远期的回报。

日内交易的方法之一就是识别和抓住盘中的短期趋势。该趋势可能持续几十分钟或者几小时。识别短期趋势的方法之一是看商品日内走势的分时图，通过分时图的形态，结合技术指标来判断。下面介绍一种方法。

【“分时图 +MACD”判断盘中趋势】

（1）分时图价格走势与 MACD 指标的背离

这种方法是通过观察 MACD 指标与分时图价格走势发生背离，来判断盘中趋势的改变。

从图 4–8 中可以观察到 3 次 MACD 指标与分时图价格走势的背离，其中两次背离均改变了盘中的趋势，中间发生的一次开盘的背离，虽然没有改变整体趋势，但也是高开低走，出现了一次折返走势。

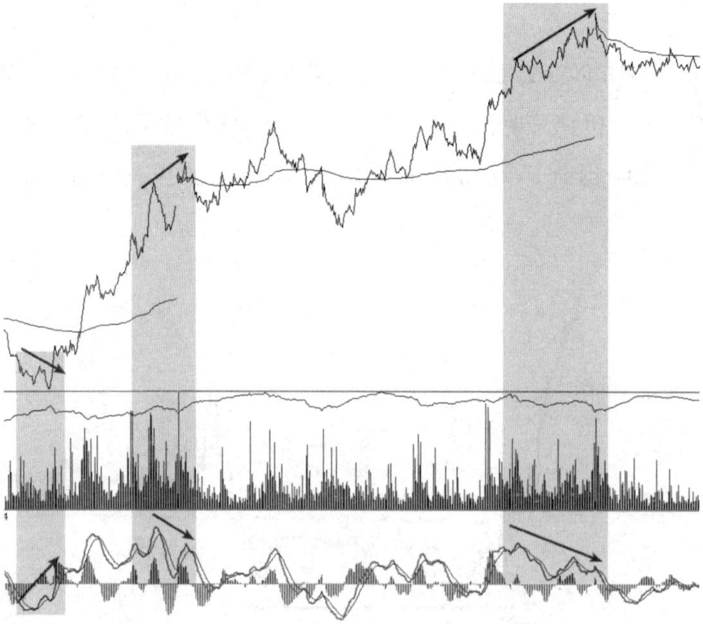

图 4–8

（2）通过 MACD 判断盘中趋势

可以通过 MACD 指标的辅助来判断盘中趋势，我建议用 MACD 的零轴作为上涨趋势和下跌趋势的分野，因为盘中走势随机性强，规律性较差，所以不宜用太敏感的技术指标。MACD 的零轴在判断盘中趋势时相对可靠性较强。

从图 4-9 中可以看到，该图中标示了几个明显的区域，B 区域对应 MACD 指标中的 DIFF 线在零轴之上运行的区域，该区域内的分时图价格走势都处于上涨或者反弹中。A 区域对应 DIFF 线在零轴之下运行的区域，该区域内的价格走势基本在下跌或者回调。

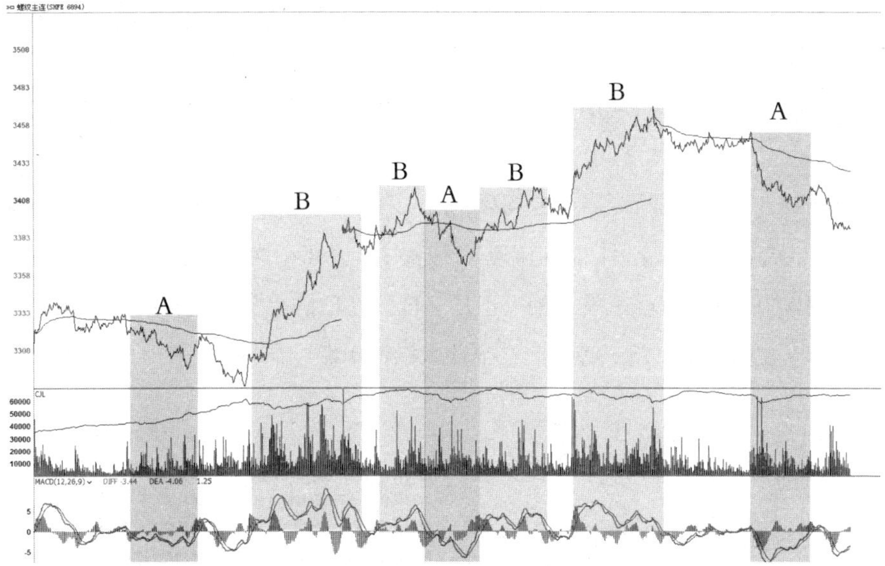

图 4-9

（3）分时图价格均线与 MACD 构成的交易信号。

前面讲到的都是分时图的价格曲线，没有涉及分时图的日内均线。该均线与 MACD 一起，可以过滤一些信号，真正成为一个可以使用的交易策略。

策略如下。

多单信号：

（1）价格在均线上方运行，MACD 指标的 DIFF 向上穿越零轴；

（2）MACD 指标的 DIFF 在零轴以上，价格向上穿越均线；

（3）MACD 指标的 DIFF 在零轴以上，价格在均线以上，回调在均线受到支撑。

空单信号：

（1）价格在均线下方运行，MACD 指标的 DIFF 向下穿越零轴；

（2）MACD 指标的 DIFF 在零轴以下，价格向下穿越均线。

（3）MACD 指标的 DIFF 在零轴以下，价格在均线以下，反弹在均线受到阻力。

如图 4-10 所示为螺纹钢期货最近 3 个交易日的分时图。该图中圆圈 a 和 c 的位置就是多单信号出现的位置，圆圈 b 和 d 的位置是空单信号出现的位置。本策略是一个双技术指标确认趋势策略，同时需要两个条件成立，信号才会发出，理想情况是：当价格上涨时，价格会上穿均线，然后上涨趋势会在日内均线之上运行；从 MACD 指标的角度来看，价格止跌上涨，那么 DIFF 线会上穿零轴，上涨趋势中的 DIFF 也会在零轴之上。但是现实行情中，单独用日内均线和 MACD 来判断价格趋势均会出现一些虚假的穿越信号。所以将两个技术指标结合在一起来判别。在趋势运行过程中，价格和均线系统出现虚假信号，但是 MACD 可能表现正常，相反也是一样。在日内趋势发生转折时，单一的技术指标发出信号以后，等待第二个技术指标也发出信号进行确认，就大大提高了交易的胜率。

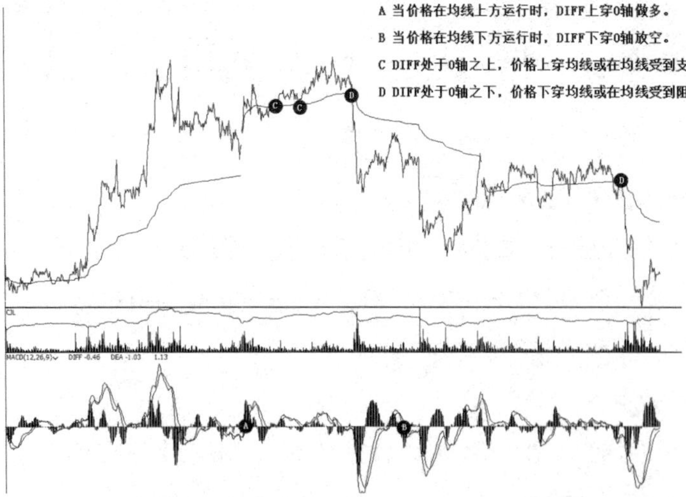

图 4-10

第二节　掌握价格形态与动能——让你变得“火眼金睛”

1. 几种常见的价格形态

在市场价格运行的过程中，其历史轨迹会形成一些经典的图形组合，这些经典的图形组合对市场价格的未来变化有一定的揭示作用，该图形组合就是价格形态。

价格形态有两种：一种是价格的延续形态，又叫作价格的中继形态；另一种是价格的反转形态。当历史价格走出延续形态时，往往意味着市场还要沿着目前趋势运行的方向继续运行。而当历史价格走出反转形态时，交易者就要注意目前的趋势是否即将发生改变。典型的价格延续形态包括三角形、旗形、矩形等。常见的反转形态主要有头肩形、W 形、圆形等。

价格形态理论并非玄学，其背后的原理在于类似的市场行情中的交易者有着大体相同的行为模式，比如某个交易日市场上涨了一定的幅度后，就会出现多单的获利回吐，此时的平仓单就会为上涨的价格带来压力，并因此而形成一段回档行情，如果市场的情绪认为价格还要继续上涨，那么有很多的交易者会趁着回档行情而买入，此时就自然为价格形成了支撑。价格经过一段小的反复，压力和支撑的高低点不断地变化，最终如果形成突破继续上涨，那么此时就可以看到一个价格的中继形态。价格的反转形态类似于上述过程，当一段趋势运行到末期，价格的中继形态无法推动价格继续上涨，压力位和阻力位的形态发生变化，最终阻力位失守，于是趋势反转，其历史轨迹形成了价格的反转形态。

价格形态对交易者而言是一个非常有用的工具，可以辅助交易者系统地看待市场，可以弥补其他技术指标的不足，比如移动平均线，当交易者利用移动平均线进行趋势跟踪时，遇到的一个问题就是价格反复地穿越平均线，此时仅仅将穿越平均线作为信号的交易者可能就会面临亏损，但是如果把这些穿越作为一个系统，考虑其可能是某种价格形态，就可以对一些穿越信号做出有效的过滤，从而大大提高系统胜率。

2. 价格反转形态

很多交易者对价格反转形态其实并不陌生，比如对于 W 底、头肩顶等，在很多交易书籍中都会讲到。但是实际应用中，交易者往往忽视其重要性。其实价格反转形态是非常有利的交易工具。无论是长线、中线还是短线，其适用于长短不同的各个时间架构。这一点是很多技术指标并不具备的能力。

利用价格反转形态可以判断原有的趋势是否结束，交易者可以在价格反转形态出现后做与原先交易趋势相反的交易。比如当价格经过一段时间上涨后，出现了头肩顶，那么此时即为交易者放空的时机。所以有效地识别价格的反转形态，能为交易者带来一些可靠的交易信号。

价格反转形态的构成有如下几个要素：第一，反转形态要求首先场上必须存在趋势，如果没有趋势就无所谓趋势的反转。第二，趋势反转的重要信号是对重要支撑位或者阻力位以及趋势线的突破。这也是价格反转形态得以成形的关键。第三，辅助仓量指标作为形态的验证有着非常重要的作用。

【M 头和 W 底】

M 头和 W 底分别有两个波峰和波谷，所以这种价格形态就叫作双重顶底，这是市场中常见的一种价格形态（见图 4-11）。就 M 头而言，上涨趋势到了尾部，形成尾部的波峰，然后开始回调，此时回调的低点为下一次下跌的阻力位（颈线），随后价格开始继续上涨，并形成第二个波峰。如果配合技术指标来看，则经常会发现第二个波峰的技术指标与第一个波峰出现背离，比如成交量下降，MACD 出现背离，等等，此时就应该引起交易者的注意，密切关注颈线位置的突破。如果颈线被突破，就形成了双重顶的 M 头。

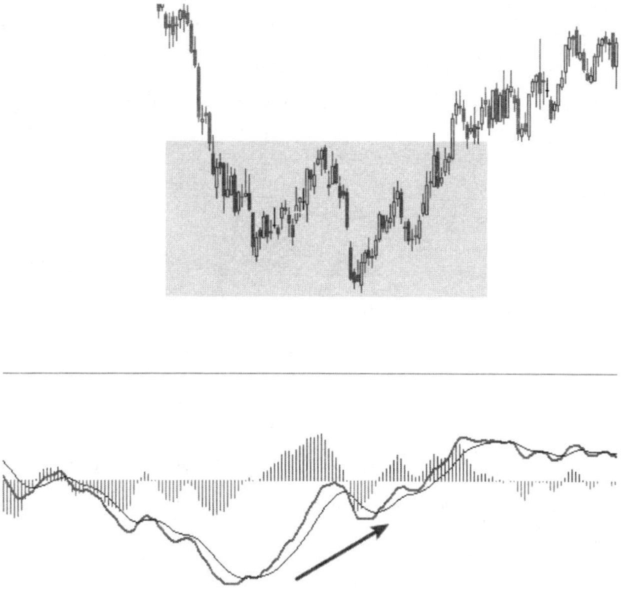

图 4-11

双重顶底结构中的颈线突破非常重要，这为交易者提供了重要的买/卖点，该买/卖点往往有两个：一个是突破的时候；另一个是突破后的回档。价格对颈线突破之后，往往会出现一个折返行情来重新测试颈线位置。此时的颈线就由原来的支撑位变成阻力位。这种突破颈线后的回档往往能够为交易者带来更加低风险的交易机会。但需要注意的是，并非所有的突破都会有回档，在有些行情中，如果交易者死守回档行情则可能会错过交易机会。

在图 4-12 中，M 头和 W 底的颈线被突破后都发生了回档的确认，颈线为交易者提供了两次交易机会，需要注意的是，对小资金交易者而言，力求低风险和准确性，为此不惜错过一些交易机会是必要的。尤其是中长线交易的止损一般会比短线交易放得更宽，所以在突破时不参与，等待价格的回档往往是一种更安全的策略。

双重顶底结构中，两个顶和两个底并不要求一样的高度，在实际中第二个顶和底比第一个顶和底的高度更高或者更低的情况很常见。

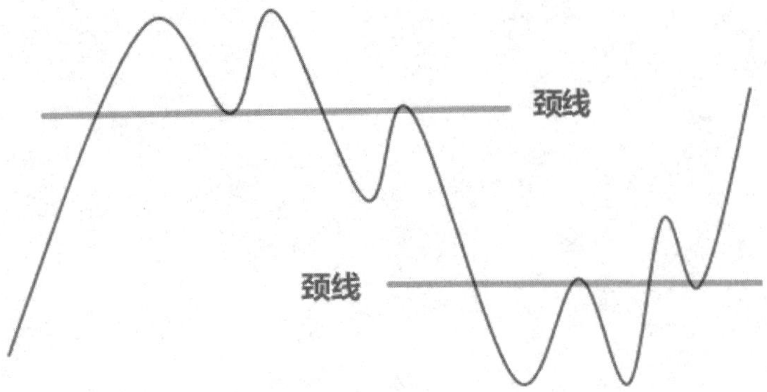

图 4-12

如图 4-13 所示，其中就出现了各种类型的双重顶底结构，有的 M 头的第二个波峰高于第一个波峰，有的又比第一个波峰低。对于 w 底也是如此，两个波谷的身体并不一定对等。这些都不影响双重顶底结构对于价格反转形态的可靠性，关键在于颈线的突破。高度并不相同的波峰与波谷，有时反而能给交易者带来一些更好的交易机会。

图 4-13

变形顶底结构有如下两个交易法则。

M2 法则：在 M 头中，当第二个波峰的高度大于第一个波峰的高度时，当第二个波峰形成后价格开始下跌低于第一个波峰的最高点时，能够为交易者者带来很好的放空机会。

在图 4-14 中第二个波峰高于第一个波峰，当第二个波峰 M2 下降跌破第一个波峰 M1 的最高点时（A 点），是一个很好的放空机会。

W2 法则： 在 W 底时当第二个波谷的深度大于第一个波谷的深度时，当第二个波谷形成后价格开始上涨超过第一个波谷的最低点时，能够为交易者带来很好的做多机会。

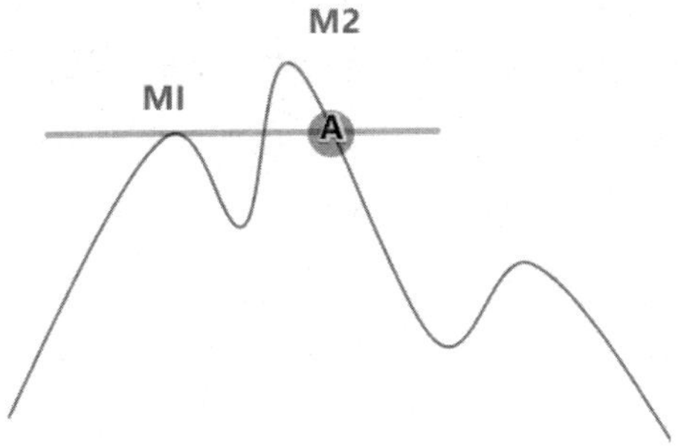

图 4-14

在图 4-15 中第二个波谷低于第一个波谷，当第二个波谷 W2 形成后价格上涨超过第一个波谷 W1 最低点时（B 点），是一个很好的做多机会。

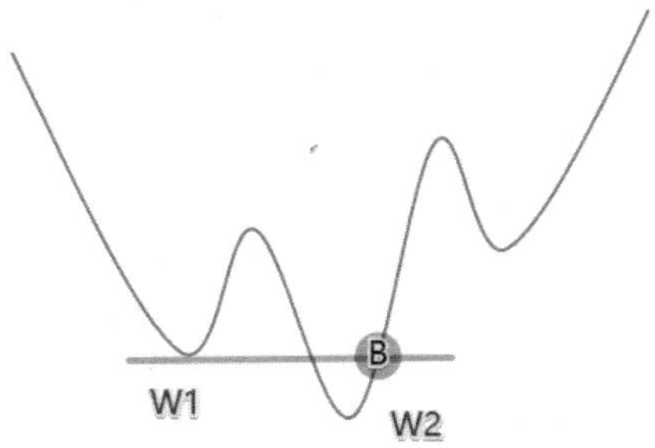

图 4-15

下面来看一个实际中的例子。如图 4-16 所示为 PTA 在 2018 年 8 月到 11 月的走势，PTA 从 6 月底开始走出了一段非常强烈的上涨趋势，并在 8 月 29 日达到这波上涨趋势的最高点，可以看到市场中形成了一个非常明显的 M 头，而且第二个波峰 M2 的高度大于第一个波峰 M1 的高度，但是第二个波峰 M2 的成交量却低于第一个波峰 M1 的成交量，价格与成交量出现了背离。量价背离是有经验的投资者都会去关注的一个信号，此时在第二个波峰 M2 形成以后价格下跌，跌破第一个波峰的最高点时为交易者提供了第一个放空的信号。随后价格继续下跌并且跌破了颈线，标志着 M 头正式形成，同时为交易者提供了第二个放空的机会。价格在跌破颈线之后出现反弹，并且到达了颈线位置，此时的颈线由原来上涨趋势中的支撑位变成了下降中的阻力位，这是市场提供给交易者的第三个放空的机会。所以就该图表中的 M 头而言，总共为交易者提供了 3 个交易机会，第一个放空的位置最高，利润空间显然比第二个和第三个交易机会更大，但此时无法确认市场形成头部。如果交易者把止损的点位放在第二个波峰的最高点之上，其潜在的亏损就较大，第二个交易机会是在市场跌破颈线以后，M 头已经得到确认，相对而言是比较安全的，可以把止损位放在颈线上方，其风险来源于市场的假突破，因为毕竟市场已经下跌了一定的幅度，如果碰到假突破则难免触发止损，如果交易者等待突破确认，则可能失去理想的开仓点位，且与止损拉开距离，扩大了潜在的亏损。相对而言，第三个交易机会是最安全的，此时价格反弹重新到了颈线位置，潜在亏损较低，缺点是如果市场不发生反弹，则交易者会失去一个好的放空机会。

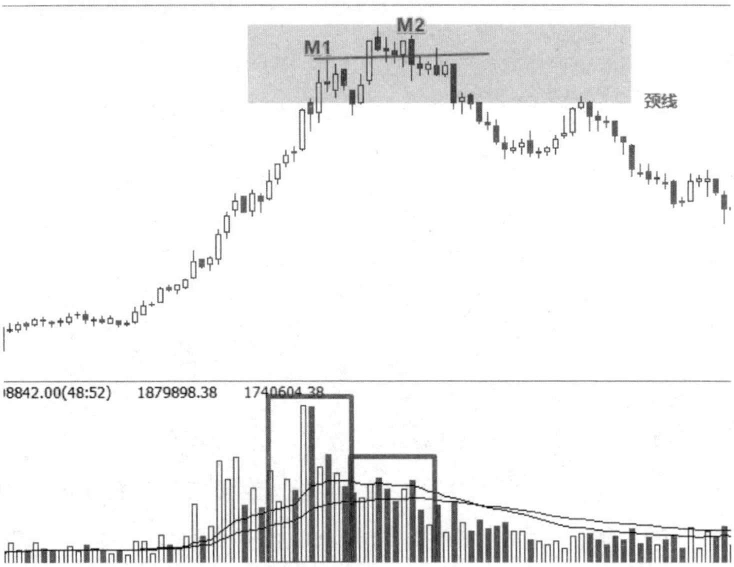

图 4-16

除了双重顶底结构以外，还有三重顶底结构，也就是在双重顶底结构的基础上又发展了一个顶和底，然后才确认趋势的反转。三重顶底结构中最典型的就是所谓的头肩形态，3 个波峰中第二个波峰的高度最高，是为头部，旁边两个波峰的高度稍低，是为肩部，这就是头肩顶的形状。头肩底与头肩顶类似，只不过中间的波谷最深，如图 4-17 所示。

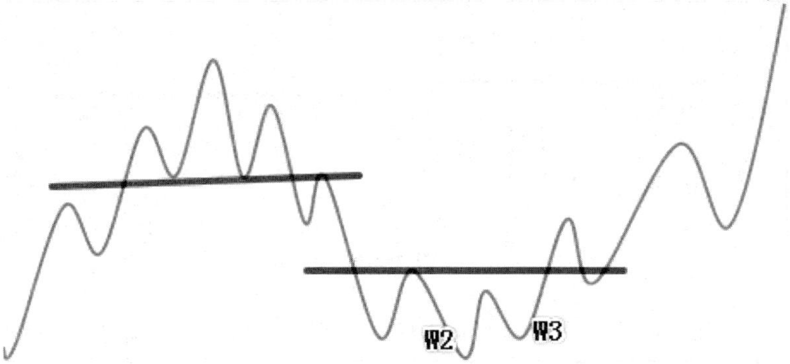

图 4-17

在头肩底形态中，W2 规则，是第一个买入点，价格没有突破颈线随即回调形成第三个波谷 W3，W3 的深度不如 W2，此为第二个买入点，该买入点的位置也是比较理想的，只不过价格还没有上涨超过颈线，无法确立头肩底形态的形成。第三个买入点就是在价格上涨突破颈线之后，此时头肩底的形态正式形成，交易者买入的安全性大大增加。第四个买入点就是等待价格上涨突破颈线后的回调，回调重新测试颈线位置，这也是一个非常安全的买入点，但并非所有的突破都要回调确认，所以第四个买入点可以期待但不可强求。

观察头肩底形态也可以注意成交量的变化情况，对于头肩顶来说，左肩、头部和右肩所对应的成交量往往依次减少，而对于头肩底来说，左肩、底部和右肩所对应的成交量往往没有明显的变化规律，但是在支撑位会出现放量支撑的情况，而且向上突破颈线时往往会有比较大的动能。

双重顶底和三重顶底是市场中比较常见的顶底结构形态，除此之外还有弧形和 V 形两种相对不常见的顶底形态（见图 4-18）。价格一段时间的顶部高点组成一条类似于圆弧的弧线，就好像圆形房顶一样，叫作圆弧顶。价格的低点组成一条类似于圆弧的弧线，类似于圆形的水槽，叫作圆弧底。圆弧顶和圆弧底的形态意味着趋势以比较和缓的方式进行转变，市场趋势经过一段时间发展，波动性逐渐下降，成交量也逐步降低，最后以一种非常缓和的方式结束这波趋势。与圆弧顶底结构不同，V 形的顶底结构意味着趋势发生了剧烈的变动，市场快速地下跌，然后快速地反弹。

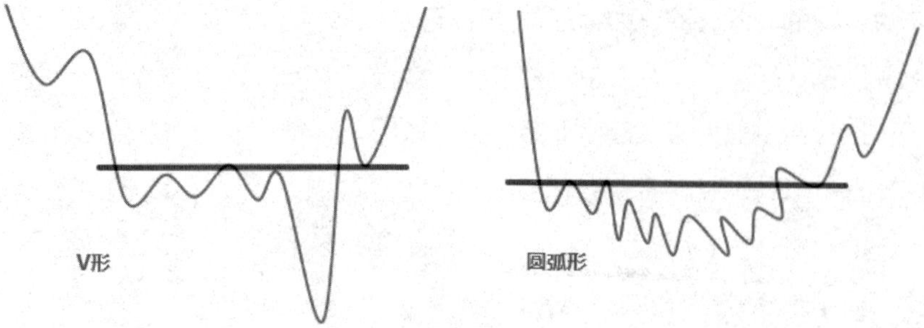

图 4-18

V 形顶底结构在短线中出现得比较多，比如市场在经过前期的下跌之后形成了一个中继平台，随后市场快速下跌击破该平台，随后又快速地反弹上涨超过该平台，此时市场往往会在后市走出一波不错的上涨行情。

3. 价格中继形态

价格形态除了可以用于价格趋势的转折外，还可以用于趋势的延续。在一波趋势运行的过程中，价格不会毫无休息和阻碍地到达终点，在途中经常会受到阻力而暂时停止运行，经过一段时间后重新积蓄力量，然后突破阻力，继续行进。

价格在趋势中受阻、停滞、盘整、积蓄力量、突破的过程就形成了价格中继形态，此形态的出现，为交易者提供了很好的参与趋势行情的机会，好比公车在站点停靠，交易者可以利用这些趋势在途中的站点上车。

【旗形】

所谓旗形，顾名思义就是形状像一面旗子的价格形态，由两条平行的盘整趋势线构成。旗形很容易出现在价格直线式的上涨、下跌中，作为行情的暂时歇息。图 4-19 所示为上涨趋势和下跌趋势中的旗形，旗形经常为平行四边形，上涨趋势中的旗形经常会向下倾斜，下跌趋势中的旗形经常会向上倾斜，有时也能看到水平状的旗形。

在趋势中出现旗形，交易者一定要注意量价关系，在旗形刚开始出现时，成交量通常会放大，显示走势遇到阻力和分歧，随后成交量逐渐萎缩，直到形态完成价格突破时，成交量再次放大。旗形出现时，往往可以在盘口上观察到充分的换手,市场让一些交易者下车,另一些交易者再次上车后,价格继续前行。

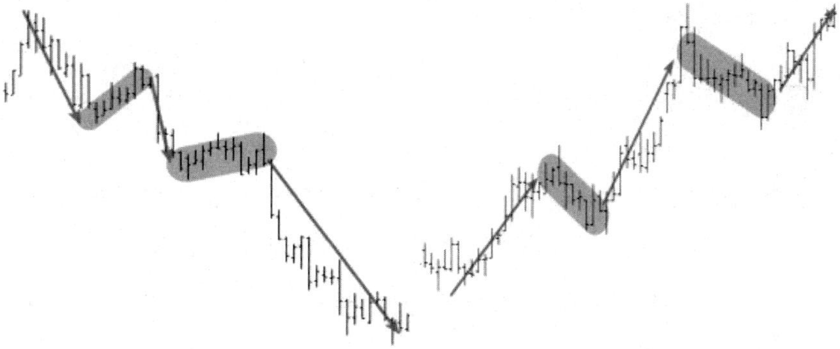

图 4-19

旗形是一种趋势运行中常见的中继形态，但是旗形持续的时间一般不会太长，往往出现在较短的时间架构上。如果旗形出现的时间较长，那么要突破的概率随之降低，有可能发展成反转的形态。

【三角形】

三角形也是一种比较常见的中继形态，两条趋势线方向相反，构成一个三角形态。

三角形形成的环境与旗形非常相像,只不过趋势线方向相反构成三角形(见图 4-20）。

图 4-20

三角形整理形态中，随着波动率越来越小，成交量逐步萎缩。直到价格突破三角形的阻力位，成交量放大，于是价格又沿着原来的运行方向继续运行。

4. 区分价格的持续形态和反转形态

价格的反转形态与价格的持续形态有什么区别呢？交易者如何判断走势中的形态是价格的反转形态还是价格的持续形态呢？如果是价格的持续形态那么交易者应该沿着原来趋势的方向建立持仓，如果是价格的反转形态那么交易者应该考虑在与原来趋势方向相反的方向建立仓位。所以正确地区分这两种形态，对交易者而言有着重要的意义。

一个最重要的区别在于，这两种形态的级别不同。价格的反转形态通常属于大级别的形态，持续时间越长的趋势其反转形态的级别就越大。而价格的持续形态通常属于小级别的形态，也就是说，价格的持续形态并不会持续太长时间，很难在周线图以上的时间架构上见到价格的持续形态。在日线图中价格的持续形态一般持续时间为 2~5 个交易日，持续形态维持的时间越长，其变成反转形态的概率就越大。

第三节　支撑与阻力——看穿市场的角力

1. 支撑与阻力的释义

稍有交易经验的投资者都知道支撑与阻力。这也是图表分析中最为交易者所熟识的一对术语。可能因为人具有一种信任更复杂的事物的心理特质，所以支撑与阻力在交易中的作用被很多人忽视了。其实支撑与阻力是一种非常有用的交易工具。在走势图中，支撑与阻力代表当前的走势可能终止或者反转的点位。

【支撑与阻力】

支撑是指那些由于买盘比较集中使得下降走势有可能暂时中止的点位。而压力是指那些由于卖盘比较集中使得上升走势有可能暂时中止的点位。在市场行情中，买卖盘的分布并不是均衡的，而是随时变动的，在一些特定的点位或者区间集中的买卖盘的数量比较大。也就是说，有更多的交易者愿意在这个点位附近买进或者卖出。当上涨走势来到一个卖盘比较集中的点位时，需要比较大的买量才能够吸收该点位处集中的卖盘,而此时可能无法集中如此多的买盘,所以上涨走势就此终止开始回调。对于下跌走势而言与此类似，当下跌走势遇到买盘比较集中的点位时，卖量无法吸收这样的买盘，使得下跌走势被迫中止开始反弹。

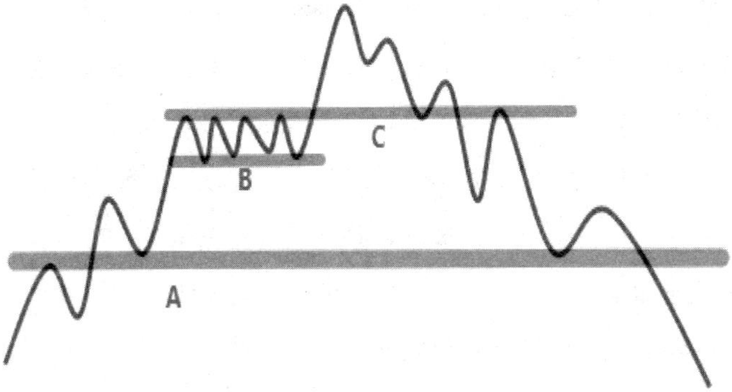

图 4-21

如图 4-21 所示，一段上涨走势在 A 线处受到压力，开始回调。回调之后价格继续上涨，此次上涨价格一举突破了 A 线的阻力位，此时 A 线就由原来上涨趋势中的阻力位变成了回调的支撑位，果然在随后的回调时 A 线有力的支撑阻止了价格进一步下跌。随后市场进入了矩形状态的整理模式，价格经过一段时期的整理之后成功突破，并且到达了此波上涨趋势的最高点。随后价格滑落并在 C 线处受阻，C 线是原先上涨趋势中的矩形整理区域的顶点，原先此处持有空单的交易者在经历了亏损之后成功地回本，所以有强烈的买入平仓的动机。而仍然看多市场的交易者，也会认为此位置是一个很好的买入位，所以 C 线处集中了买单。市场一下子无法消化如此多的买单，所以开始了一个短暂的反弹，随后在市场力量的推动下跌破了 C 线，于是 C 线又变成了下跌趋势的支撑位，并在随后阻止了回调。随后价格下滑又在 A 线处受阻，这也是上一波上涨趋势中的阻力位。

支撑位被突破以后就会变成阻力位，同样如果阻力位被突破就会变成支撑位。这就好比攀岩，有一块横起的巨石挡住攀登者向上攀登的线路，但是一旦翻过这块巨石，这块巨石就会托住攀登者，让其歇歇脚好继续往上攀登。

【支撑与阻力的位置】

哪些位置可能成为潜在的支撑位和阻力位呢？

（1）首先就是先前的波峰和波谷的位置，从前面例子中可以发现这一点，很多交易者会把前期的高点和低点作为平仓位和止损位。当价格涨到前期的高点时，很多做多的交易者就会选择平仓，或者至少平出部分仓位，仅留少数仓位等待价格突破，这都是比较常见的交易策略。上涨趋势中择机做多的交易者，也往往会等到价格回调到前期低点时进入市场，下跌趋势中的顺势交易者也是如此，他们往往会等待价格反弹到前期高点遇阻时进场放空。

（2）一般来说整数点位是天生的支撑位和阻力位，因为整数在人们的心中总是有着特殊的地位，所以整数点位往往是一个关键的心理价位，比如从事股票交易的投资者会说，如果大盘跌到 2500 点就进场。人们心理上总是倾向于认为某一个整数点位就是市场的顶和底。不仅在长线交易中如此，在期货的短线交易中也是如此。一般来说，逢 10 的点位总会遇到一些支撑和阻力，比如一个极短的上涨波动，总是容易在 9 和 10 的点位受到阻力，如果突破则往往会吸引一些短线的投机者加入，市场惯性会上冲几个点。

（3）移动平均线和趋势线是市场中动态的支撑位和阻力位。移动平均线和关键的趋势线往往能够为顺势交易者提供良好的买入机会，即等价格回调或者反弹到移动平均线或者趋势线重新受到支撑时进入市场，这是一个风险较低的交易机会。因为趋势线和移动平均线是趋势跟踪类策略的交易者经常采用的交易工具。他们会通过此来判断市场趋势是否仍然持续，如果关键的趋势线和移动平均线被突破，则往往意味着趋势发生了改变。

（4）对于期货的日内交易者而言还应该注意一些短线的情绪位，比如开盘价，昨日的最高价和最低价以及跳空缺口等。开盘价是一个交易日的起点，当一个交易日价格上涨后又回调到开盘价的位置时往往会遇到比较大的支撑。

昨日的最高价和最低价往往对交易者的心理造成影响，当价格上涨或者下跌到昨日的最高价和最低价时往往会有日内的平仓单涌现，市场经常在此反弹或者回调。

（5）此外还有一些交易中经常使用的技术工具所带来的支撑和阻力，比如斐波那契位等。

在图 4–22 中，A、B 点均为平均线阻挡了下跌走势中价格的反弹，B 点即为均线阻力。同时也是 9 000 的整数位。下跌走势到达 C 点处，遇到整数点位 8 000，随即开始反弹，反弹到 D 点处，这是前期的跳空缺口充当阻力位。

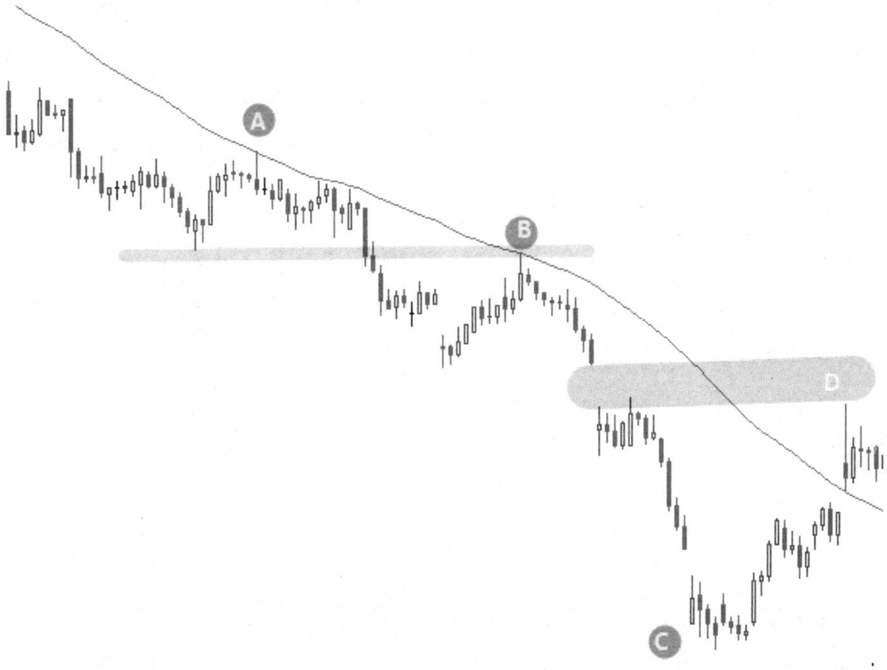

图 4–22

【关键支撑位和阻力位】

在市场行情的价格走势中，潜在的支撑位和阻力位有不少，但并非每一个支撑位和阻力位的重要程度都是一样的，有一些位置的支撑和阻力更加重要。

第一，如果一个支撑和阻力区域使得价格走势发生的反转次数越多，则该支撑和阻力区间的重要程度就越高。比如一个支撑位多次对行情走势产生支撑，那么交易者就会习惯于在此部位建立仓位，并在该位置下方某处建立止损，因为该支撑位多次阻止价格走势下跌，所以做多的交易者就会对该支撑位产生强烈的心理预期，该支撑位就是一个比较重要的支撑位。但是该位置一旦被突破就会严重打击市场上的多头的信心，使得价格大幅度地下滑。

第二，如果一个支撑和阻力区间的成交量和持仓量越大那么该支撑和阻力区间的作用就越大。成交量大意味着该区域多空的分歧很大，而持仓量大意味着该区域所沉淀的仓位规模较大。这些沉淀的仓位中有一半的仓位处于亏损状态，所以当价格再次回到该区间时，意味着这些原先处于亏损状态的仓位暂时获得解脱，从而爆发出大量的平仓单。所以成交量和持仓量大的支撑和阻力区间比较难以突破，同样这种支撑和阻力区间一旦被突破市场往往就会爆发出比较强烈的行情。

第三，一个支撑和阻力区间所阻挡或者支撑的价格走势越强烈，那么该支撑和阻力区间的作用就越强。因为急剧上涨或下跌的行情比那些缓慢而稳健地上涨或下跌的行情更加需要给予支撑和阻力。

第四，一般而言，距离现在越近的支撑和阻力位其作用就越明显。两天前形成的密集交易区自然比两年前形成的密集交易区更适用于当下的行情。但是如果一个支撑和阻力区间在很久之前就发挥作用，而且到现在仍然在发挥作用，那么这个支撑和阻力区间显然对该商品而言就具有比较重要的意义。

2. 关于斐波那契

斐波那契数列是由中世纪意大利数学家列奥纳多•斐波那契发现的，该数列为：1、2、3、5、8、13、21、34、55、89、144、233……。斐波那契数列有很多奇妙的特质，比如后一个数等于前面两个数的和，又比如数列中任何一个数与其相邻的最大数之比约为 0.618，任何一个数与其相邻的最小数之比约为 1.618，而 1.618 与 0.618 的积近似等于 1。在自然界中有很多自然现象都与斐波那契数列相关。

在金融交易领域，斐波那契数列同样有着非常广泛的应用，比如很多交易员就利用斐波那契数列的性质来预测一段行情未来可能的折返点。

【斐波那契折返】

斐波那契数列可以用作行情可能折返的目标价位。如果一波上涨走势的幅度是100，那么按照斐波那契折返，其回调的幅度大概为23.6%、38.2%、50%、61.8%等位置。

如图4-23所示为一波上涨走势后的回调，回调的幅度超过50%，一直到前一波上涨走势幅度的0.382才结束，也就是说，这波回调的幅度是前一波上涨幅度的61.8%。

再来看图4-24。

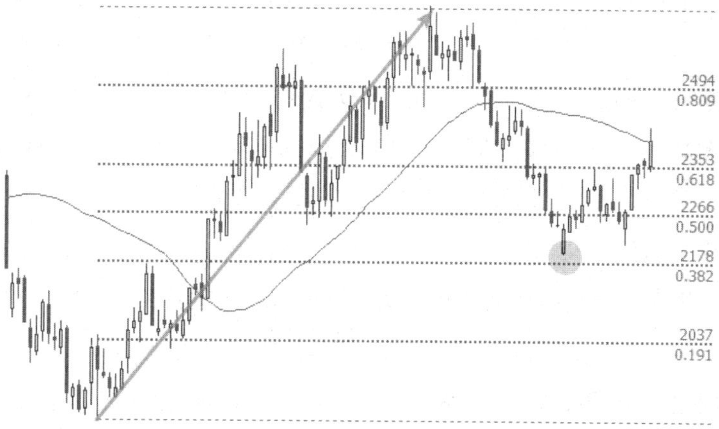

图 4-23

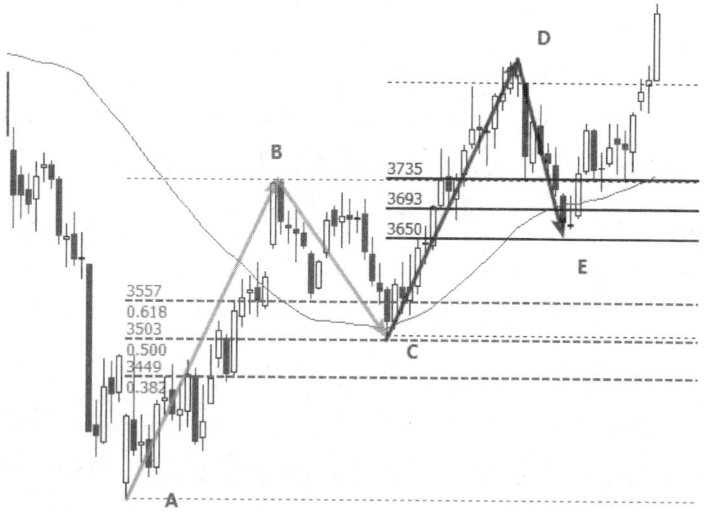

图 4-24

上涨走势 A–B 穿越平均线，遇到阻力后回调，回调走势 B–C 是上涨走势 A–B 的 50%，同时该位置也是均线的支撑位。可以看作价格穿越均线，然后回调到均线受到支撑。接着价格继续上涨走出 C–D 段的走势，然后第二次回调，这次回调到了 E，这是上涨走势 C~D 的 0.618 斐波那契位，同时也是均线支撑位。价格在此止跌后，又开始了新的一轮上涨走势。

从上述两个例子中可以看到斐波那契在交易中的第一个应用，即测算一波折返行情的幅度，从而预测该折返行情大概会在哪个位置结束。交易者先要计算一波走势的幅度，然后用这波走势的幅度乘以斐波那契数，就是这波走势可能的幅度，再用上一波走势的最高价减去这个数，就可以估算出其折返走势大概停止的价位。比如一波上涨走势使价格从 1 100 涨到了 1 200，上涨的幅度为 100 个点，然后用 100 × 0.382、100 × 0.5 和 100 × 0.618 分别得出其折返走势可能的幅度为 38 点、50 点和 62 点。用 1 200 减去这 3 个数字，就可以得出回调走势可能停止的点位是 1 162、1 150 和 1 138。如果这 3 个位置同时又与其他的支撑位和阻力位相近和重合，那么该位置就更加重要，折返走势将有极大的概率在该位置受到支撑而结束。

交易中一个最重要的策略就是在上涨趋势中回调结束做多，下跌趋势中反弹结束放空，所以估算一波行情的折返走势非常重要，这决定了交易的潜在开仓位置，以及止损如何设立。熟练使用斐波那契折返的交易者比其他交易者更加具有优势。交易中即使有一点优势也可能最终变成胜率。

【斐波那契拓展】

斐波那契数列不仅可以用来估算折返走势的幅度，还可以用来估算未来行情发展到哪个位置停止。这就是斐波那契拓展。

假设前一波走势的幅度为 1，经过折返走势之后，下一波行情的幅度依次为 1、1.382、1.500、1.618……

举例来讲，假设一波上涨行情幅度为 100 点，那么经过折返走势之后，下一波行情的幅度就是 100 × 1.382=138、100 × 1.500=150、100 × 1.618=162，以此类推。图 4–25 中显示的就是一个 1.382 的斐波那契拓展位。一波上涨趋势经过回调之后重拾涨势，第二波涨势的幅度是第一波涨势的 1.382。再看一个实盘的例子。

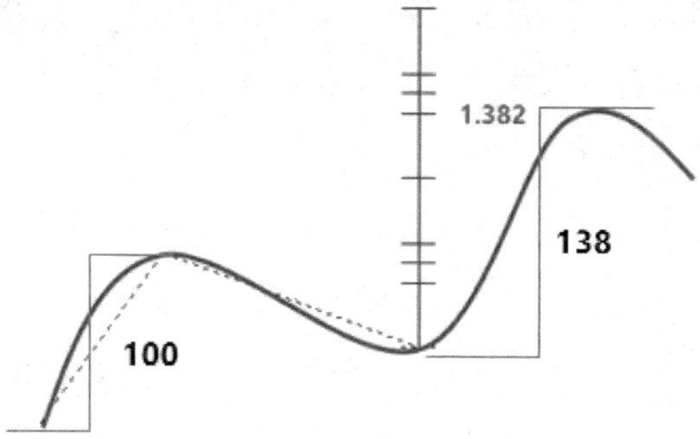

图 4-25

如图 4-26 所示为螺纹钢主力合约的日线图，价格从 A 点开始上涨，到 B 点遇阻，然后开始回调，A-B 这段上涨走势的幅度为 194 点。回调到 C 点遇到支撑，结束了折返走势后重拾涨势，现在交易者估算这波上涨的幅度和点位。

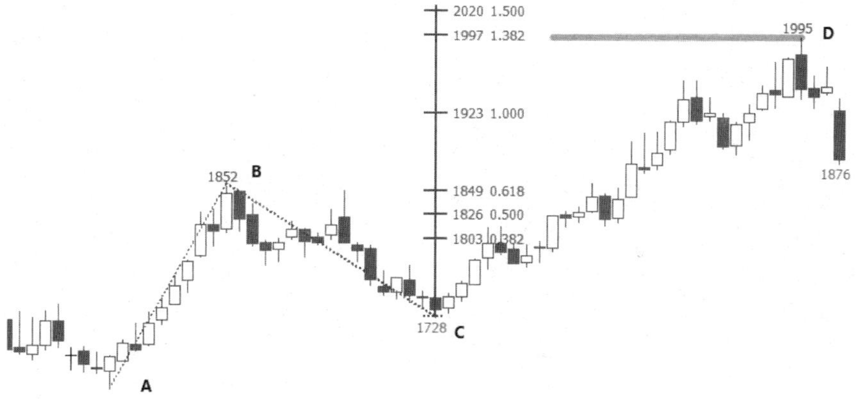

图 4-26

（1）如果是 1 ∶ 1 的拓展，则 194×1=194，然后用回调的低点加上波幅。1 728+194=1 922。第一个可能的价位是 1 922 点。

（2）如果是 1.382 的斐波那契拓展，则 194×1.382 ≈ 268，然后：1 728+268=1 996。

所以第二个可能的目标价位是 1 996 点。

（3）依次计算可以得到，1.50 的斐波那契拓展位是 2 019 点，1.618 的斐波那契拓展位是 2042。还可以算出更多的点。

实盘中，这次上涨走势从 C 开始，一直到 D 结束，D 点的价格是 1 995，仅仅比估算的 1.382 的斐波那契拓展位低 1 个点。

【斐波那契阻力扇】

“斐波那契阻力扇”是斐波那契数列在交易中的另一种用法，这种方法是把一个波段最高价和最低价直接的垂直距离按照斐波那契数列进行分割，然后与走势的起点相连，再把连接线向后延伸就可以形成一个扇形的分割图形。后续的价格走势经常会在扇形的“扇骨线”处得到支撑和阻挡。

如图 4-27 所示为一个斐波那契阻力扇形，可以看到“阻力扇”多次对回调起到支撑和阻挡的作用。如果扇形与其他支撑和阻力位叠加，那么支撑和阻挡的作用就会更加明显。

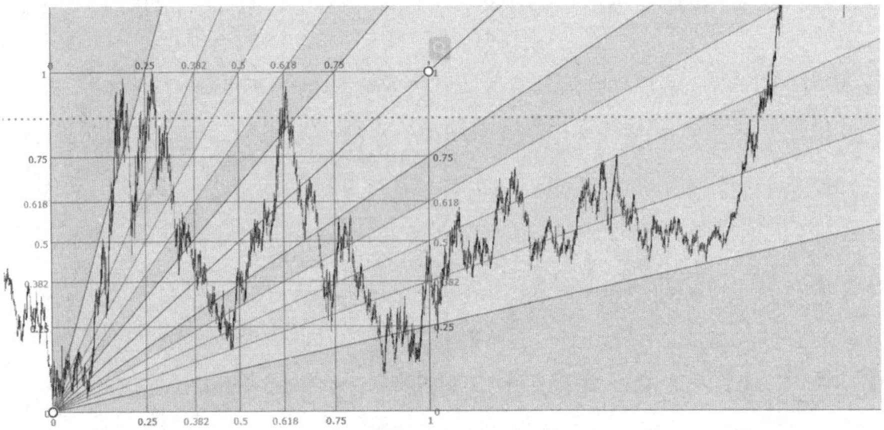

图 4-27

斐波那契在交易中的应用非常广泛，应用最多的就是斐波那契折返和斐波那契拓展。斐波那契折返可以用于估算一波折返走势的幅度和终止点位，而斐波那契拓展可以用于估算下一波走势的目标价位。这两者对交易者而言是非常有用的工具。除此之外，斐波那契还有其他的应用，比如斐波那契扇形，以及用于周期的判断。这是一些比较特别的应用，虽然使用得不太广泛，但是在某些行情中可以起到特殊的作用。

需要注意的是，斐波那契并非总起作用，不然，市场就太简单了。并非所有的折返和拓展行情都符合斐波那契的性质，但是当价格逼近一个斐波那契位时，交易者应该保持对该点位和区间的关注，同时观察其他技术指标是否有变化，斐波那契与其他技术指标在一起使用非常有必要，技术分析中的任何一个指标单独使用都有可能失效。

下面看一个斐波那契数列与其他技术指标结合的例子（见图 4-28）。

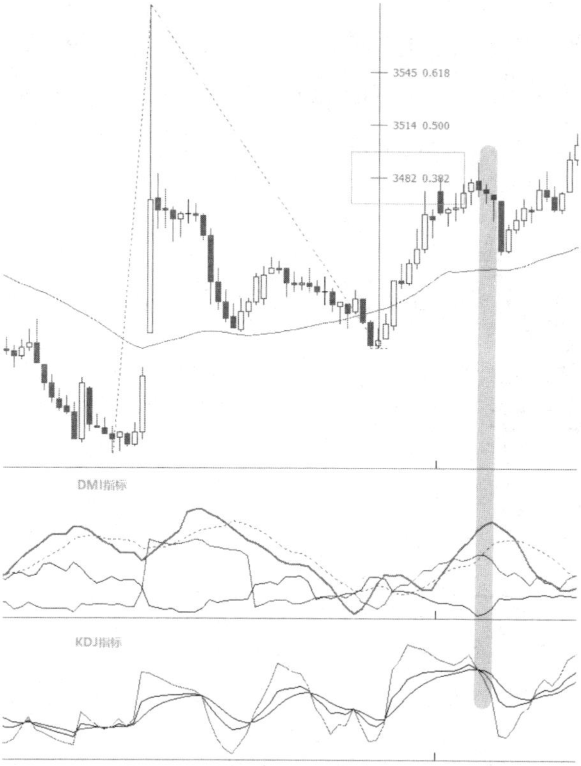

图 4-28

如图 4-28 所示为一波急速的上涨行情之后价格开始缓慢地回调，随后价格两次在均线处受到支撑，第二次虽然短暂地突破了均线，但是随后又恢复了上涨，并且又突破到了均线上方，随后价格延续上涨走势，不断地收出阳线。当这波上涨走势走到第一个斐波那契为 0.382 时，可以关注到两个摆动指标 DMI 和 KDJ，DMI 指标的 PDI 和 MDI 开始由原来的扩张形态走向缩窄，ADX 线有见顶的倾向。同时，KDJ 指标中的 K 指标开始向下穿越 D 指标，并且 J 线走出了 80 的高价区，此时作为交易者就应该保持合理的警惕，怀疑价格在该位置可能短暂见顶并开始回调。可以看到后来的走势果然如此。

3. 关于阻速线

阻速线，这里将这个指标放在斐波那契之后引入，是因为它是和斐波那契扇骨相似但与之相比却更为简化的指标。熟练运用阻速线能够非常有效地判断动能。

所谓阻速线是指应用了 1/3 和 2/3 的比例规则，把价格动能三等分的趋势线，以每条线的斜率规定了价格预期以该不同的比率变化。它显示的是价格的动能速度，以及在趋势线上的支撑程度与阻力情况（见图 4-29）。

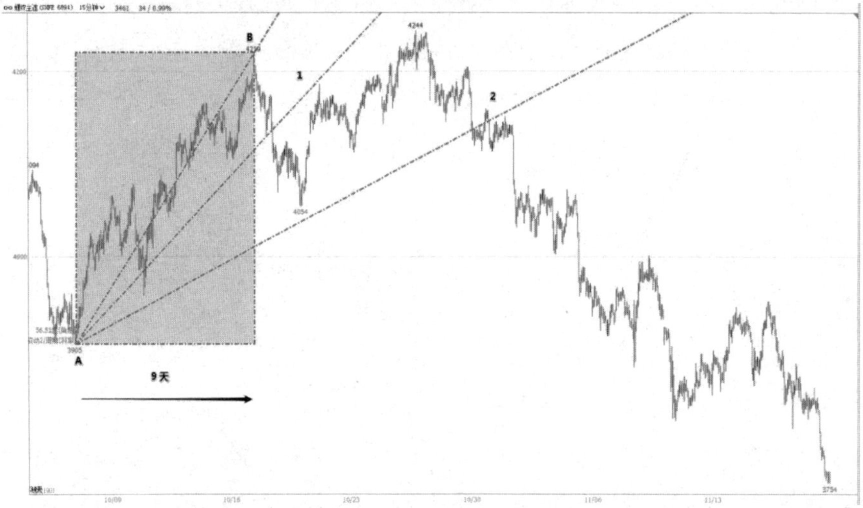

图 4-29

在图 4-29 中可以看到价格从前期低点 3 905 到 4 219 历时 9 天，所以取一个前期低点设为 A 点，取一个前期高点设为 B 点，然后根据这两个点画出阻速线。

✧ 在这里要注意：画出阻速线所取的 A 点和 B 点一定是前期最低点和前期最高点，而不是 K 线上的收盘价。

现在可以看出一个非常明显的区域，即从 A 点到 B 点用了 9 天形成的区间，由此可以计算出，1 号区间和 2 号区间的沿线角度和增长速率。

从 A 点到 B 点用了 9 天上涨了 314 点，那么可以算出从 A 点到 B 点的上涨速度大约为每天 34.89 点。2/3 的速度压力线将以每天 2/3 的速度上升，所以 1 号区间趋势线的上涨速度为每天上涨 23.26 点，而 1/3 的速度压力线将以每天 1/3 的速度上升，所以 2 号区间趋势线的上涨速度为每天上涨 11.63 点。

由此可以开始测算此番上涨创出新高后，价格大概回撤的范围和下落的区间。从该图中可以看出，当价格下落时会在 1 号区间获得支撑，然后形成反弹，可以将此区间设为第一动能测试区，如果该区域被突破，那么在下方 2 号区域会继续获得支撑。如果 2 号区域也被突破，则可能意味着多头动能的竭尽，价格很可能在该位置寻求动能突破，并开始加速下跌，形成真正的空头力量。

然而如果下跌动能击穿 1 号区间但在 2 号区间下跌受阻，就要注意它们返回 1 号区间的姿态。一般来说，在 2 号区间承压的趋势往往会在返回 1 号区间时继续承压，如果价格向上击穿了 1 号区域，那么表明此番动能回调结束，将会以更高的动能创下价格新高。

这就是阻速线的一般应用方式，但是有一点交易者一定要注意，随着时间的推移，趋势线的扩张角度会越来越大，而压力效果也会随之降低，所以不要忽略时间框架的设立。要知道阻速线显示的并不是价格点位，而是价格趋势的动能方向和发展速度。它以简洁明了的方式告诉交易者趋势动能的发展速度和未来可能出现的区域，将阻速线和斐波那契系统结合，就能形成一个准确的系统，为交易者的交易带来指导作用。

第四节　看懂时间框架——抓住属于你的钱

1. 小而灵巧——日内短线交易

【日内交易时段】

我国国内的期货市场在交易时间上有日盘和夜盘之分，日盘是在白天进行交易，从早上 9 点开始到 11 点半结束上午的交易，下午从 13 点半开始直至

15点收盘。在日盘的交易时段所有的交易品种全部开盘。除此之外还有一些品种有夜盘的交易时间，比如黄金、白银、各种有色金属、螺纹钢、橡胶、大豆、豆粕、豆油等。不同的商品夜盘的交易时间也有所区别。黄金和白银的夜盘交易时段是从21点直至第二天凌晨的两点。其余商品的夜盘交易时段是从21点至23点。日盘是最重要的交易时段，也是每一个日内交易者在交易时着重把握的时间段。

就日盘而言，可以把每天的交易时段分为开盘时段、盘中时段和尾盘时段。将从9:00开盘至9:15这15分钟作为开盘时段，9:15过后市场就进入了盘中时段，盘中时段一直持续到14:45，从14:45到15点收盘这15分钟是尾盘时段。

（1）开盘时段，9:00~9:15。

开盘是一个交易日的开始，开盘价是多空双方经过较长时间的休息且反复地斟酌之后得到的一个短暂统一结果。在开盘时段，价格会受到昨日收盘以及隔夜外围市场上利多利空消息的影响，开盘可能会出现跳空，尤其是一些受到国外市场因素影响比较大的商品的价格。我国上市的期货品种中，有一些期货品种受到外盘的影响比较大，有的品种比较依赖进口或者不具备价格主导权，比如原油、大豆、铜等，这类商品开盘往往会受到隔夜外盘走势的影响而出现高开或低开的情况。有一些产品独立性比较强，或者是我国特有的期货品种，比如螺纹钢、苹果等，这类品种往往有自己独立的走势，开盘往往是延续昨天尾盘的走势。投资者一定要注意区分这两类开盘影响性不同的商品。此外，对于一些没有夜盘交易时段的商品，因为缺乏“夜盘时段”的交易对外围市场信息的消化，投资者也需要注意开盘时可能出现的跳空，比如LLDPE。除此之外，开盘时段还是一天内成交量比较大的时段，因为集合竞价时的报单会在开盘后集体涌入市场，所以在开盘时段，市场往往成交活跃，波动率大，当然也比较难以把握。

（2）盘中时段，9:15~14:45。

9:15以后，市场就进入了盘中时段。盘中时段一直持续到14:45，是日盘中最主要的交易时段，对于盘中时段，仍然可以进行细分。

① 9:15~9:30，开盘修正时段。

在开盘修正时段的 15 分钟内会对开盘时段的一些极端走势进行修正，因为在开盘时段市场集中地对昨日夜间的外围市场的消息进行反应，所以在开盘时段，市场往往会出现一些非理性的因素，情绪会在市场中占非常大的比重。那么经过开盘 15 分钟的情绪释放之后，一些在开盘时段过度发展的行情走势会在随后得到修正，所以把 9:15~9：30 这段时间叫作开盘修正时段。修正开盘时段的走势对全天的行情有非常重要的指导作用，会对全天的行情起到一个定价标准的作用。

② 9：30~14:00，盘中角力阶段。

修正走势过后，多空双方进入盘中角力阶段，这是一个相对比较平稳的阶段，此阶段技术分析往往能取得比较好的效果，量价关系的分析也能发挥不错的作用。所以此阶段是短线交易者的黄金交易时段。对这段时间的交易首先应该关注目前市场盘面的位置是多头市场还是空头市场，抑或是区间震荡。其次关注在盘中量价配合的关系，无论是不同周期的 K 线图还是盘中的走势都需要成交量和持仓量的配合，这样可以判断行情的强度和时间。尤其是单边的行情，需要成交量的配合。

③ 14:30~14:45，多空强化阶段。

多空强化阶段是多空争斗阶段的一个结论，多空双方经历了长时间的中盘。如果此前的争斗过程中多头占了上风，那么在该时间段多头必然会继续上攻以期在尾盘之前能够取得主导作用。同样如果在此前的多空争斗阶段空头占了上风，那么当价格进入 2:30 之后，此阶段的空头一定会继续保持优势，给多头造成更大的压力，以便在尾盘之前取得一个更有利的地位。但是假如在多空争斗阶段多头和空头谁也无法占据上风，或者即使占上风也无法取得优势，在这种情况下，此阶段往往会出现比较出人意料的微妙走势。

（3）尾盘阶段，14:45~15:00 。

14:45 分以后，市场进入尾盘阶段。在尾盘阶段，如果多头在 14:45 之前把价格推到了一个高点，那么在 14:45 之后可能会出现多头的获利回吐，使得价格在尾盘出现一个回档走势。同样，如果在 14:45 之前一天的下跌走势把价格压到了一个当日的低点，那么 14:45 之后很可能出现空头的平仓使得价格出现反弹，这也是尾盘的修正走势。价格有时候会在收盘前十分钟左右出现一个有别于全天的相反行情的走势，主要原因在于一些日内短线的交易者无论当日盈亏都选择出局以规避隔夜的风险。

此外，尾盘也会出现一些小的逼仓行情，在趋势强烈的时候，市场可能会逼迫不敢持有亏损仓位隔夜的交易者在尾盘不得不平仓，这样一来尾盘不但没有修正，反而加强了日内趋势。同时一些日间交易者也会在尾盘开仓，试图捕捉第二日开盘的行情。所以观察尾盘的走势也可以对下一个交易日开盘的情况做出预期。

如图 4-30 所示为螺纹钢主力合约一天的走势，每一根 K 线代表一个 5 分钟的走势。一个白天的走势分成开盘、中盘和尾盘 3 个部分。中盘又细分为开盘修正、中盘争夺和中盘结束 3 个时间段。因此可以把一天分割成 5 个交易时间段。就此图而言，开盘阶段 3 根连续 5 分钟的 K 线下跌，是对昨日尾盘下跌行情的一个延续，从均线来看，上涨的均线显示了上升的趋势，所以开盘的连续下跌有过度回调的倾向。随后进入开盘修正阶段，此阶段迅速修正了开盘阶段的过度回调，又把价格拉回了平均线附近。在中盘争夺阶段，价格持续运行在均线上方，有一次盘中回调，并在均线处获得支撑，整个中盘争夺阶段多头都明显占据上风推动价格不断走高，直至尾盘强化阶段把价格推动到当天的最高点，多头巩固当天战役的胜果。在尾盘阶段，有一部分获利回吐，稍有回调，但是价格仍然坚挺，直至全天交易结束。

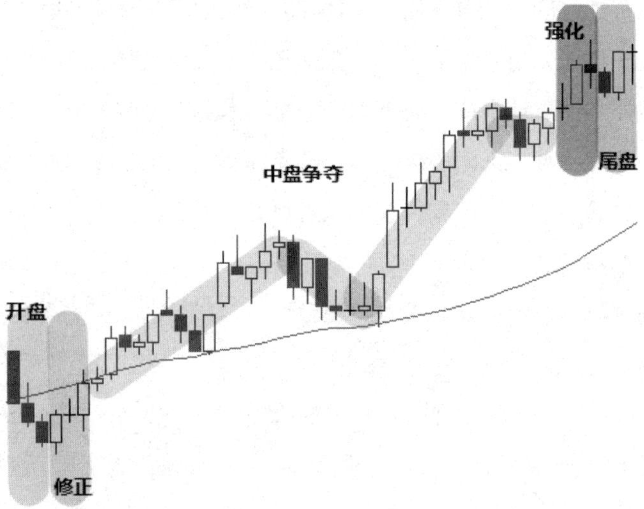

图 4-30

【日内交易应该关注哪些因素】

（1）隔夜消息面及其外盘的走势。

隔夜消息面和外盘的走势会影响国内期货市场上相对应品种第二天的开盘，尤其是一些对外盘变动比较敏感的品种。所以交易者在持仓隔夜的时候，应该注意最近外盘的行情走势，以及临近发生的金融事件的时间表，比如美国的非农数据、美联储的议息会议等。

（2）市场的主要趋势

日线图中的趋势称为市场的主要趋势，明确当前市场的趋势对交易者提高日内交易的胜率有很大的帮助。如果目前市场的主要趋势是上涨趋势，那么日内如果出现盘中向上的趋势则往往能为交易者带来比较好的利润，此时的支撑位也往往更加可靠，而主要下跌趋势中，交易者就不要放过日内下跌的盘中趋势，对在日内阻力位放空的把握性也就更大。

最近的支撑位和阻力位，包括昨日的最高价、最低价、整数关口、前期的区间等。

最近的支撑位和阻力位对开盘有一定的影响，这些支撑位和阻力位往往是最近的密集交易区间，集中了大量的套牢盘，当价格到达这些位置后，往往会出现大量的报价单。此外整数关口，前期最高或者最低点往往是交易者的心理关口，也是会引起价格分歧的位置。

（3）昨日以及近期机构交易者的进出和持仓情况。

商品市场交易是多头和空头互相博弈的过程，了解一些对市场影响比较大的机构投资者的持仓状况，对交易者有一定的意义。这些机构投资者包括对冲基金、产业客户等。

【日内交易的思路】

日内交易者的主要工具还是技术指标，辅以对市场消息面的处理。下面从技术分析的角度，提供一些日内交易的思路。

第一，市场的主要趋势。

无论是日内交易者，还是日间波段交易者，抑或是长线交易者都必须把握目前市场的主要趋势。这是交易的背景条件。

第二，判断盘中趋势。

盘中趋势是日内交易者要把握的部分，盘中趋势方向可能与市场的主要方向相同，也可能与市场的主要趋势方向相反。当两者方向相同时，交易者的策略应该是大胆地顺着盘中趋势方向开仓。如果盘中趋势方向与市场主要趋势方向相反，那么意味着主要趋势出现了回调或者盘整，此时交易者应该顺着盘中趋势方向的交易，不过分持仓，同时密切关注盘中趋势方向的转向。

第三，判断支撑位和阻力位。

支撑位和阻力位都是密集交易区间，这些位置是交易者开仓的良好点位。凭借支撑位和阻力位开仓能让交易者有一个很好的风险收益比。

如图 4-31 所示为塑料主力合约某个交易日的趋势图，左边为日线图，右边为 5 分钟图。在日线图中可以看到：①目前日线的趋势是下降走势无疑。②虽然目前是下降趋势，但是日线正处于反弹的过程中，K 线从 BOLL 的下轨向中轨移动，连续收入小阳线。③日线摆动指标的 KDJ 和 MACD 证实了该反弹。

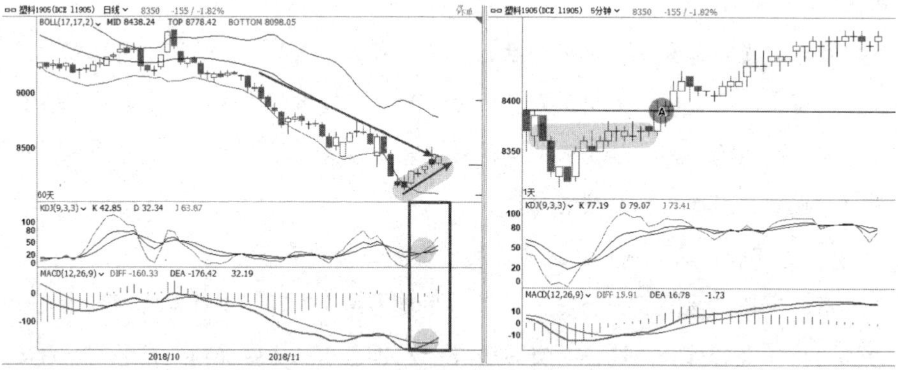

图 4-31

然后来看此交易日的情况：①右边的 5 分钟图显示，开盘时段 3 根 5 分钟的 K 线两阴一阳的盘整格局，显示开盘分歧较大。②这样一来随后的修正走势时段就无从修复，只能等待开盘角力之后的结果，该结果就是在 5 分钟摆动指标的作用下，空头占据上风。③此时的思路之一，就是猜测当日盘中走势为下跌，然后等待价格反弹到阻力位开仓放空。④随后价格果然反弹，又到了开盘时段的位置受到压力，在 5 分钟图的灰色阴影部分能够明显看到在开盘区间的底部连续出现上影线的 K 线，于是放空，并把止损位设在开盘价的上方。

⑤但是价格并没有下来，而是在A点突破了开盘价。⑥在此位置价格突破了当天的开盘价，同时摆动指标MACD也显示出多头市场的走向，于是在此做多。多单持仓一直留到尾盘都没有出现明显的平仓迹象，于是在尾盘平仓。

2. 紧抓不放——日间波段交易

日间波段交易是日内短线交易的延伸，把有利的持仓留到下一个甚至更远的交易日，以期获得更大的收益。

日间波段交易与日内短线交易的不同点在于：

✓ 日内短线交易的目标是抓住盘中波动，而日间波段交易的目标是抓住日间波段走势。

✓ 日内短线交易不会把持仓留到第二个交易日，而日间波段交易的持仓经常持有数个交易日。

✓ 日内短线交易的主要持仓时间框架是5分钟、3分钟、1分钟图；而日间波段交易主要使用的持仓时间框架是10分钟、15分钟、30分钟……

如图4-32所示为塑料15分钟趋势图。

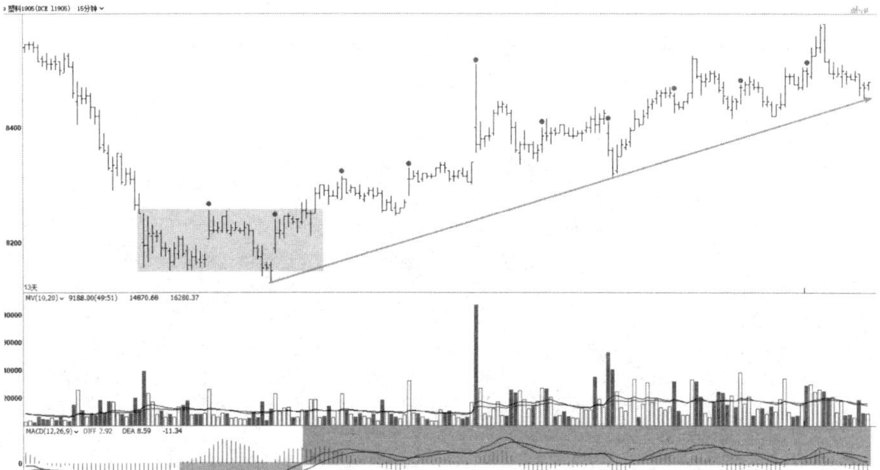

图 4-32

从图4-32中可以看出，上方K线是一个交易日的开盘K线，日线的主要呈下跌趋势，但是从 15 分钟图来看，市场明显在反弹之中，表现即 MACD 背离之后，保持在零轴上方运行。这波反弹持续了 9 个交易日之久。当然并不意味着日间波段交易者一定要持有 9 个交易日，实际上完全没有必要，关键在于日间波段交易者会把这个波段当成自己的目标，不断地在上面获取利润。

日间波段交易者要明确自己目前要交易的波段是什么。此波段不等同于日线的主波段，也可能是日线上的折返走势，上述例子中的反弹走势就持续了 2 周之久，显然交易者不能放过这样的波段。如果交易波段与主趋势波段重叠，就更好了，会有很大的获利空间。

对于日间波段交易，我比较推荐的时间架构是 15 分钟图，主图用 K 线和 BOLL 的组合，附图可以用 KDJ、MACD、RSI 等。

✓ 了解目前日线的主要趋势方向。

✓ 在 15 分钟图中观察目前的波段趋势及其主要技术位。

✓ 如果 15 分钟图波段趋势是上涨趋势，那么每一个支撑技术位都是做多的点，阻力技术位就是潜在平仓点。如果 15 分钟图波段趋势是下跌趋势，那么每一个压力技术位都是放空的点，支撑技术位就是潜在平仓点。

✓ 如果 15 分钟图波段趋势与日线主要趋势重叠，那么可以做关键位置的突破，持仓可以跟踪止损。

如图 4-33 所示为塑料 15 分钟图。

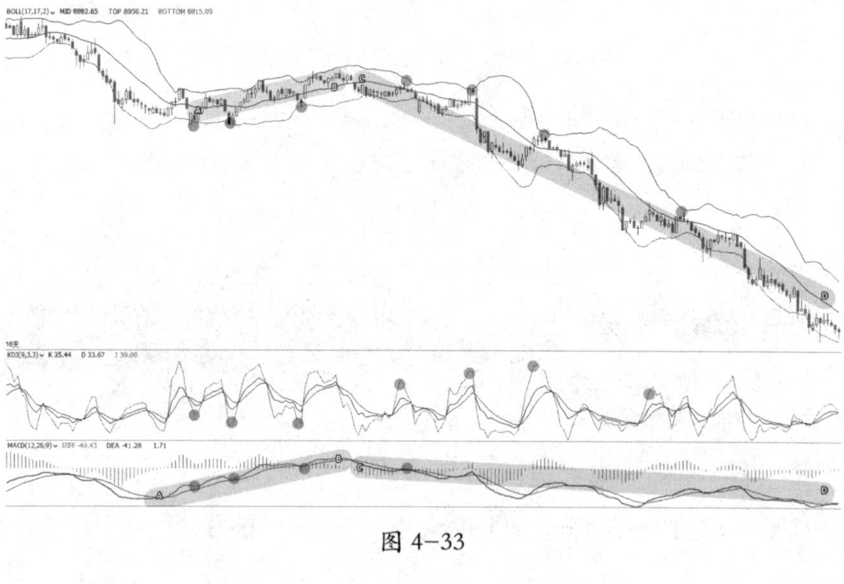

图 4-33

在该图中，可以观察到 2 个波段趋势，A-B 是一个持续了 4 个交易日的上升波段，趋势性不强，但是也能看到技术指标 MACD 的背离不断抬升，该日间波段的交易策略就是在 BOLL 下轨处做多（关注价格到达 BOLL 下轨时，摆动指标 KDJ 和 MACD 的状态），然后当价格上涨到 BOLL 上轨时平仓。C-D 是一个与日线上主趋势重合的波段。该波段的策略是在 BOLL 上轨高点处放空，可以在下轨平仓，也可以一直坚持持有，或者平仓一部分，持有一部分。持有的同时观察摆动指标的状态。

3. 放长线钓大鱼——长线趋势交易

前面讲到了日内短线交易和日间波段交易，这两种交易都有一个必不可少的程序即观察日线的主要趋势方向。实际上，日线的主要趋势就是交易者做长线交易的目标行情。

长线趋势交易需要技术分析和基本分析结合，通过技术分析来观察目前的趋势和开平仓的点位，制订交易计划，然后通过基本分析来进行验证。

这里给出一个日线趋势交易的简单模型——2+3 法则：

技术分析 + 基本分析 =（指标 + 形态）+（基差 + 库存周期 + 企业利润周期）

当市场的技术指标和形态显示市场正处于上涨趋势状态时，需要考查基本面是否支持：①基差是否合理，目前是正向市场还是反向市场；②目前的库存周期处于哪一个阶段；③目前企业的利润水平是否能够维持。

这些内容在前面的章节中都有详细分析，在此不再赘述。需要说明的是，这些都是期货交易的基本功，是交易者平时需要做的功课。

长线趋势交易持仓时间长，相对而言初始止损较大，而且长线交易要取得好的效果，加码的策略必不可少。同样一段行情，加码策略用得好的交易者利润会比那些不会加码的交易者多好几倍。而对小资金交易者而言，资金量太小限制了加码，所以我建议小资金交易者不要以长线交易为主，但是对长线的趋势和目前长线的技术面和基本面要了解和把握。

第五章

学会制定策略——让灵感变成摇钱树

第一节　无策略不入市——一切尽在掌握中

1. 带着武器上战场——交易策略的重要性

我的朋友小C和她的几个朋友一起开了一家宠物店。她长相甜美，笑起来尤其可爱。她在店里，只有一件事，坐在前台的柜台后，等着客人上门，然后收钱。

生意清淡的时候，小C便开始学着做期货。和很多投资新手一样，懵懂无知，蹒跚学步。但不得不说小C是幸运的，她带着新手特有的幸运踩上了塑料的跌停板。一笔空单，让她在短短几个月内赚到了人生的第一桶金。

小C非常开心，每天守在电脑前等待开盘的样子，简直和她的金毛宝宝蹲在小碗前等开饭的样子一模一样。只是，好景不长。没过多久，她便在盘中给我打来电话。一般我与小C在交易时段是不联系的，保持独立思考是我教给她的第一门课，她一直做得很好。所以当手机屏幕亮起的时候，我便隐隐感觉有些不安。果不其然，她非常焦虑地问我对行情的看法。

那是一个周五，市场动能早在周三就开始竭尽。等走到周五的时候，已经只剩下一些窄幅震荡和资金了结的随机行情了。这样的行情，波动性很窄，随机性很强，可能一个大单的突然平仓就会直接跳几个点。这样的市场，是没有入场机会的，持仓盈利的可能性更是小得可怜。

然而小C并不这么认为，她在开盘的第一分钟就进去厮杀了。我问她：“今天你的策略是什么？”她愣了一下，说：“我没有策略，我看好像可以做，就开仓了。”我在心里叹了口气。

在交易的世界里，没有“可能”“或许”“大概”这样的字眼，也没有“等待”“期望”这么一说。所有的行为都是导致结果的必然原因。正是如此，交易者才需要将每一个步骤都了然于胸，将变量变成定量，才能将风险牢牢控制在手中。

小C刚开始学做交易的时候，牢记着这些。她做每一笔交易都非常谨慎，按照我给她的建议，每天盘前修正交易策略，盘后写交易日记。认真程度不逊于任何一个将要参加高考的考生。所以她获利，我并不奇怪。

可正是这来得太快的利润，让她被市场抓住，深陷其中，甚至放弃了当初让她获利的基础。我试着劝说她立刻离场，以保护本金，等冷静下来，重新规划了交易策略后，再入场。可她已经听不进我的话，只一味地问我对市场趋势的看法，为自己岌岌可危的仓位寻求支持。

小C如此执拗，已经不再像是一个交易员，她那焦虑又亢奋的样子让她像一个站在俄罗斯轮盘前死盯着转轮的赌徒，兴奋、盲目、不顾一切。后来，我几乎每天收盘后都会收到她发的消息。“我被市场骗了，这个行情太具有迷惑性了！”“我的利润被洗掉了，垃圾市场！”“又亏损了，好想哭……这个市场怎么是这样的？”我放下手机，几乎可以看到她双目含泪的委屈样子。

可是，真的是市场的错吗？

市场是无意的，它根本不在乎你是谁。但是几乎每一个市场、每一个产品，都有它自己的节奏。有的，是摇滚，高亢激昂，短暂蓄势便直上直下。有的，是爵士，婉转跳跃，连回调都要一波三折。有的，则是轻音乐，淡而悠长，日内操作似乎毫无利润，中长线上获利则极其可观。

作为一名成功的交易员，应该像一位优秀的指挥家。站在舞台上，用一根指挥棒去掉那些不和谐的声音，将节奏牢牢把握在手里，而不是拿起乐器随便冲进一个章节，乱弹一番。

在交易这个舞台上，策略就是你的指挥棒，节奏就是行情趋势。当演出完毕，市场给你的掌声就是你的利润。然而几乎所有成功的交易员，都曾经被利润冲昏过头脑。他们往往会沉溺于市场之中，将节奏扔在一边，脑子里只想着不断地追求获利，甚至失去了当初那份对市场的敬畏感，想当然地将市场的一切信号理解为自己想听的话，跟着感觉走。亏损时，逆势增仓；进场时，没有策略。即使有策略也不执行，执行了也拖泥带水。明知不可为而为之，不撞南墙不回头。

这都很正常，毕竟交易员是普通人，也会犯错。可是，市场却不会为你的错误买单，也不会因你的期待而改变。K 线不是利润，K 线也不是亏损。K 线就是 K 线，市场是很单纯的东西，市场从来不骗人。

交易者是在正在运行的市场中操作，其操作正确与否，亏损或盈利，最终是由市场进行验证的。市场时刻都在变化着。而交易者在市场中的每一次交易的基础胜率都只有 50%。就好像硬币的两面，花或字，其概率各占一半。在一根 K 线走完之前，谁也不能保证自己的操作百分之百是正确的。

K 线从不说谎，可是 K 线也从不提前透露它要去的方向。那么交易者到底要如何在行进的市场中打败交易对手，增加胜率，收获利润呢?

答案就是策略。

一个有效的策略。

用策略来降低你的风险，提高你的胜率，让你的胜率不仅只有 50%。要知道，策略之于交易者，就好比武器之于战场上的士兵。一个有武器的士兵生存下来的概率远远大于赤手空拳的平民。在金融市场，用策略盈利的是专业交易员，没有策略的只能是散户。交易员的命运，取决于其策略和执行力，而散户的命运，则取决于幸运之神。对没有武器的散户而言，被幸运之神眷顾时，即使毫无计划地随手开仓也能盈利。可是“幸运之神”不会眷顾你一辈子，在市场中，亏损总会如影随形。所以，任何长期稳定的获利，都是由可执行的策略来完成的。

一个好的策略，会告诉你要做什么，怎么去做，什么时候可以进入市场，什么时候应该离开。不管你是否沉迷于市场，或者正在被情绪所左右，只要你根据策略去执行，那么你的风险就是可控的，你的利润就是可期的。

在交易中有很多误区，其中最大的误区就是将扩大利润和扩大风险混淆。因为交易者在交易的时候往往容易被某种情绪抓住。这种情绪来源于对利润的贪婪及痴迷，对市场的沉溺与期待，以及对亏损的懊恼和纠结。

当交易者被情绪抓住的时候，是很难冷静思考的。交易者会做出不理智的决定和错误的判断。此时，交易者就暴露在风险中。每一个错误的决定都会让交易者的风险增加一分，每一分钟的盲目期待都会让交易者的风险加重一层。

此时如果你有策略，就会找到处理方法，以及判断什么时候才是真正的入场时机，何时加码最为合适。震荡的时候，是等待突破还是离场避险；回调的时候，是反手买入还是追跌跟进。是进是退，是去是留，了然于胸。

交易策略通常是交易者在盘前经过充分考虑、多重验证后制定的，它比交易者在焦虑之中做出的仓促决定要可靠得多。一个成熟的交易策略就像一个框架，只要你充分执行，在这个框架里的利润一分都跑不掉，而外部的风险也会对你无可奈何。

要记住：交易的基础是策略，交易的保护伞也是策略，永远不要离开它。

2. 没有规矩不成方圆——交易策略的基本框架

什么是交易策略中的基础框架？

在讨论此问题之前，先来思考一下要做什么样的交易。

其实你的交易策略就是为你自己的交易定制一套符合你的性格特征和交易习惯的 VIP 个性化套餐。

很多人会告诉你如何做才会盈利。有些人做长线，只分析基本面就能获利。有些人做超高频极短线，根本不看趋势分析，只要保证成交率，赢得微小的点差，就能获取利润。

他们都通过这样或那样的方式确实获取了利润，并且将经验毫无保留地告诉了你 。然后当你拿过来使用时，却发现根本不行。为什么？

德国哲学家莱布尼茨曾经说过：“世界上没有完全相同的两片树叶。”

人也是一样，每个人都是独立思考的个体，存在各式各样的差异性。别人的恐惧未必会变成你的恐惧，别人的坚持未必会变成你的坚持，别人的亏损未必会变成你的亏损，别人的利润未必会变成你的利润。所以在开始交易前，一定要先了解自己，知道自己是什么样的人。那么好，现在请你深呼吸，保持冷静，然后回答以下几个问题：

（1）我是怎样的人？

（2）在交易中，以一万元为上限，我能够承受多少风险呢？

（3）在交易中，我的交易红线在哪里呢？

你思考了吗？你回答了吗？如果答案是肯定的，那么恭喜你，你完成了交易策略的基本框架第一条——自我评测。

了解自己至关重要，尤其了解自己愿意接受的风险程度。这决定了你在未来的交易中能做的事情。

本书中，一万元可以做的品种中，很多既可以做日间波段交易，也可以做日内短线交易，甚至可以做长线交易。但是这些不同的交易模式所面对的目标行情是不一样的，所以对其采取的策略也是不一样的。因此交易者一定要明确自己的交易目标，不要成为一个摇摆不定的交易者。作为一名交易者一定要找到适合自己的交易方式，你是要成为一个日内短线交易者，还是更适合做日间波段交易，或者你是一位具有耐性、能够长久持仓的长线交易者。每一个成熟的交易者都是有标签的，交易者的标签就是其交易风格，比如索罗斯的反身性和巴菲特的价值投资，就是交易者的标签。

好了，如果现在你已经完成了自我评测，那么接下来就根据你所做的结果来做交易策略的框架。

➢ 首先建造一个属于你的交易模式。

这个模式取决于你是做日内超短线的高频点差交易，还是做日内短线交易，或是做日间波段交易。无论做哪一种，一旦你做了决定，在交易的过程中就只做这样的交易。交易持续成功的秘诀就是跟其他人玩自己擅长的游戏。

你可能会问："可是我在跟踪行情的时候总会发现我的交易模型以外的，可以获利的行情，为什么我能不去做呢？"

前面讨论过这个问题。在一个趋势中会有很多小的趋势，甚至有一些折返趋势，反弹的力度与小波幅行情相当，但这些行情有的只是资金带来的波动，有的甚至是陷阱、杂音。这些正是需要你用你的交易模式去过滤的。

千万不要被迷惑，不要贪婪。你不可能每次都赚到市场中所有的钱。

在我的交易生涯中，曾经被这个问题困扰。我一度非常迷恋市场，认为自己所向披靡。总是走出我的交易框架，去抓那些不属于自己的行情。有些甚至是逆势的、垃圾时间段的交易。可是一旦脱离了交易框架，交易就变得盲目，止盈和止损就变得随意。然后当市场的走向与我的期望相悖时，我就会暴躁、烦恼、懊悔。可是市场会因为你的懊悔而停下向前的步伐，等你改正过错吗？不会。

市场只会在你犯错的时候带走你的利润，然后给你一个响亮的耳光和赤裸的嘲笑。你可以称之为学费，但是我更愿意称之为智商费。我相信每个打算以交易为生的人，都有一个聪明过人的头脑，并且懂得如何保持冷静和理智。所以，不要让贪婪和自负打败你。坚持你的原则，保护你的利润。

➢ 准确判断当前行情是否是属于自己的交易。

当你有了一个确定的交易模式，你就应该在市场中去寻找可套用此模式的行情，并且只做这样的行情。简单来说，就是当你的行情出现时，你就入场。如果你的行情还没有到，就等待。

➢ 制定止盈和止损方案。

任何一个交易开始前，交易者都要有一个明确的止盈和止损的方案。

简单来说，就是制定一个策略，来帮助交易者在交易中确定：盈利时，在哪个部位获利了结；亏损时，在哪个部位止损出场。

在市场中，没有一个交易是可以长时间保持的，无论多么强大的趋势迟早有一天都会反转。交易者要做的就是在动能进入衰减区间之前获利走人。止盈方案会告诉交易者什么时候获利了结，当信号触发就立刻获利了结，离场。

钱平安落袋比什么都强。

所以为了保证交易者的钱安全无虞，交易者需要建立一个止损机制。这个机制非常重要，因为哪怕是最完美的策略在开仓时，正确性都只有 50%，另外的 50% 充满了不确定的未知风险。

交易者要在这种未知的风险中赌上自己的钱袋子吗？当然不！交易者可以用一个有效的、可执行的止损策略来约束风险、控制风险，将自己的交易风险概率降到最低。

然后交易者在交易中不断验证其正确性，一旦发现市场发展违背了自己当初的期待，就立刻执行止损方案，及时离场，纠正错误。然后投入下一个交易准备阶段。

止损方案就是这样，它允许交易者犯错，同时让交易者在错误的路上及时返回。

3. 知行合一——至关重要的执行力

前面谈了该怎么做，现在来讲执行力度。

知行合一，是明代心学大家王阳明的思想。所谓“知行合一”就是所知即所行。知行合一的能力是一个交易员的核心能力。

比如一个人在做了蠢事的时候，会说：“道理我都懂，可是……”

世界上聪明人很多，可是成功的人却不多。为什么呢？因为很多人都输给了自己。

举例来讲：

S 先生是一个很爱惜身体的人，他几乎从不熬夜，按时吃饭，尤其讲究营养均衡，运动起来也毫不马虎，经常在跑步机上跑上 5 公里，但是他有一个不良习惯，爱吸烟。

只是他从来不把吸烟当回事，直到有一天夜里他在剧烈的咳嗽中咳醒，抚着胸口大口喘气的时候，才惊觉自己已经被香烟侵蚀了。于是他决定戒烟，并且从第二天开始执行。

这是他一生中的第一次戒烟，维持了数月，也仅仅维持了数月。身边的人总是发烟，应酬上更是不能推拒，他为自己找了诸多正当的理由，只为将香烟再次点燃的时候，少些挫败与懊恼。

吸烟是不是有害健康呢？确实有害健康。

戒烟是不是正确的呢？是正确的。那么为什么不坚持下去呢？

为什么一个人无法坚持做他明知道是对的事情呢？

其实每一个人心中都有黑白分明的是非观，对于什么是对的以及什么是错得非常清楚。只是做一天正确的事情似乎很容易，而长久地坚持却不那么容易。

有时候人们在心中将该做的事情想了一百遍，可是在做的时候却因为各种原因而无法达成。无法戒烟的害处是损害健康，那么在交易中不执行交易策略会怎样呢？

简单粗暴地回答就是：你不充分、及时、有效地执行交易策略，那么即使有利润，利润也会减半。如果没有利润则极有可能会亏损。如果在亏损的时候没有及时执行交易策略呢？答案是你的风险就会翻倍。

来看一个真实案例（见图 5-1）。

图 5-1

如图 5-1 所示，图中标记 K 线的位置是我 2018 年 9 月 26 日日内交易塑料 L1901 的位置。

从该图中可以看出，当时塑料 L1901 在 9 月 20 日走出了一个短期高点价位 9620，于是我开始构建我的新一轮交易策略。

一般来说，当一个短期高点出现时，就代表此番趋势动能的改变。有可能会暂时陷入盘整进一步积蓄动能爬升，也有可能会开始折返。我开始设立压力区间，经观察发现，必然会有一波下探动能，于是我决定放空。然后开始准备一个新的交易策略。

如图 5-1 所示，我标注了一个止损区间——黑色粗线标记处，开仓点 O 点，一个第一获利区间——A 区间，一个 B 阶段获利区间和一条虚线。这条虚线就是我的利润折返点，我喜欢称之为折返高压线。

这条高压线意味着，不可触碰。价格只要折返到这条线上，无论如何，立即执行平仓，立刻离场。

为什么要设立这条高压线？因为我了解自己，知道自己的交易习惯。所以我允许自己犯错，但是不能离谱。

好了，现在来看看 9 月 26 日到底发生了什么。

当天开盘后，价格小幅上扬后就开始下跌，连续跌破支撑线，来到预定开仓点附近，我果断进场。价格一路下行，动能非常强劲，快速推动价格下行，直接击穿了阻力区间。下午穿过第一获利区间，直接抵达了我的 B 阶段获利点，并且将其击穿，形成了一个短期低点。

对于做日内交易的我来说，当这种行情出现时，就表示我已经达成了交易目标，可以平仓获利出场。于是我平掉了大部分持仓，但是还留了一些，等待动能的进一步发展。然而市场并没有往我期待的方向发展，很快一根长长的下影线出现了，接着是连续的快速反弹。在尾盘时间段，价格直逼红线。

高压线不可触碰，这是底线。我别无他法，只能将剩下的也平掉。此时我剩余持仓的利润已经被砍了近 60%，但是所幸我的高压线报了警，我也遵守了规则，没有走出交易框架，结果就还不算太糟糕。

所以，我虽然在这次交易中做了尝试，犯了错，但是最终坚守了不触碰高压线的底线，只是损失了小部分利润。可是如果我那天没有执行既定的交易策略，而是在短期低点形成的时候，仍然盲目期待行情一定会再创新低，坚决不离场，后面的行情就会将我的错误甩在脸上，用亏损给我一个响亮的耳光。

因为从第二天开始，在经历了短暂的盘整之后，塑料价格一路上行且连创新高，市场不再属于空头。

请一定牢记，交易的风险是可控的。交易者在市场中的所有行为都只有一个目的，即降低风险，充分获利。

✧ 不要让你的钱暴露在无意义的风险中。

✧ 不要让你的坏情绪左右你的理智与判断。

✧ 不要让你盲目的期待变成吞噬你的黑洞。

✧ 不要让交易策略变成苍白无力的纸上行文。

但是有些时候，剧烈波动的市场会让交易者感到恐惧，让交易者失去方向感，甚至怀疑策略的有效性。

请一定牢记，你的交易策略是你冷静分析市场后的结果，是你理智判断的结果。请相信你的交易策略，坚持你的策略，执行你的策略。只要你及时、有效、充分地执行你的交易策略，那么胜利一定是属于你的。

第二节　交易策略的构建方式——属于你的金字塔

1. 万丈高楼平地起——信息的汇集与整理

在我的交易生涯里，我有一个保持多年的习惯——看新闻。

我非常喜欢看新闻，看各种各样的新闻，包括财经新闻、时事新闻，甚至天气预报。即便是在交易的时候也会让新闻滚动刷新提示，保持关注。

或许有人要问："我们做这样的小资金不过一万元而已，更多地倾向于做日内或者日间交易，不是应该关注技术吗？信息有什么用？"

在这里我要说的是，信息非常重要，尤其是对于期货交易。毕竟，期货交易是以现货交易为基础的交易，涉及的范围不仅限于现货交易，它作为一种金融工具，要受到资本市场的流动性影响，还要受到政策导向影响。无论交易者做的是短线交易还是长线交易，信息在交易中都是不可或缺的。交易市场就像一个等待耕种的土地，交易品种就是撒进土里的种子。驱动市场的上涨或者下跌的动能就像辛勤的农民的劳作和所用的肥料，而信息则像变幻莫测的天气。

对交易者而言，哪些信息是值得关注的呢？我大致把信息分成如下 3 个类别。

（1）宏观基本面的信息

宏观基本面的信息是反映目前市场宏观环境的资讯与数据，包括 GDP、PMI、利率水平、货币供应量、失业率、通胀水平等。

① GDP 就是国内生产总值，代表一个国家在一个时间段内生产的最终产品和服务的市场价值。一个国家的 GDP 越高代表这个国家这段时间创造的新价值就越大，经济就越有活力。虽然 GDP 统计的是最终产品，但是最终产品能够带动一整条产业链，比如一件被计入 GDP 的新衣服能够带动上游棉花、

布匹、拉链等各个行业。所以GDP是有辐射效应的，GDP越高就说明有越多的最终产品被生产出来，这些最终产品辐射背后的所有产业链。因此GDP是能够反映一个经济体整体经济情况的指标。但需要注意的是，衡量GDP的是市场价值，如果最终产品没有更多，而是物价水平提高了，那么GDP也会增加，所以真正有效的指标是要考查去除了通胀以后的GDP。

GDP的变动对交易者来说非常重要。如果GDP水平提高，代表有更多的最终产品被生产出来，市场的需求在扩大，收入提高，未来会需要更多的厂房、机器和原材料。如果GDP开始下降，代表需求开始下降，以前的产能会过剩，市场会经历痛苦的缩减产能的过程。

② PMI是采购经理人指数，与GDP高度相关。GDP指标当然是很好、很全面的指标，其发布的时间一般比较晚，作为交易者总是想更早地了解经济的情况，所以会尽量地关注一些先行指标，PMI就是这样一个与GDP高度相关的先行指标。PMI指标是最早发布的经济指标，而且是一个经济的先行指标，其变化经常领先于GDP变化几个月的时间，所以其对交易者来说，是一个非常重要的数据。

PMI分为制造业PMI和非制造业PMI，其中制造业PMI是由反映5个方面的指标加权计算得到的。分别是生产、新订单、原材料库存、从业人员和供应商配送时间。

其中，生产指数反映的是生产供给端的情况，新订单反映是需求端的情况，原材料库存反映的是企业库存情况，这3个数据是最重要的数据，也是PMI指数中权重最高的三项。

PMI<50，说明经济中收缩成分大于扩张成分，通俗来讲就是，经营变差的企业比变好得多。反之，PMI>50，就说明经营变好的企业比变差的多。但要特别注意的是，PMI是一个弥散指数，单纯看数字大小意义不大，主要是看变化的趋势，也就是比较过去数据是增加还是减少了。

当PMI>50，且比前值高时，经济总体扩张；当PMI>50，且比前值低时，虽然经济仍处于扩张阶段，但是扩张的节奏放缓了；当PMI<50，且比前值高时，经济虽然在收缩，但是在逐步好转，经济正在复苏；当PMI<50，且比前值低时，经济有加速收缩的趋势。

③ 利率水平和货币供应量。

利率水平的变化对企业有着重要的影响。首先，提高了企业融资的成本，目前几乎所有的企业都依靠借款来为其生产、设备、固定资产、库存等融资。其次，利率水平也会影响需求，企业有相当一部分的销售是依靠融资来进行的。比如房地产贷款、汽车贷款等。

所以利率水平提高会为企业提高成本并且减少市场需求，使得经济活动开始收缩。

利率水平和货币供应量可以反映一个经济体的经济周期，货币是任何交易的媒介，利率是货币的价格，货币供应量是货币的数量，这两者都是央行宏观调控的目标。经济衰退的时候，央行会通过调低利率和增加货币供给的方式来试图拉动经济复苏；在经济过热的时候，为了防止通胀，央行会上调利率，提高资金成本为经济适度降温。在美国经济危机中，美联储推出多轮的量化宽松政策，通过大规模购买资产增加货币供应量来影响经济运行。最近两年美联储逐步退出量化宽松政策，并多次加息，也带来全球的货币紧缩，此举给很多国家带来了经济压力。

④ 通货膨胀。

温和的通胀是央行愿意看到的，恶性的通胀是经济的大敌。所以央行货币调控的目标之一就是防止恶性通胀。

反映通胀的指标是 CPI 和 PPI。CPI 是居民消费价格指数；PPI 是工业生产者出厂价格指数。CPI 反映的是一些日常消费品的价格变化，PPI 反映的是工业生产品的价格变化。PPI 如果下滑则直接反映经济的需求面，影响企业的利润率。CPI 很大一部分是农产品，反映的是菜篮子和生活日用品的价格。如果 CPI 上涨过快，则对人们的生活影响很大，央行一般会采取措施，比如加息来遏制通胀。

对很多个人交易者而言，对宏观经济面进行判断总是难点，因为这涉及很多专业的经济学和金融知识，而且对短线交易而言，又不能取得立竿见影的效果，但是我想说的是，了解这方面的交易者能够对交易有一个更深刻的认识。交易者能够明白自己的利润是在什么条件下获得的，这点非常奇妙。

当交易者进入期货市场时，刚开始只能试图学习一些技术指标作为交易的工具，然后依据自己认识深刻的技术指标形成自己的交易系统。该系统是没有基本面的，只有真正感兴趣的人才会主动、自发地去学习基本面，因为宏观的东西太过艰难晦涩，涉及的范围较为广泛，而且在交易者的短线交易中短时间内还显现不出直接利益。但我认为这是交易者进阶的必经之路。虽然本书讲的是用一万元启动期货交易的内容，但是随着利润的积累交易者终将跨过一万元的起始区域走向更广阔的天地，希望广大交易者的知识也能随着利润的增长而同步增长，这样交易者才能在更为广阔的世界里自由飞翔。

（2）关于产业供给和需求的信息

关于产业供给和需求的信息，前面也提及过。每一个期货品种的背后都有一条产业链，涉及上、中、下游。交易者要关注供给、需求和库存情况，就需要对这方面的数据和资讯进行归纳和整理，同时关注最新的动态数据和新闻。

比如对于螺纹钢交易者可以关注哪些数据呢？

① 在供给方面，交易者可以关注统计局每个月发布的粗钢产量数据，还可以关注“我的钢铁”网发布的高炉开工率的周度数据。② 在需求方面，可以关注沪市终端采购量的数据，这是一个比较直观的需求方面的数据，可以在“西本新干线”网查到。除此之外还可以查找水泥的产量和价格数据，因为水泥与钢材高度相关。还可以关注一些下游消费端的数据，比如固定资产投资、基建、铁路投资、房地产投资、汽车销量、家电产销量、船舶的订单完工量等。③ 在库存数据方面，可以关注社会库存，可以在“西本新干线”“我的钢铁”网查到。此外，还有中钢协公布的重点钢企数据，这是上游钢厂的库存数据。在临近交割时交易者可以关注交易所的交割仓库的数据。另外，唐山钢坯库存的数据在“我的钢铁”网上会有统计。此外可以关注一些行业内的新闻和资讯，也可以关注“中国钢铁新闻网”和“我的钢铁”网等。

钢材的现货价格包括螺纹、热卷、冷轧板等不同钢材品种的价格，交易者可以进行关注和了解。对于各个主流城市比如北京、上海、天津等的报价，交易者也需要了解。此外，还要了解可交割品牌的最低的现货价格，在临近交割的时候其对期货价格的回归具有指导意义。还可以关注出厂价格。螺纹钢最直接的出厂价就是沙钢和河钢的出厂价。此外，还可以关注宝钢、武钢、鞍钢等大型钢铁企业的报价变化。

交易者可以关注有关原料的数据，在价格方面可以关注钢坯的价格，每天唐山地区会有一个钢坯现货的报价。铁矿石的价格包括普氏指数、TSL 指数、港口现货价格等。此外，还可以关注中国海关的月度进口均价。对于铁矿石的供给数据，交易者可以关注四大矿山的官网，上面会公布矿山的产量数据以及其季报、半年报、年报等。另外，BREE 上会有矿山年度产能和产量的预测数据，等等。

（3）期货持仓的信息

通过期货的持仓信息可以了解市场上是谁在买谁在卖，以及你的对手方是什么情况。如图 5-2 所示为 2018 年 12 月 14 日焦煤的持仓。

期货成交持仓

大商所-焦煤　JM1905

2018年12月14日　多头持仓龙虎榜

JM1905　1253　3　0.20%

排名	会员简称	多单量	多单增减	空单量	空单增减
1	永安期货	16400	2082	5587	1550
2	东证期货	7447	-1962	8714	-1713
3	中信期货	6475	-920	5766	-1429
4	海通期货	5963	-1287	4296	-1123
5	华泰期货	5900	383	7178	381

图 5-2

可以看到在该品种上排在第一位的期货公司目前净多单，而且净多单的数量明显放大，如图 5-3 所示。

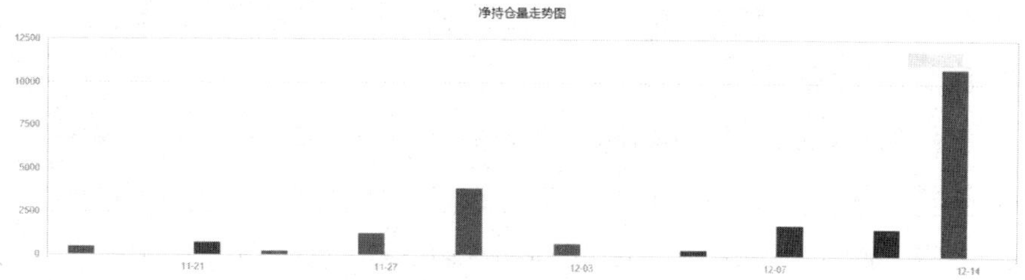

图 5-3

上述例子并不是说价格未来一定会继续上涨，但是排名第一的席位，以及突然放大的净多单必须引起交易者的重视。

又比如美国的 CFTC 持仓报告，是每周五收盘以后发布的当周周二的头寸记录报告。该报告会公布期货的商业头寸（Commercials）、非商业头寸（Non-commercials）以及散户（Non-reportable）的持仓情况。商业头寸主要是指市场上的套期保值盘，非商业头寸是指市场上的大户以及基金的持仓，这对于未来的市场走向有着很重要的参考意义，散户的持仓常常作为市场的反向指标使用。

交易者了解持仓的信息就是了解市场上不同类型的投资者对于市场目前的看法以及他们的行为，然后对这些行为与基本分析的一些情况加以验证，最后结合技术分析就可以对目前的市场情况形成一个比较清晰的判断。

2. 信息的阶梯——信息的归纳与抽象

市场上的信息庞杂无比，交易者不可能面面俱到，所以必须对信息有一个系统的梳理与抽象。

下面针对交易者所需要的内容进行整理。

层面一：宏观经济周期

宏观周期主要用于判断目前经济处于哪一个阶段，是扩张、过热、衰退还是萧条？经济周期对于大类产品的配置非常重要，经济发展的不同阶段资产配置的重点是不一样的。当前更适合配置债券还是股票抑或商品？哪一个领域更加吸引资金？美元贬值对应大宗商品价格的上涨，美元升值则会引导资金流向美元，从而引起一些商品价格的下跌。交易者要通过宏观周期的因素来判断市场上哪里钱多，哪里钱少，哪里正在吸引资金，哪里的资金正在外流。

层面二：产业周期

产业周期决定了品种相对商品整体的强弱。产能、开机率、经营成本、库存、利润等寻找周期变化的节点。交易者需要判断产业周期的变化一般有几年，工业品的产能扩张和收缩，以及农产品种植面积的扩大和缩小。

层面三：成本和供需

成本决定了商品价值的安全边际，一个商品价格可能在下跌趋势中跌破成本区间，但是不可能长期在成本以下，企业的减产和停产会造成供给的减少。

在资金眼中，在成本点进行买入是安全概率极高的投资。需求长期决定供给，没有需求就没有供给。有些需求是刚性的，有些需求又有比较大的弹性。对期货而言，不同的产品其供给和需求对其影响的效果不同。不同品种的分析方法是不一样的。简单来讲就是工业品主要看需求，农产品主要看供给。工业会根据需求的变化来调整库存周期，而农产品消费比较刚性，主要看主产国的产量情况。

此外，为了提高效率，交易者应该有效地利用一些信息渠道。众多的信息渠道中，有些是专门针对一类商品的信息，有些是专门针对一类数据的信息，有些是综合性的信息平台。

比如“我的钢铁”网就是针对钢铁领域各类数据及信息的平台，比如在美联储的网站就可以看到美国各项经济数据的信息，在中国统计局的网站也可以查到中国各类宏观经济指标的数据。此外还有一些综合性的信息和数据平台，比如“华尔街见闻”“东方财富网”等。

如图 5-4 所示为在“华尔街见闻”上公布的世界主要经济体的各类经济数据及其对比。交易者看到此图就能够很直观地感受到世界主要经济体的经济情况。

全球经济　美国　中国　日本　英国　欧元区　德国　法国　意大利　西班牙

国家/地区	GDP同比	经常账余额/GDP	财政收支差额/GDP	工业产出同比	政策利率	货币供应同比	不良贷款率	住房价格同比	CPI同比	PPI同比	失业率
美国	3.50	-1.99	-3.84	4.11	2.25	3.74	1.58	5.96	2.18	2.54	3.70
中国	6.50	0.47	-2.88	5.90	4.31	8.00	1.87	11.82	2.20	2.70	3.82
日本	-1.20	3.09	-6.00	4.20	-0.10	2.30	1.10	2.48	1.40	1.40	2.40
英国	1.50	-3.87	-1.80	1.30	0.75	1.35	0.81	1.60	2.40	3.32	2.80
欧元区	1.70	1.09	-1.00	0.90	-0.40	3.88	3.36	4.31	2.00	4.50	8.10
德国	1.16	6.63	1.00	0.80	-0.40	4.46	1.69	4.73	2.24	3.30	3.30
法国	1.50	-0.62	-2.68	-1.10	-0.40	4.35	3.08	2.80	2.17	1.72	8.90
意大利	0.80	3.64	-2.38	1.30	-0.40	2.74	11.38	-0.20	1.21	2.17	10.60
西班牙	2.47	0.95	-3.11	6.46	-0.40	3.12	6.18	7.16	1.74	4.50	14.80
澳大利亚	2.80	-2.24	-1.02	3.45	1.50	-68.28	0.85	-68.28	1.90	2.13	5.00

图 5-4

3. 金字塔的顶端——交易者的核心利益

下面讨论一下交易者最为关心的话题——交易者的核心利益。

核心利益是什么？核心利益是一种难以退让的重大利益。对交易者来说，交易者的核心利益就是利润。交易者制订的一切计划和管理方式都是为了让交易者能够有效获取利润，保护利润。

要想在交易市场中获利其实并不容易，大部分人在亏损，只有小部分的人能坚持下来。他们是坚守规则的忠实玩家，从来不会越界，因为他们知道那么做的代价是什么。可是有些新手交易者不这么认为，尤其是那些运气格外好，被幸运光环笼罩的新手。新手交易者往往更喜欢改变交易策略，尤其是在操作的过程中。

在交易的过程中，交易者常常会发现目标品种和邻池中的品种各有动能，有的动能不足，动能却快速发动。但是成熟的交易者往往只关注一个标的物而不会同时操作若干个产品，除非他有一整套完整的应对方案。成熟的交易者深谙交易之道，他明白要想长足获利就必须在擅长的领域里把一件事做好，并且一做再做，让利润翻倍。

有些人认为技术分析可以跳跃性处理市场行情，甚至可以无视基本面带来的影响，在任何一个有动能的部位入场都可以获得利润。这种盲目的自信往往就来自新手交易者。他们过于迷信技术分析带来的力量，要知道技术分析和基本面分析从来不是割裂来看的，商品期货的来源就是实物交易。供需关系永远是影响期货价格的最为根本的一个因素。

交易是一份脚踏实地的事业，交易胜率的提高，来自对市场的充分研究以及对品种的充分理解。有些农产品品种的交易者，甚至亲自前往农业主产区观察作物生产情况，时刻记录主产区天气变化。交易的成功与其他事情的成功一样，从来不会一蹴而就。既然如此，要想成为一个成功的交易者，抓住交易胜率，那么交易者应该怎么做呢?

（1）热爱交易这件事，而不是迷恋交易带来的利润。

（2）对自己的策略充满信心，但在任何时候都不会盲目自信。

（3）将交易看作事业，谨慎对待。

（4）保持进步姿态，谦逊而不骄傲。

对于上述几点几乎每一个成功的交易者都能做到。人们会发现成功者似乎总有相似之处，这是因为成功的必要因素其实是雷同的，交易尤其如此。交易市场是一个波动极快，需要敏捷的思维和更稳定的心态的市场，上述要素就显得尤为重要。

如果一个交易者不注重研究交易这件事，只是贪图蝇头小利，整天想着怎么从市场赚点钱出来，那么恐怕永远不会有进步。慢慢地交易就会变得枯燥、无趣。一旦有点风吹草动，交易者心态就会动摇，就会烦躁不安，并且将这种情绪加诸市场，直接导致交易变形。不幸的是，一旦发生这种情况，大额亏损也就离交易者不远了。

交易的目的是获利。没错，这也是每一个交易者的核心利益，但是要想获利，就必须做好交易，然而要想做好交易绝不仅仅是只想着赚钱就行的。

如果一个交易者对自己设定的交易策略没有信心，不去执行，反而受到市场的诱惑相信自己的所谓的感觉，迷失在别人的意见中，在庞杂的信息中找不到方向，就等同于放弃了独立思考。一个无法独立思考的交易者迟早会被市场撕裂，而一个过度自信的交易者也会为自己的刚愎自用付出代价。

市场是非常残酷的，在你犯错的时候，心生杂念的时候，它总是不给你任何忏悔的机会，就将你的账户一扫而空。

成功的交易者的交易之路从来都不是平坦的一路向前的。他们总是跌跌撞撞地摸索着成长，寻找一条属于自己的路，不断地碰壁，不断地学习，不断地反省。谦逊的态度让他们学到比别人更多的知识，而坚持将交易当作事业，绝不动摇，绝不放弃，会让他们热爱自己的事业，并且在任何困难中都不会轻言放弃。

交易者的交易之路从来都是靠自己走出来的，他们一路披荆斩棘，流血，摔倒，无所畏惧，坚持到最后的那个人会看到城堡，打开城堡的大门会看到里面只属于他的宝藏。

所以交易者在任何时候都不要忘记“交易者”这三个字所具有的意义，也不要忘记自己所追求的核心利益是什么。没人能阻挡你追逐的脚步，只有你自己会将自己绊倒。

第三节　给你的策略加个保险——B 计划

1. 狡猾的狐狸——关于市场的多面性

曾经有一个交易者，我的朋友 Z 在他开始准备交易的前一个晚上问我："对于明天的行情你怎么看？我想做多还能继续盈利吗？"我记得那是一个周三的晚上，晚上 11 点将会有美国能源信息署（EIA）发布的例行原油库存周报，整体市场都不是很看好美原油库存的回落，所以市场上看多的氛围已经很淡。从技术上来看，盘面上的动能也有衰减的迹象。于是我对他说："多头在此刻是要谨慎的。可以获利一部分出来，留下少部分静待市场做出反应。"

他很感谢我的意见，并且表示他的观点和我基本一致。于是我和朋友很愉快地结束了谈话，我以为他第二天的交易策略大概就会像我说的那样，将多头仓位部分了结，然后在某一个时间框架下开始跟踪趋势动能，直到判断出此次多头动能是否真正竭尽。

然而当天晚上美国 EIA 公布的美原油库存周报显示，原油库存意外降低，当时 WTI 的价格瞬时暴涨，但是暴涨后价格开始陆续回落，因为美联储加息的阴影一直驱之不散。第二天开盘后，期货大部分化工产品市场价格毫无意外地高开低走，绝大部分人选择将资金落袋为安，多头出货很快。随着多头的平仓价格进一步下跌，市场走了很长一段的窄幅下跌。

一切都很平静，直到中午收盘之后，Z 忽然给我发了一张持仓截图。我打开一看，发现他把他手上所有的多单全部了结了，然后用很重的资金比例下了空单。我非常讶异，当天的交易市场虽然因为多头平仓的关系，上行动能不明显，但明显的是下跌动能是受限的。为什么要在这样的市场大举做空呢？

我将疑问抛了出去，他笑了笑，神秘地回答道："你昨天说过，市场看多氛围很淡，昨天 WTI 又暴涨暴跌，我就知道这轮上涨差不多了。今天就是要做顶部的时候，我的直觉灵得很，看我一抓一个准！"

我此时更加疑惑了，于是说："是的，我确实认为看多氛围很淡，但是我也不认为这是做空的好时机。难道你的交易策略已经发出了做空信号吗？"他明显地迟疑了一下，然后满不在乎地说道："没关系，我的直觉一向很准。"当他说到这里，我已经决定结束对话了。我知道，继续说下去已经没有任何意义。

我很少会直接告诉别人对于这段行情应该做多还是做空。我认为每个交易者的观点既客观又主观，他们从自己的交易方式和策略角度出发，得出不同结论和操作方法，对于这一点别人是无法对其指手画脚做出评价的。一个交易者策略的好坏，只有市场有资格打出评分。

所以我和朋友一般只讨论对行情的看法，但是这一次却不太一样。Z 明显已经被市场捕捉，他抛掉了手上制胜的武器——策略，赤手空拳地冲进了根本看不清方向的战场，企图和市场来一场近身肉搏并且还希望能占上风。结果会是怎么样？答案显而易见。果然下午开盘后，价格略微下跌后，开始一路反弹，不仅吃掉了上午所有的下跌区间，还创下了短期新高，走出了典型的大 V 字形态。

下午收盘以后，Z 闷闷地跟我说了句"你的判断是正确的"就离开了，一连消失了好几天，直到一周后他才缓过来，重新回到市场。后来他跟我说，那天是他交易生涯中损失惨重的一天。原来他抱着自己亏损的空单不愿意止损，并且在每次上涨略微回调的部位又追加空单，希望以此能够拉平价格。可是整个下午价格并未下来过，而是以更高的动能创下了新高。他心灰意冷地在几乎是当日最高点的价格平掉了所有的仓位，高额的亏损让他沮丧了好几天，做了许久的心理建设才让他有勇气重新回到市场。

这是一个惨痛的教训。因为交易者知道，在交易市场中，不论哪个品种，都不会仅仅有上涨和下跌两种趋势。价格从来不是一飞冲天的，而是逐步攀升，在这个攀升的过程中，会有很多情况，越是复杂的情况越会导致价格趋势的不稳定。交易者不应该将获利点放在这种多重区间内，而要将目标放在动能足够强的区间，只有这样的区间才能帮交易者稳定获利。

交易者如果反观自己过去的交易就会发现，很大一部分失败的原因，是给所有的错误都找到了合理的借口，而完全不去看市场究竟发生了什么，想当然地为自己顽固持有的错误部位寻找存在的合理性。可是当你拒绝听市场说话的时候，亏损已经站在你的大门口了。

交易市场中，价格的涨跌是由很多种因素造成的，技术分析通过对历史数据的演算而获得当前趋势行进方向的倾向概率，交易者通过掌握该数据来判断未来价格走势从而将自己的优势扩大，这就是交易者要在开盘前后做很多功课的原因。但市场并不是波澜不惊的，虽然外部市场、信息、基本面对盘面的影响对技术分析者来说是可以观察到的，但这个前提是你必须观察得到。假如你拒绝倾听市场的声音，那么这一切都将徒劳无功。

2. 狐狸知道而你不知道的事——市场的不确定性与风险

有些刚闯入市场的交易者会自信地认为，市场行为是完全可以预测的，但实际上绝非如此。交易是一场关乎概率的游戏，交易者所做的一切只是将胜率拉向自己所站的这一边而已。交易者的一切行为目的是提高胜算，从而在市场中获取利润。然而当交易者想从市场获利的时候，就必须明白市场的游戏规则，并且遵循这个规则。

市场的行为总是很容易受到各种因素的影响，因为交易市场总是充满了不确定性，从来都不是非此即彼的。交易者应该积极认真地研究市场现象，弄清楚市场正在发生什么事情。有些市场波动是随机的，不可跟踪的；有些市场趋势则是具有规律性的。交易者通过历史数据分析可以构建趋势发展的模式。

在科学界有一种说法，所谓科研成果应该是可复制的。对于交易市场来说，也是一样，所谓的有效的市场趋势应该不止一次地出现在历史数据中，该数据可以让交易者通过历史回测捕捉到，并且分析出概率。这才是有效的数据。

有些数据，交易者根据历史回测很难捕捉到，并且难以在未来推算，这种数据的形成则有多种原因。可能是随机事件造成的价格波动，也可能是突发事件造成的市场恐慌，甚至有可能是交易者犯下的一个愚蠢错误导致的市场剧烈波动。

那件事过去了这么多年，但我到现在依然印象深刻。那是 2013 年 8 月发生的事情，在那之前股指期货市场一直风平浪静，从 8 月 1 日开始启动的小幅反弹行情价格在前一日 8 月 15 日走到 2389.8 后开始进入缓步回落。直到 8 月 16 日一切都还很正常，可是价格开始突然上涨，毫无预警的，市场只用了几分钟时间就把价格送上了新高点。股票市场和股指期货是联动的，在股指期货市场忽然发生异动时，有多达 71 只股票也瞬间被拉高。市场一瞬间就被点燃了，跟风者纷沓而至，市场一下子变得疯狂。可是好景不长，下午刚一开盘股指就开始快速回落，有的跟风者挺住了，而有的短线追多者则只能黯然带着亏损离场。那一天最终 K 线走成了绿色，并且拖着一根长长的上影线，如图 5-5 所示。

图 5-5

可以看到这一天的成交量也是巨大，并且不仅在股指市场和股票市场，上证 180ETF 和上证 50ETF 也出现了价格瞬时上行、交易量急剧放大的情况。当日上证 180ETF 下跌 0.97%，成交 8.48 亿元，比前一个交易日放大超过 9 倍。上证 50ETF 收盘涨跌持平，成交 29.44 亿元，比前一个交易日放大近 5 倍。同时申赎数据方面则显示，上证 180ETF 和上证 50ETF 两只 ETF 都出现净赎回，规模分别为 900 万份和 1.52 亿份。

然而这毕竟不是正常的交易，一时间市场上众说纷纭，有些短线交易者开始动摇。很快消息被证实，此次的交易市场价格异动的始作俑者是某券商自营交易盘的量化交易系统出了问题，这才导致了乌龙交易。

然而市场并不知道你的交易单下得是正确的，还是错误的。市场只是一个载体，而交易者才是推动市场向前发展的关键力量。很多不明所以的交易者在此时放弃了自己的既定策略，变得摇摆不定，被动地跟着走。结果可想而知。

交易者应该尽可能地了解目前趋势的形成原因，并且要明白一点，交易市场上那种真正明确的趋势其实不多见，然而恰恰是那种真正明确的行情趋势，才是真正能够稳定获利的趋势。

交易者一定不能沉迷于市场，更不能以“事后诸葛亮”的方式来为自己的错误找借口。一定要足够谨慎，尽可能地准确判断趋势的形态，并且时刻关注市场风险，对于小概率事件要尽量避免参与其中。尤其是对于自己看不懂的市场，不能有跟风心理，否则危险会比利润来得更快。

从图 5-5 中可以看到，价格其实在前期低点建立后，已经进入了一个上升通道，只是每次上行都会面临一段时期的回调，这很正常。这是前期低点形成后，价格开始回调，并且掉头转势发展的动能聚集形态之一。然而过长时间的盘整和较多次数的回调体现的是这一区域的上行压力逐渐增加，上涨动能逐渐缺失。此时也是风险聚集的时候，交易者在此时既不应该继续多单进场也不应该跟随着下午的恐慌单子去放空。最理智的做法应该是离场观察。

交易者在不知道自己要面临的到底是什么样的风险时，在不确定市场到底处于什么情况时，并不一定要选择多头或者空头去站队，持有仓位，而是应该及时将资金放到安全的位置。

利润是交易者的核心利益，是交易者唯一要保护的东西，交易者在任何时候都不应该将其暴露在风险中。当你明白了这一点，也就掌握了交易的关键钥匙。记住这一点，并且把它放在你交易守则的第一条，利润就会唾手可得。

3. 步步为营——为你的交易构建保护伞

每个交易者心里都有一个目标，那就是长足的稳定盈利。那么，到底要如何才能成为交易市场上的常胜将军呢？

首先，不要惧怕交易中的亏损。

有些新手交易者，虽然踌躇满志地进入市场，但是一旦发生亏损，哪怕是很小的亏损，比如100元钱，他们也会觉得极度难以忍受。他们觉得自己已经非常了解市场走向，明确把握了市场趋势，就应该迎来利润，而不是亏损。亏损表示他们做错了，表示他们原计划的策略内容和当前市场是相悖的。

这让他们难以忍受，甚至不愿意接受。然而在交易市场中，哪怕是最优秀的交易者，也会有面临亏损的时候，我还从未见过一个只盈利不亏损的交易，以及每次下单必然盈利的交易者。只盈利不亏损的想法本身就是不合理的，所以交易者不该为自己的亏损而懊恼。

成功的交易者在面对亏损的时候不会带有情绪，因为他们知道这是交易的一部分，也是一种可承担的风险。记住，这里所说的可承担的风险，而不是给交易者带来危险的风险暴露。这样的风险，应该是被规划在风险管理中的可接受范围内的。

所以不要害怕亏损，要坦然地接受。然后严格分析你是如何处理这笔交易的，毫不避讳地揭露自己的问题，找到问题的根结所在。然后改正，重新开始。

当你盈利的时候，奖励自己；当你亏损的时候，用方法和技巧提升自己，而不是惊慌失措地看着事情变得更糟，再将一切扔给情绪。

消极情绪并不能帮助你处理任何事情，情绪的爆发只会浪费你宝贵的交易时间。学会处理自己的情绪是一个复杂而有难度的过程，如果在此之前你无法克制自己的情绪，无法正确处理你的亏损，那么就在一切变得更糟糕之前离开市场，去做任何交易以外你想做的事情，直到你确定自己能够冷静处理了再回来。

其次，学会对抗贪婪与恐惧。

不得不承认，交易这件事，确实是检测一个人是否抗压的最佳工具。

大多数交易者应该听过这么一句话——不要向贪婪和恐惧低头。是的，贪婪和恐惧是交易市场中经久不衰的话题，也是交易者热衷讨论的话题。那么现在来看看，你到底是更容易被贪婪吞噬，还是更容易被恐惧吞噬。

有一类交易个性偏向于时常对市场心怀恐惧，就像上述所说的，常常会害怕亏损，价格稍微出现波动就惊慌失措，裹足不前。从害怕亏损到因害怕而离开市场，并不是一个很漫长的过程，有的时候是被恐惧所吞噬的交易者的一瞬间所想。交易者往往会因此而被市场抓住，在市场设下的陷阱中亏损变得不可收拾，将交易变得一塌糊涂。

还有一类交易者，热爱冒险，但是行事鲁莽，总是在追逐盈利。往往表现为，总是在不断地追逐利润，甚至不愿意放过趋势的最后一个点位。这些交易者觉得交易获利还不够，要将市场上所有的钱都赚到手才觉得心满意足。然而没有人能赚走市场上所有的钱，过度贪婪的后果只能是被自己的贪婪所拖垮。

然而人无完人，并不是每个人都知道该如何处理这些事情。所以你要有一颗强大而积极的心，不要让贪婪与恐惧支配你。如果你因为贪婪与恐惧犯了错，那么不要懊恼，应该马上吸取教训，再振作起来，继续做下去。

学习对抗这些内容是一个复杂的过程，但是一旦掌握确实有效。对于这一点将会在之后的章节中进行更为细致的讨论。在这里我只提一个简单的小建议，仅供那些觉得自己能够控制一切的交易者参考。其实也很简单，就是每日一篇持续地写交易笔记。

就像学生时代写日记那样，你可以以记流水账的形式记录自己在交易中所犯的错误，以及发挥的优点。然后诚实地与自己交谈，赤裸地将自己的内心剖析一遍，找出真正症结所在，并且对症下药，做出改变。哪怕只是小小的一点改变，只要你愿意去做，那么你就可以不断地审视自己，并且从自己的糟糕交易中吸取到宝贵的经验。

然后慢慢地去尝试，去回顾，去反省。终有一天，你会陡然发现交易的真谛，到那时，你的交易账户就会长足地稳定增长了。

4. 让你的钱听你的话——资金管理

就好比每个人心中都有一个不同的哈姆雷特，每个交易者的心中也都有一个属于自己的交易计划。有些人热衷于短线交易，有些人则更倾向于长线跟踪。有的交易者喜欢做盘整突破系统，而有的交易者则只在动能爆发的时候入场。不同的交易模式让市场活跃，也让交易者兴奋不已，然而要想成为真正成功的交易者，稳定获利，有一件事是必须做到的，那就是让你的钱听你的话。

有些老道的交易者常会感叹市场无常，趋势无情。然而若是观察他们的账户资金曲线，则会发现其曲线表现得很平滑。很明显他们捂紧了自己的钱袋子，因此能够置身事外，躲避开交易的风险，保护资金。

这就需要讲到资金管理系统。资金管理系统是在交易市场中被人们提及最多的一个话题，很多人都知道要做资金管理，要控制自己的风险，但是真正能做得好的人并不多。一个完善的、可执行的资金管理系统会成为交易者迈向成功的重要阶梯。

其实资金管理系统很单纯，它的作用就是让交易者在糟糕的交易之后还有能力继续留在市场中继续交易。下面就让我们按照自己的行为习惯，制订一套个性化的资金交易系统吧。

一个完整的资金管理系统应该具备如下几个要素：

（1）关于目标品种的组合设计

前面讲过，交易者不可能在市场上同时处理多个产品，除非它们相互关联并且价格互动。尤其是短线交易，短线交易者在交易市场上更容易受到价格波动影响，他们有时候甚至在 1 分钟之内做出反决策来处理头寸。所以设定一个合理的交易品种组合至关重要。

（2）计算风险收益比

所谓“风险收益比”是指，交易中可能产生的盈利（也被称为预期盈利值）减去开仓价，与开仓价减去交易中可能产生的亏损（也被称为预估亏损）相除得出的值。

风险收益比 =（预期盈利值 − 开仓价）/（开仓价 − 预估亏损）

以螺纹钢为例，如图 5-6 所示。

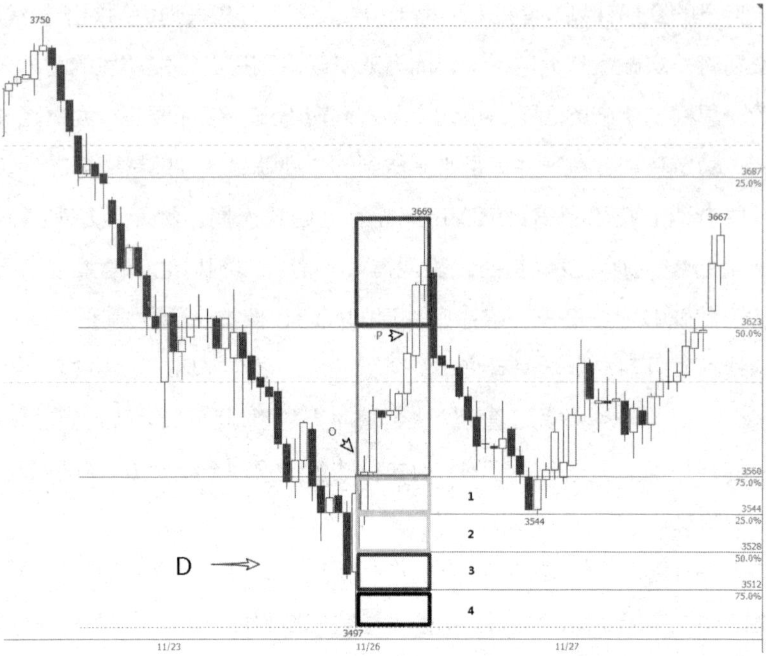

图 5-6

从图 5-6 中可以看出，这波螺纹钢的价格从前期低点 3 497 开始触底反弹，并且回到了我们所设置的前期下跌通道的 25% 区间之上，此时多头连续拉出两根波幅较大的阳线，于是我们决定在此上行区间的 25% 区间之上建立头寸。

O 点为入场点，入场价格为 3 562。我们的目标获利价位应该在这条上行通道的 50% 区间以上，那么我们就把此区域的第一获利验证区间放在 P 点上，目标价格为 3 623。此时我们在开仓位下方建立一个止损预设区间 D 区间。与我们的获利区间类似，我们也将止损预设 D 区间从开盘为 O 点下方，到前期低点 3 497 按照百分比分成了 4 个区间。这 4 个区间就是我们交易的止损区间。

从上述风险收益比计算公式可以得出上方收益区间的值为：

P−O=3 623−3 562=61

下方风险区间的值分别为：

O−D1=3 562−3 544=18

O−D2=3 562−3 528=34

O−D3=3 562−3 512=50

O−D4=3 562−3 497=65

接下来计算 4 个区间的风险收益比，可以得到以下数据：

1 号区间的风险收益比为：3.38

2 号区间的风险收益比为：1.79

3 号区间的风险收益比为：1.22

4 号区间的风险收益比为：0.94

现在这笔交易的风险已经非常明确了，我们在可接受风险范围内能够一目了然。交易者可以根据此公式计算自己预设交易的风险收益比，从而由此来决定自己的风险范围。但是一般来说，并不推荐将价格的止损区间放置在 D2 区间之下。理由是显而易见的，资金管理系统存在的目的就是规避过高亏损，保护资金安全。将交易者对未来可能要承担的亏损的恐惧化作可量化的具体数值，通过对数值的计算和评估让止损变成一个有效而可控的行为。

要记住，止损不仅仅是离开市场，一名优秀的交易者懂得如何运用止损来重新开始自己的盈利计划。没有任何一笔亏损是值得等待的，尤其是超出区间范围的亏损扩大的情况一旦发生，交易者就应该立即无条件离场。

要知道交易者在开盘前所做的所有措施、策略都是为了预防自己在交易市场中迷失方向。所以应该坚决根据资金管理方案去执行策略，否则一切努力都会付诸东流，亏损会以比你想象的更快的速度击倒你。即使你在盘中交易的过程中总是觉得策略执行起来困难，也应该立即离场。离场后，让自己冷静下来，再观察策略是不是真的有不合理的地方并进行修改。千万不要在交易市场中踯躅不前，犹豫不决是交易的大忌。

5. 设置账户交易资金占用上限

以沥青为例，目前沥青的一手保证金价格为 3 000 左右，我们用 10 000 起始资金计算，那么一手沥青所占用的资金比例就是 30%。

一般来说，不建议交易者重仓交易，对于任何超出账户总资金占用率 50% 以上的交易，都要慎重考虑，满仓交易更是不可取。因为交易者在进入交易市场之后，必然会面临风险，亏损是必须要考虑的，交易者必须为可能到来的风险留出足够空间。

交易市场是多变且充满不确定性的，过高的资金占用率会带来很大的交易压力，而并不是每个交易者都有较高的抗压能力，所以交易者需要用技术分析来提高交易胜率，用资金管理降低风险，以此来确保其交易行为不会因为压力而改变以致发生变形，从而无法准确有效地执行交易策略。这是一个连锁反应，有的时候人们被情绪抓住的速度快到来不及让其做出任何反应，尤其是在交易者原本已经做了充分准备却因为一个小小疏忽被市场抓住的时候。

在任何时候，将交易者击倒的永远都是最大的那笔亏损。所以交易者要将风险控制在自己能接受的范围内，并且用技术手段不断压低。永远不要忽略资金管理问题，平衡风险，让你的钱在安全的部位为你获利，才是在市场中进行交易的最大前提。

6. 设定止损上限

这里讨论的止损上限是按照百分比计算的，是指止损在账户资金投入该品种的总资金中的比例。计算该数值非常重要，它会告诉交易者当前资金可承受的连续亏损次数上限。

以之前的螺纹钢为例，如图 5-6 所示，假设以 D1 区间为止损点，那么让我们来看看，当这笔亏损发生之后，会发生什么。

螺纹钢的保证金目前约为 4 450 元 / 手，每手螺纹钢是 10 吨。当前交易策略不变，开仓点、获利点以及止损点不变，下面开始计算：

D1 区间的亏损值：（O−D1）×10=（3 562−3 544）×10=180 元

按照目前国际期货市场较为通行止损上限 5% 来计算，假设当前总资金是 10 000 元，那么止损上限就是 500 元，则：

500/180=2.78

该数值是告诉我们，当前按照如图 5-6 所示的交易策略执行下去，最高可承受的连续止损次数是 2 次。

这就是说，在任何情况下我们以此交易方案入市，当连续两次止损后，就应该保持观望，不要再贸然参与其中。这是系统对不安全的交易所发出的警告，此时及时离开，我们便能全身而退。

对交易者来说，再也没有什么比将资金控制在自己手上更让人感觉踏实的事情了。这也是我们建立资金管理系统的最终目的，按照最简单的办法将止损、盈利、可以交易次数、保证金占用比例全部量化，变成可观测的数值，然后带入系统中。只要你遵守系统规则，利润自然会来。

第四节　持中策略——以不变应万变的智慧

1．去市场家里做客——市场的三幅面孔

在交易市场中，我们总会面临很多不同的情况。我们用各种方式将标的市场做细分，利用技术指标来确认，以达到获取足够多的信息的目的。本节将用一个完全不同的侧面，换一个角度来看待市场。

这就宛如电影中的第一人称视角和第三人称视角。之前我们都是用什么第一人称视角去看待市场、处理问题，现在让我们跳出来，用第三人称的上帝视角来看待市场，就会发现平时被忽略的问题。

第三人称视角与第一人称视角不同的是，我们不仅能看到我们的交互方在做什么，同时还能看到自己在做什么，从这个角度来看问题往往会表现得更为客观。其实对交易者来说，有时候不可避免地会保留主观意识，对于市场交易者必然会选择一个立场，是多或者是空，交易者会选择其中的一部分，然后为这部分的动能贡献出自己的头寸。

然而交易者又必须保持客观的态度，保持自身思想的开放性和灵活性。身为交易者，可以持有个人观点，固有立场，但是不应该过分自信。毕竟交易者是要贴近市场跟着市场的节奏去处理头寸的。过于刚愎自用，企图用自己的头寸和市场作对是不会有利可图的。

那么现在就让我们以第三人称视角来看看市场与之前有什么不同。现在我们不管多空方向，用一个离场观望的第三人称视角来根据单纯的动能振幅观察

市场，我们发现，单凭这样的动能振幅可以将市场趋势分为如下 3 个部分：

（1）强势的动能区间。（2）动能较弱的盘整区间。（3）频繁发出假信号的陷阱带。

现在先看一下这 3 种市场的价格形态，如图 5-7 所示。

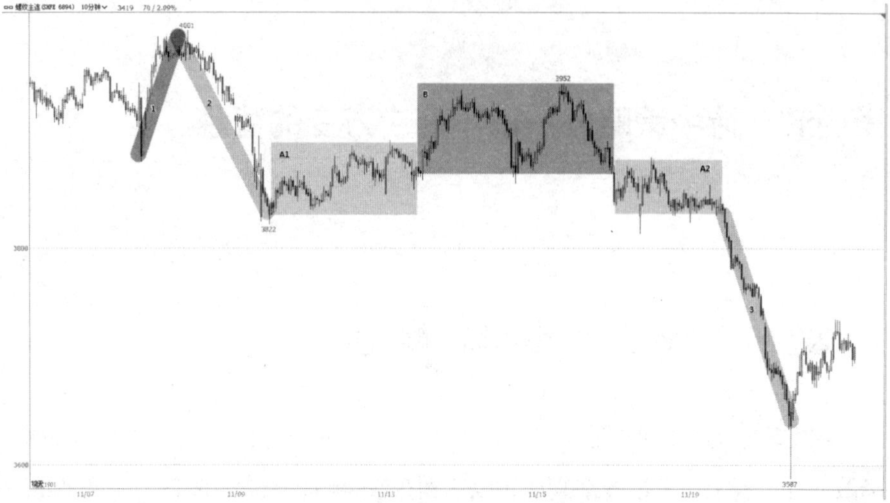

图 5-7

从该图中可以看出，1 号、2 号和 3 号波段区间是我们常说的强势动能区间，它的特点就是 K 线波幅快速增强，同向趋势 K 线波幅远远大于劣势线，动能呈爆发式增长，在此区间内顺势入场，胜率会大大增加。强势动能区间特征极其明显，非常容易分辨。我们可以将它看成市场友善的一面。

接下来看 A1 和 A2 区间。这两个区间则是典型的动能较弱的盘整区间。其中，A1 部分盘整区间较宽，A2 盘整区间由宽变窄。这两个部分都说明了盘整区间的操作性极差，在这种区间内是没有利润空间的。

这种区间看起来很糟糕，但是这种价格形态下，市场发出的信号也很明确。整个区间内的价格基本上完全是在一个相对稳定的区间内，上下来回不断地震荡着。市场几乎是在大声喊：“不要交易，这里没有你的利润。”所以将这种区间视为市场拒绝的一面。

现在来看 B 区间。从价格形态上来看，B 区间像极了我们之前所说的价格突破反转形态——双重顶，也被称为 M 顶。虽然略有变形，但是并不妨碍我们分析它。

从图 5-7 中可以非常清晰地看出 A1 和 A2 与 B 区间的关系。

其中，价格在经历前期高速下跌后，进入 A1 区间开始盘整，并且从该图中可以看出，价格是从小幅盘整开始慢慢向 B 区间扩大发展，震荡区间逐步加大，这代表市场的分歧逐步在加大。

价格在经过 B 区间的处理后，进入 A2 区间。有意思的是 A2 区间与 A1 区间恰好相反，是经由较高波幅的震荡开始走向较小波幅的震荡，震荡后期的波幅只有前期的三分之一。由此看来在 A2 区间内市场的多头和空头逐步达成一致，动能趋向一致，接着，市场就进入 3 号区域开始继续下行。

可以说，A1 区间和 A2 区间在两拨下跌动能的结束和开始之前都起到过滤的作用。而 B 区间则完全不一样，B 区间就像一个拿着苹果的巫婆，诱惑着懵懂的交易者吞下有毒的果实，这也是市场的另一面。

一般来说双重顶的作用只有一个：实现价格反转。

从图 5-7 中可以看到，这个略有变形的双重顶的颈线部位贴近 B 区间的下沿，而它的两个突破点分别立于 B 区间的上沿，并且在第二个顶上建立了短期新高。这非常诱惑人。要知道在短期新高 3 952 出现之前，价格是从颈线部位飙升而至的。一根接着一根连绵不断的大阳线，简直就是发给多头交易者的红色邀请函。

交易者在这里产生进场的念头并不奇怪，但是在这里要注意一点——K 线形态。这点非常关键，我们知道 K 线是交易市场中最客观、最诚实的。K 线永远不会说谎，市场上发生的一切都能在 K 线中体现。

在这里观察一下这波上行的 K 线，细心的你一定会发现这么高的部位竟然是由两根长阳线造就的，而其他的部分则是由相对较短，拖着长长影线的 K 线打造的。换句话说，多头并没有我们想象的那么信心十足。

或许有些交易者狂热，但是他们的狂热消退得也很快。你会发现在这些越来越接近新高点的持仓中并没有更多的多头参与进来。更多的多头，即那些经验老到的成熟的多头交易者在越来越接近新高的部位获利离场了。所以 K 线并不是以长阳线冲向了新高点，而是走出了一根带着长长影线的波幅极小的阴线。

这时候，市场的脸色已经很不好看了，多头交易者开始感到不舒服。他们明显感觉到了市场的拒绝，于是他们的信心也开始消退，价格随之走低。但是如此之高的动能爬升，会让一些新手交易者跃跃欲试。他们初生牛犊不怕虎，带着新手特有的乐观，不顾一切地走进市场，去做多。然后我们看到，陷阱来了，价格开始持续攀升，虽然以不是很好的形态但确实走高了。要知道，这次几根 K 线的连续上行根本没有走出之前下跌的一根阴线的跌幅。

成熟的交易者都知道，这里是陷阱，是必须要躲开的地方，但是新手交易者看不到，他们对上涨感到满意，信心十足，非常乐观，却没想到危险来得那么快。连续的三根阴线直接将一切结束。尽管 B 区间的尾端仍然充斥着多空的拉锯战，但双重顶的逐渐形成已经确立了趋势的反转。

新手交易者震惊不已，甚至感到愤怒，认为市场欺骗了他们，用阴谋偷走了他们的利润。其实市场从来不会耍什么阴谋诡计，一切都是“阳谋”。“姜太公钓鱼，愿者上钩。”它明确地告诉你，“这是陷阱，不要来”。可是陷阱里总有诱人的东西，并且总有人觉得自己肯定是世界上最幸运的那个。

只有成熟的交易者明白，他们要保护自己的资金，就必须远离不必要的战火，不去不必要去的地方，老老实实接受市场的信号，安安分分地做着属于自己的那份交易，然后端着茶杯静看市场上惊涛骇浪，而自己则处变不惊。

2. 不受欢迎的客人——交易者的雷区

在我的交易生涯刚开始的那些日子里，我总是对市场抱有浓厚的兴趣，喜欢研究各种交易方式，并且在交易的过程中实践。在盘中交易时甚至思想会分为两部分，一部分盯着盘面而另一部分则开始想象如果我换个方法来做会不会更好。然后第二天我就会开始尝试。

然而我却发现，有的时候有些交易不管怎么做都是亏损的，即使我在盘后测算效果拔群但是在实盘操作时却无论从哪个角度切入，都毫无例外地以亏损收场。我甚至开始怀疑是不是这个市场不欢迎我。当时我非常沮丧，同时还带着一丝不甘心。于是我停下交易，开始分析市场，然后我发现了真正的原因所在。

在不断发展的交易市场中，其实每个交易者都有其固有的特点。比如有的交易者特别谨慎，只做相对稳定波段，一旦切入别的相对较窄区域就会心神不宁，很容易亏损。而有的交易者喜欢长期持有仓位，根本不把短线的波动放在心上。同样有的短线日内交易者，假如不在收盘的时候了结仓位那么可能会惴惴不安一整晚，甚至影响第二天的交易。

这些不同交易习惯，造就了每个交易者独特的交易风格。这是由每个交易者不同的风险偏好、性格特点带来的。它属于人类天性的一部分，非常自然，是人们面对问题时的优先预选方案和习惯性处理方式。

这和我们通过后天训练获得的能力不同，这种天性使然，让交易者处理市场中发生的问题时非常快速、流畅，几乎可以凭借直觉做出判断，并且能够做到准确。人们在天性的驱使下，以此为模型建造自己的交易结构，完善自己的交易策略，执行率必然是很高的。用自己的优点去做自己擅长的事情，再也没有比这更理想的了。

如果让一个短线交易者去长线交易者的操作区域，恐怕结果就会变得很糟糕。短线交易者所担心的内容和长线交易者所担心的内容完全不一样，他们对市场的趋势和波段的定义也完全不一样。他们是两个完全不同世界的人，如果一定要让他们立场互换，那么结局只会让人沮丧。

所以，每个交易者其实都有属于自己的交易领域，那是他们的舒适区，他们在那里觉得安全、自信，能够持续地获利。当他们走出此领域时，会立刻感觉到风险，而让自己暴露在风险中，是任何一个交易者都不愿意去做的，尤其是去一个自己不确定、没有把握的地方。

在交易市场中，没有把握就等同于较低胜率，这是每个交易者都不喜欢的。所以我将这个地方取名为交易雷区。

对交易者来说，最佳选择就是在舒适区里交易，并且将利润扩大。离开交易舒适区会使其优点被埋没，进入交易雷区交易更会使其武器失去作用。在舒适区，我们用的是我们的优点和长处去获利，利润唾手可得。在雷区，我们则很容易失去我们的优势，暴露我们的弱点和短处，自然就很难获利。毕竟对有些交易者来说，他的雷区可能正是别人的舒适区，用自己的短处去和别人的长处博弈，必然要败下阵来。

不仅如此，对交易者来说，交易雷区可能不仅局限在交易模式，还存在于市场的各个方面。可能关乎行情趋势，也有可能关乎交易习惯，或者有时候对有些交易者来说甚至是一些产品。对有些交易者来说曾经在某个产品上有过重大失误，再次参与其中也总是无法适应，怎么处理都处理得不好，总是以亏损告终，这就是品种雷区。对交易者来说，有时候并不一定要让自己参与每一段行情，也不是说每个热门品种都是必须追逐的对象。

要记住，交易者的核心利益是获利，而一旦踩雷，交易者的利润就会四分五裂。所以用你的长处去交易，待在你的舒适区，将你的优点发挥到极致，你就会成为最出色的交易者。

3. 以不变应万变——持中策略的应用

经常有人会我："你对现在的行情怎么看？"他们对于我给出的空头或者多头的看法都会表示理解，但是有一种立场却让他们很难理解，即没有立场。

很多人认为在交易市场中进行的是一个零和游戏。要不然就买多，要不然就卖空。每个交易者都应该有自己的立场，如果没有立场那么如何入市？

这个问题很好，没有立场的时候，当然就是空仓观望的时候，根本不需要入市。

在交易市场中，并不总是有长长的下跌或者长长的上涨，有的时候盘整会持续很长时间，尤其是在品种交投清淡的时候，价格会维持好几天在一个相对较窄的区间发展。短期内没有人知道未来的价格何去何从。

如图 5-8 所示，菜粕在 2018 年 7 月以后进入盘整的姿态。从该图中我们可以看到在前期上涨形成新高点 2604 后，几乎整个 7 月价格都在阴影区徘徊。虽然从该图中可以看出多头力量不算很强，但是空头力量也仅仅可以与多头力量形成抗衡之势。在这个区间内，判断市场的方向是很难的。对短线交易者来说，这种市场的可交易区间是很少的。所以在这种情况下，我们可以选择持中态度，既不倾向于多头，也不倾向于空头，我们选择在场外观察趋势动能增加的速度和方向。

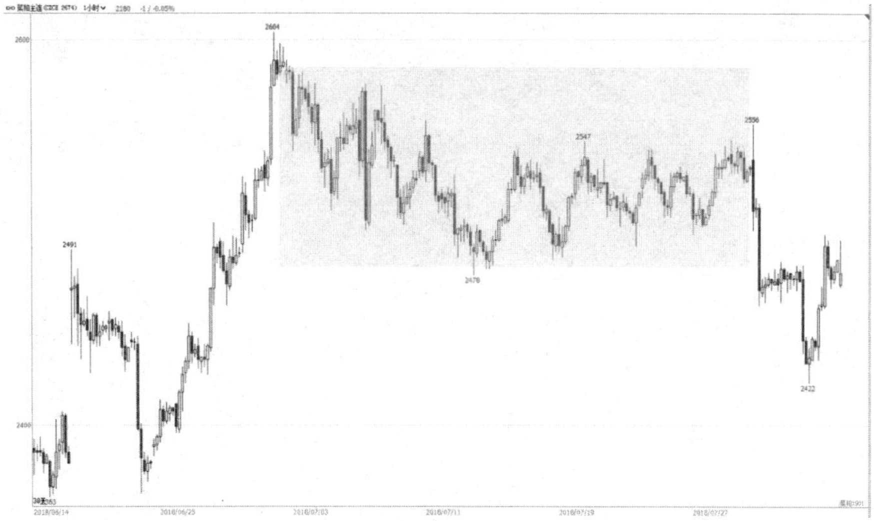

图 5-8

无论是哪个市场，价格趋势都必然要有一个方向来突破，所以在突破之前，我们只要保持观察就可以了，而不是过早地做出判断，让自己的主观意识太强，这会影响我们判断的客观性。

现在你知道了，如果有一天，你在交易市场中忽然发现你很难选择作为多头或者空头去交易，站在多空的任何一方都让你感觉风险很大，不确定性很强，那么此时你就要注意，这说明极有可能你要做一个没有立场的交易者。

持中不言，不以主观意识影响自己对客观市场的判断，是此时最好的选择。要做一个聪明的交易者，而不是时刻都沉迷于市场的劳动模范。

第六章

现在开始就这样交易——获利如此简单

第一节　正确建仓

1. 正确的进场时机是成功的一半——建仓的点位技巧

在前面的篇幅中，讨论过基本面，讨论过消息面，讨论过信息的归纳与整理。我们已经很明确信息的及时获取对我们交易行为的重要性以及对市场行情的影响，但是作为短线交易者，信息对我们来说，终究只是一个辅助手段。在实际交易中一招制胜的法宝通常是技术分析带来的。

要知道，基本面信息的分析虽然有助于我们掌握所交易产品的趋势大方向，但是当基本面回归到盘面时，这个事件到底什么时候会引爆市场的情绪？到底会如何引爆趋势的反转，造成市场的波动？我们又将如何及时掌握这样的波动？这些问题就出现了，而要解决这些问题，就必须利用技术分析。

对技术分析型交易者来说，几乎市场中的所有事件都在行情走势图中表现了出来。无论哪种信息，只要你读懂了趋势图就会知道市场行情的发展，紧紧跟上。你不仅可以验证市场信息的有效性，还可以真正地让这些信息为你所用。

现在就让我们用技术分析型交易者的思维模式来进行思考，到底该如何进行交易。如何用一万元开始我们交易的第一天。

在这里，首先引入一个概念——多重时间框架。

前面讲过，任何的主要趋势中都包含次要趋势，任何的趋势动能的发展都会面临回调。在这里引入的多重时间框架能够有效地帮我们筛选掉那些次要趋势，以防止我们在动能处于回调的时候贸然入场并且将一段逆势回调误当做主要趋势去跟踪操作。

在这个利用电脑交易软件进行交易的时代，无论你打开哪个行情软件，都会看见如图 6-1 所示的一排时间选择。

图 6-1

这些时间选择所代表的就是趋势图的时间，1 分钟趋势图、10 分钟趋势图、1 小时趋势图、日线趋势图等。这些不同时间下的趋势发展被称为各类时间框架结构。

一般来说，日线对于判定 2~5 天的趋势方向是非常有效的。而在它的覆盖下，1 小时的时间架构则能够更为明确地体现出在这段时间内的动能发展与回调压力。所以我总是将 1 小时结构和日线结构合并观察，用来判断当前的主要趋势。

当日线和 1 小时线均呈上升趋势时，我就会对放空持谨慎态度，即便在空头动能放大的时候也不会贸然跟空。

相反在日线和 1 小时线均处于下降趋势时，我也不会为了寻求一个所谓的低点而贸然做多，防止资金暴露在风险中。当然如果下跌动能竭尽，回调时持续增压，则是另外一种处理方法。

当这个基本点确立后，我们就可以根据动能强弱和支撑与阻力区间的部位，在分钟线上来拟定交易策略。作为一个短线交易者，我更倾向于做日内交易，因为这样不必担心隔夜风险，让自己所有的利润都能落袋为安。所以我是在 10 分钟线上完成交易策略制定的。10 分钟时间框架是非常值得关注的时间线，在我看来，它是最能体现更短时间框架和中期时间框架过渡关系的时间框架，能够有效地判断回调动能，并将趋势动能进行合理分割。当所有策略制定完成后，最终的执行则落实在 1 分钟时间框架下。我会在 1 分钟时间框架下寻找入场点，保证自己能够获得一个好部位，这样才能事半功倍。

我的交易方向在日线、小时线和分钟线上都获得了支持，这就意味着，我的交易策略是正确的，在此方向上持仓风险是可控的。对于市场趋势方向也能够做出更加明确的判断，多重时间架构区间让我能够更加有效地跟踪部位动能发展，并且让我的支撑与阻力的关键区间划分更为准确。不仅如此，相同的系统在多重时间架构区间可以相互确认，这样大大增加了交易胜率，可以让我们放心大胆地持仓，将手上的利润放大。当你掌握了这些方法时，就可以来看市场切入点了。

所谓的市场切入点，就是你入市的点位，准确地说就是你以什么样的价格入场。或许你要问：“我只要在一个正确的市场趋势方向入场不就可以了吗？哪个点位有区别吗？”我的回答是：“有很大区别。”前面讲过，在每个主要趋势中都有一个或者若干个次要趋势，如果我们在市场中恰好买在一个主要趋势中的次要趋势发动中，那么是非常尴尬的。所以在这里引入一个摆荡指标——随机指标（KD）作为参考。

在前面的章节介绍过它的另一个形态 KDJ，在这里只讨论它的主要形态 KD。随机指标之所以被简称为 KD，是因为它是由一根快速线 %K 和一根慢速线 %D 组成的，前面介绍过随机指标，那么我们应该知道相对于 %K，慢速线 %D 在经过两次 3 期移动平均的平滑处理后表现更加稳定。从图 6-2 中可以看出，作为摆荡指标，KD 线的峰谷转折常常对应价格走势，交易者常常运用它来判断行情趋势的头部与底部。而在大多数时候，该指标在多重时间框架下非常有用。

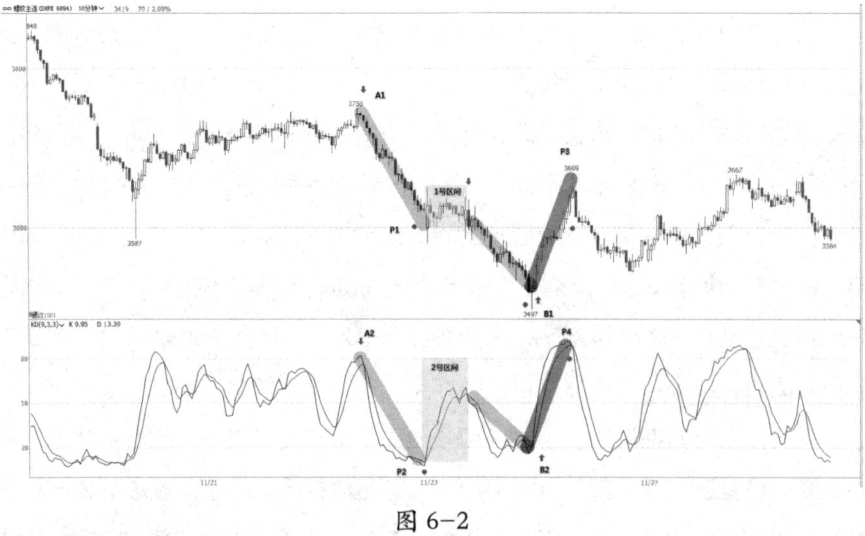

图 6-2

从图 6-2 中可以看出，随机指标的走势图是作为副图出现在 K 线趋势图之下的，数值在 20~80 之间。一般来说，K 值在 80 以上，D 值在 70 以上，我们便将当前趋势行情判定为高价区（超买）。同理，K 值在 20 以下，D 值在 30 以下，我们便将当前行情判定为低价区（超卖）。

随机指标是以收盘价来做判定数值的，并且我们知道，在一个上涨趋势中，收盘价总是无限接近最高价，而在一个下跌趋势中，收盘价则无限接近最低价。在动能强劲的时候收盘价极有可能就是当日最高价，此时，KD 指数就会接近 80 甚至超过 80 这个区间，而当这段上涨动能开始衰竭，收盘价可能会在波幅中间也有可能无限接近开盘价，从而走出较长的上影线，此时随机指标就会离开 70~80 的超买区间掉头向中线靠拢。这是非常明确的动能衰竭的体现。反之，从空头市场的角度来说也是一样的，这里不再赘述。

那么我们应该如何灵活地利用这个随机摆荡指标准确建仓呢？从图 6-2 可以非常明显地看出，当 A1 区间出现时，KD 指标中的 K 线与 D 线从 70~80 的超买区间掉头，进入 A2 区间，并且 K 线穿越 D 线形成交叉，两条线同时向下发展。此时，在 K 线上，价格形成了连续下跌，收盘价不断地靠近最低点，下跌趋势确立。当 K 线持续在 D 线下方，且 D 线与 K 线同时向同一方向运行时，我们就可以将此区域判定为有充分动能的可交易区间。也就是说，这是我们可以进场的区间。在更短的时间框架上运用这一原理，我们将会获得一个非常理想的点位入场，让我们的资金不会暴露在风险中。

在这里，我们必须要密切关注一件事，即假信号。现在继续观察图 6-2，可以发现随着趋势的发展，KD 来到了 20 以下的超卖区间，下跌动能开始变缓，K 线开始向上抬头，试图穿越 D 线，向我们发出买入信号，也就是 P2 区域。但是此时要注意，我们可以将这个信号视为空单平仓信号，在 P1 区域平仓，却不能真的将其视为买入信号。

如该图中 2 号区间所示，尽管 K 线从超卖区域开始上穿 D 线，但是在穿越 50 中线的时候上行无力，最终还是掉头下行再次抵达 20 以下。而同一时期的 1 号区间价格几乎没有太大波动，基本上整体处于横盘的趋势。对于这样的情况我们一般将其称为假信号，或者也可以将其称为指标背离。通常，指标出现背离，就表示动能不足。由此我们看到价格在经过短暂横盘整理后再次进入了下跌通道，并且直接创下新低。

随后价格从 B1 区间开始进入上涨爆发阶段，在 B2 区间内可以看到，K 线离开超卖区间后成功上穿 D 线，并且随着价格的上涨，双线齐头并进，冲入了 80 以上的超买区，表达了多头冲高的强烈意愿。最终在超买区内停留了一段时间后，在 P3 区间内形成了一个较长上影线，下方 P4 区间内 K 线开始下穿 D 线，平仓信号发出。

经过这一轮的分析，我们可以看出随机摆荡指标是一个非常好的点位确认指标，我们只要将其与多重时间框架叠合使用，必将事半功倍。

2. 让你的钱翻倍——增持技巧

在做任何加仓决定前，我们都要先确认一件事，即确保自己的交易都是顺势交易。

顺势交易，顾名思义就是顺着趋势的方向进行交易。这一点非常重要，大多数人的亏损来源于逆势交易，他们热衷于去猜测所谓的顶部和底部，而忘记了顺势而为这 4 个字是何等重要。他们或许在一个回调中贸然入场，并且期待着将这一回调的时间放大，从分钟线上等级的回调，上升到小时线上等级的回调，甚至更长时间等级。

更有甚者会在每一个低点增仓，试图用这样的方式调低整体价格，并且进一步等待价格反弹。这是非常危险的事情，这样的交易会把交易者拖向泥潭，并且其仓位会越来越重，直到交易者无法承受，甚至会影响其止损策略，将一次本可以主动执行的有效止损变成一次被迫执行的、不可收拾的止损。

记住永远不要逆势交易。

好了，现在你已经充分理解这一点了，那么让我们来看看该如何正确地增持。

如图 6-3 所示为塑料的 10 分钟时间框架下的趋势图。

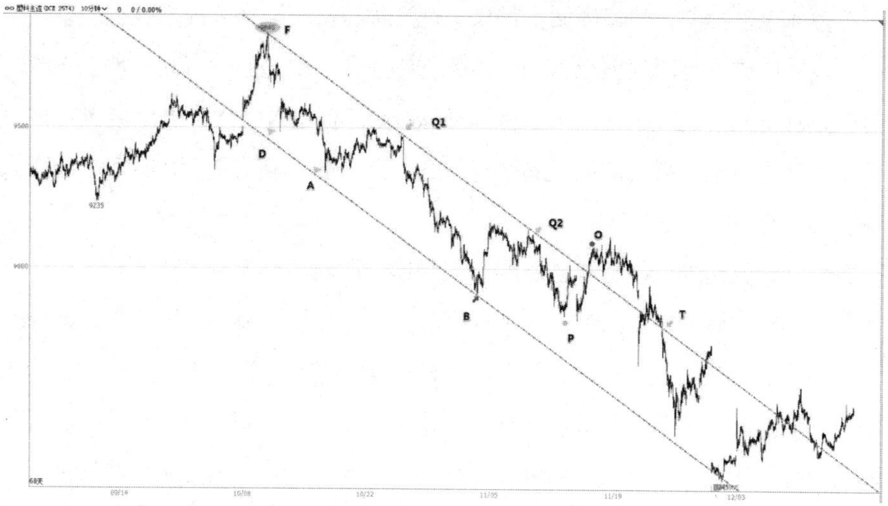

图 6-3

从图 6-3 中可以看出，图中所画的通道中是一个明显的下跌趋势。在这个下跌通道中可以看到几个上升波幅，但是上升波幅都很小，而下跌波幅却远远高于上升波幅，同时价格不断创下新低，并且任何一次反弹都无法突破前期高点，这就是一个典型的下跌趋势。

如图 6-3 所示，假设我们在 F 点已经入场，那么接下来的时间里我们要做的只有一件事，就是跟踪趋势动能。

设定一个这样的动能通道可以非常有效地帮助我们判断动能是增强了还是正在走向衰竭。从该图中可以看出，价格在 D 点创下当前新低。那么这个点位就形成了我们所说的动能验证区间，因为我们知道，下跌趋势动能扩张的一个最为显著的价格表现就是屡创新低，并且每一次反弹回调的高点都小于前期高点。这样的价格趋势，在该图的通道中表现得尤为明显，也就是反弹的价格无法突破通道上沿。在这样的趋势里我们可以大胆地持仓并且酌情加仓。

那么什么位置是最佳增仓点呢？

随着价格的发展，我们发现在第一次新低 D 点建立完成后，价格开始回调，但是回调非常乏力并且加速下跌靠近通道下沿，此时创造了一个新低点 A 点，A 点价格小于 D 点。这是一个动能扩张的阶段，然后价格在 A~D 区间内盘整，并且开始靠近下跌通道的上沿，到达 Q1 位置。在这里就形成了我们之前所说的主要趋势——下跌的过程中形成了一个次要趋势——上涨，此上涨幅度必然小于整体下跌幅度，但是依然会带来可观波幅，甚至会形成放量成交。

我们应该非常清醒地意识到，只要价格还在下跌通道内行动，那么下跌趋势就还在继续。而每一次小的反弹恰好是我们增仓的最佳时机。但是记住，千万不要在价格上破 Q1 位置的时候增仓，而是要等到价格回落到 Q1 位置之下，再增仓。

为什么要这样？你可能会质疑："我这么做岂不是错过了头部？"

当你有这样的想法时就一定要非常小心了，行情的发展永远不会只朝一个方向进行，尤其是当你打开多重时间结构框架时你会发现，有很多时候，价格在不同的时间框架下走势并不一样，并且不管在哪个时间框架下，都会出现回调和反弹的行情。甚至有些时候，反弹的力量又快又猛，远远超乎你的预判。如果你在这时进场，很有可能一次放量成交就会直接击穿你的止损线。这时你甚至会怀疑是不是行情趋势发生了反转，从而反手去做单，然后当真正的行情回归的时候被再次清算。

这是非常糟糕的结局，是我们每个交易者都要避免的。所以看好 K 线，看好多重时间框架下的趋势确认，在价格回归到 Q1 位置以下重新进入下跌通道的下行方向再开始增仓。这时，向下的动能已经打开，再次经历反弹的风险就会小很多。

要记住，我们每一次的增仓都必须保证交易方向的动能是充分的，千万不要在动能衰竭的市场中追价，更不要在动能衰竭的市场中反复增仓。因为动能衰竭的市场有一个典型的特征，就是价格会在较短时间框架下进入一个横盘整理的区间。所谓横盘整理区间是指价格在一个相对较窄的区间内反复波动，波幅很窄，上下方向不确定，任何一个方向的动能都不明显。在此区间持仓是非常困难的，而且最容易形成假突破，极具欺骗性。这时，我们的多重时间框架就能及时发挥作用，让我们在更高的时间结构里看到更为明显的趋势，而不会被短期的次要趋势迷惑双眼。

有些交易者，其中不乏有一些资深的交易者，甚至会特地在短期时间结构上，寻找一个次要趋势部位去做反弹。心里想着："我知道，这波下跌很强，但是这波反弹我看得也很准，我只做一个小部位，赚点小钱很快就走。"多么美好的想法，多么明确的思路。然而这样操作真的能获得利润吗？很难说。要知道反弹之所以被称为反弹，而不是真正的上涨趋势，是因为反弹的动能随时可能结束。有可能是在你开仓进场的这根K线上结束，有可能是在下一根K线上结束，甚至有可能直接进入一个横盘整理的区间让你既无法止损又无法获利，然后毫无预警地直接进入真正的趋势中。

市场不会管你是不是在动能衰竭的时候入市，也不会看你有没有获利。与趋势抗衡没有任何意义。这些部位的风险和回报比非常不理想，除了损失资金和让人沮丧之外不会带来任何好处。所以一定要记住，顺势加仓，顺势持仓，不要与趋势作对，顺势而为。

现在回到图6-3，可以看到在第一次增仓后，下跌动能开始进一步扩张，加速下行，到达了B点。这是一个非常重要的部位，我们可以清楚地看到B点明显阳线增多，价格在此区间经历了多次上行试探，并且几度欲向下突破的尝试都失败了，价格开始反弹，这次反弹力度很强，从该图中我们可以看出，反弹部位一度到达了下跌波幅的50%左右的位置。这是一波很强的反弹，但是要注意，这次反弹并没有触及下跌通道的上沿。这是一个非常重要的信号，表示下跌动能并未结束，持仓安全。此时我们便可以在价格趋势发展到Q2区间后，重新回归到下跌通道，并且在开始下行发展的时候再次增仓。

这是下跌动能的第二次扩张，很明显，这次动能强度很大，在经过Q1的发展后，Q2下的区间明显有些动能不足，甚至疲软。反复地回调尝试，进一步表现出空头乏力。所以当价格到达P点并且表现出明显的通道下沿贴合困难的时候，就应该想到下跌动能已经开始衰竭了。此时，我们要做的就是果断离场。

如图6-3所示，P点是最佳离场点，而O点则是止损点。当价格突破了下跌通道上沿，并且创出新高时，无论你手上的部位多有利，无论你有多大的把握看向下一步的下跌，都应该立刻离场。因为离开下跌通道的反弹，下跌动能已经衰竭，谁也不知道下一个反弹会不会变成真正的趋势。我们不应该去赌一个可能，而是要将不确定性降到最低，将风险降到最低。这才是一个成熟的交易者真正应该有的策略。

3. 让你的钱平稳落袋——用策略持仓而不是期望

持仓其实是一件很枯燥的事情。因为你在开仓之前已经定下了策略，并且经过反复衡量终于找到了点位入市，然后剩下的时间便是观察和持仓。

那么观察什么呢？观察市场动能，观察趋势变化。在多重时间框架下，验证我们的策略是否真实有效。因为我们并不能总是保证我们的策略一定是对的，我们总是通过历史来统计数据，通过结果来验证对错。在持仓过程中，我们永远不知道下一根K线到底是涨还是跌。这种不确定的情况非常容易令人动摇，甚至让人怀疑："我这样的策略是不是错了？"

有这样的想法很正常。在一根K线没有走完的时候，谁也不能拍着胸口打包票说，自己的策略一定是百分之百正确的。我们总是在行情不断发展中，对我们的策略进行微调。

记得在我刚开始交易的头几年，我既有着新手的好运，同样也有着新手的忐忑。当每笔交易开始产生利润时，我就特别地担心，担心亏损，担心突发事件，尤其担心自己的利润会被吃掉。我常常检查K线状态，恨不得把会看的指标每隔1分钟检查一遍。那时转盈为亏是我最不能接受的事情，甚至比开仓即亏损更让人难以接受。于是我开始惶恐不安，哪怕一个小小的无伤大雅的回调也让我心惊肉跳，并且立刻了结出场。最终我丢失了部位，错失了赚大钱的好时机。

当时，对我来说，主动止损和被迫止损其实差不多，我认为亏损就是亏损，总是备受打击。所以我特别害怕亏损，害怕止损。这样的心态让我总是等不到趋势动能发动就匆匆离场，然而当我拿着那些蝇头小利匆匆出场之后，真正的行情发动了。而这时我却又因为错失部位而错失了最佳的进场时间，懊恼之余也只能"望趋势而兴叹"。

这样的打击真的很令人沮丧。此时你再次回头去查看你的策略，你会发现根本还没到你的出场点。所以说，为什么不用策略持仓呢？要知道，你的策略是在你远离市场的时候写下的，那时你的心态还没有被市场的波动所影响，是你在最为理智、冷静的时期做出的判断，这个判断是值得信赖的。

大多数人，实际上在内心深处都是不愿意面对亏损的。这很正常，我们如果不想盈利，就不会做那么多功课，那么多准备了。但是作为一个成熟而专业的交易者来说，亏损是必须要面对的，而且必须积极面对。所谓积极，就是不被糟糕的心态和消极的情绪所左右，保持冷静和理智，利用既定的策略完成最容易被影响的部分。

一笔交易在持仓的过程中转盈为亏，或者从刚开始的一点点亏损变成了较大的亏损这件事，几乎每个交易者都曾经经历过。随之而来的不可避免的坏情绪很容易将人吞噬，这时我们特别容易陷入一种怪圈，就是等待。

放弃运用策略，而是单纯地等待，并且在等待的过程中保持出奇乐观的心态。

等一等吧，或许一会儿就会反弹了。

等一等吧，这根 K 线走得很好，说不定马上就要逆势反转，我就能扭亏为盈了。

等一等吧，肯定会好的。

然而事实证明，90% 的交易者在放弃了他们的策略，用期待去持仓的时候往往都会付出惨重的代价。亏损部位无限扩大，原本还有的些许利润被啃噬得一干二净，从可以主动挽回局面，重新开启下一次交易，到损失惨重被迫离场。被沮丧压垮、被亏损打倒的人比比皆是。

这是人工交易与量化交易的最大差别，人工交易的最大弱点恐怕就在于此。人们在面对困难的时候，总会习惯于祈祷。或许放弃，将一切交给期望比保持理智、沉着判断、快速执行更加容易些，可是利润永远不会因为你期望获取便能获取得到。

人无完人，我们都会被情绪左右，都会有心情不好的时候。正是如此我们才非常需要一份完整的策略，让我们有所依靠，能够渡过难关。市场是冷漠的，市场不会为你的期望买单。市场根本不关心你是不是逆势交易，也不关心你的入场点是不是恰好卡在了横盘位置，上下动弹不得。K 线就是 K 线，K 线非常单纯。所以我们也要单纯，用策略来匹配市场，用趋势动能来验证策略的有效性。时刻注意观察自己，让自己保持冷静、理智，具有纪律性，以确保我们可以真正地执行我们辛苦制定的策略。如果策略失效，就立刻离场，不要慌张，也不要迷恋市场。市场不会给你安慰，更不会降低你的亏损。你能做的只有离场，然后冷静地审视自己，为什么策略会失效。

任何一个成熟的交易者都明白一件事，“如果这个系统能为我赚钱，那么我一定会反复地用”。因为这样的系统已经在市场中被证明有效，拥有充分的优势。既然如此，那么我们还有什么理由不去用它获利呢？相反，那些没用的、失败的系统则应该被立刻砍掉。因为那是妨碍我们获利的失败品，在失败中祈祷，并不会让失败变成成功，只会让情况更糟。可若是我们能够及时地走出来，并且从失败中审视自己的问题，那么这次的失败就是有意义的。

所以记住，在任何时候都不要将盈利的期望交给市场，更不要在失败中等待、沉溺于此。用策略持仓，用执行力获利，要相信你的策略给你带来的利润，远远比你双手合十的祈祷更有效。

第二节　有效判断动能

1. 学会倾听——掌握市场节奏

在任何市场中都存在周期性。周期是价格与时间的游戏，并在我们所绘制的图形中形成一个不断向前发展的波浪。起伏循环，永无止境。在不同时间框架下所体现的波幅区间各不相同，然而在每一个价差区间、每一个时间框架内，价格区间又都有一个共同点，那就是它们都是从小到大地发展。

回顾历史数据，我们可以发现市场从来不会突然爆发，价格很少有一飞冲天的情况。市场总是在多空两个方向不断地来回测试，最终形成一个突破点，放量增长。这是我们喜闻乐见的情况。对交易者来说，没有突破、爆发的市场宛如一潭死水，如果一直这样波澜不惊那么身为交易者的我们就会一无所获，无功而返。我们渴望价格的突破，渴望趋势的爆发，并且要在趋势爆发的时候参与其中。

从市场的角度来说，这种从小到大，从平静到爆发的过程就是我们所说的动能聚集的过程。我们必须非常小心地观察市场，表现得比大多数人都聪明，在动能开始聚集的时候，就开始判断此次价格突破的时间和动能聚集的情况。

对有些人来说，他们并不能有效地判断市场的动能会在什么位置爆发，也看不准价格的突破点，所以他们选择在动能发动之后，跟随入场。这其实无可厚非，不同类型的交易者会有不同的策略。但是对短线交易者来说，一旦错过动能爆发点，再入场，所持头寸极有可能就会暴露在风险中。

对市场来说，趋势动能不可能无限扩张，总有趋向衰竭的时候。当第一次放量完毕，极有可能会进入一个回调阶段。市场会冷静下来，交易者开始观望，多空开始角力，价格在此时会表现为停滞不前，或者在一个相对小的范围内来回调整，直到多空双方决出胜负。

作为短线交易者，如果在此时入场无疑将会深陷角力之中无法自拔。更糟糕的是，当调整的区间开始扩大，就意味着其风险也在跟着放大。

或许中长线交易者可以保持持仓，因为他们总是用更少的仓位来寻求更长远的利润，而短线交易者则不同，他们寻求的是精准出击，一击必中。没有人愿意深陷泥潭，交易者都想获利，可是当你在一个错误的时间去了错误的地方，等着你的必然是失败。

现在你应该清楚了，追价没有任何好处。我们要做的是掌握市场的节奏，看准市场的脉动，然后紧紧跟上。

可以说，几乎市场上所有的信息都会以价格波动的方式体现在盘中，而我们要做的就是运用技术分析的手段来看看市场到底在说些什么。倾听市场的声音，应该是每个交易者开始交易前的必修课。

那么市场到底在说些什么呢？现在我们用一张图来看懂所有市场的语言。

如图 6-4 所示为螺纹钢 1 小时时间框架下的 K 线图。在我们所标注的 1~6 号区间内，可以看到在 1~3 号的下降通道内，价格总在每次大幅下跌后，开始小规模的反弹。从该图中标记的 1 号点、2 号点和 3 号点可以看出，几乎每次形成一段较大波幅的下跌后，都会走出一根波幅略小且收盘价离最高点较远的 K 线。而这样的回调 K 线通常具有如下 3 个特点。（1）最高价低于前一根当前主要趋势下的 K 线的最高价。（2）收盘价低于前一根当前主要趋势下的 K 线的开盘价。（3）K 线波幅小于前一根当前主要趋势下的 K 线的波幅。

我们将这样的 K 线称为劣势 K 线。

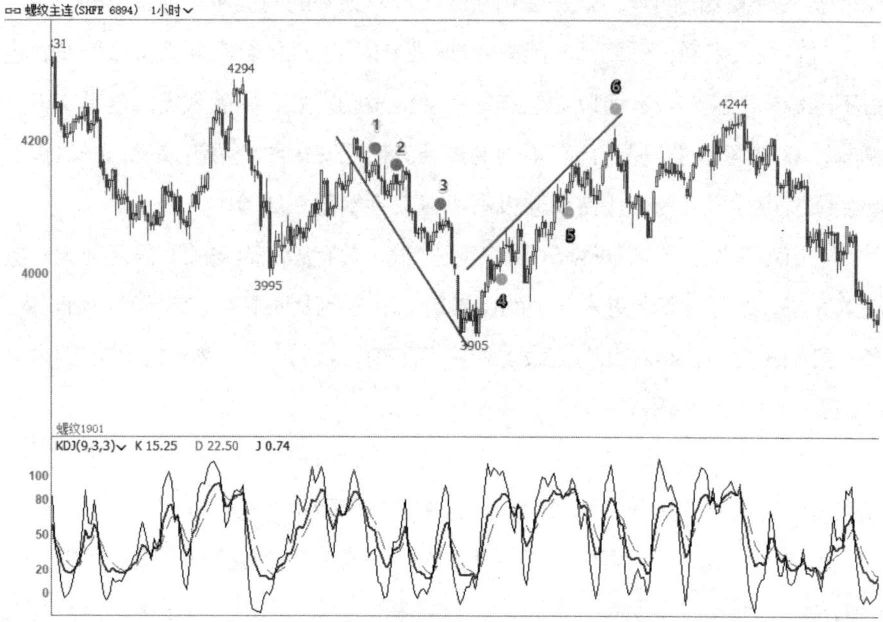

图 6-4

如图 6-4 中 1 号点所示，在一根波幅较大的阴线确立动能后，随即走出了一根波幅较小但最低价低于前一根 K 线的最低价的阴线，此时我们可以判定下跌动能有所减弱，但是趋势方向不变。紧接着，在这根 K 线后，走出了一根劣势 K 线。劣势 K 线的出现表示市场动能开始减弱，并且开始进入回调状态，但是时间不会太长，趋势方向不变。价格很有可能在此处进行小幅盘整然后继续下跌。而在相对较短的 15 分钟时间框架下，同样的下跌，同样是在 1 号点，却形成了完全不同的形态。

从下图 6-5 中我们可以看出，同样是在 1 号点，但是在 15 分钟时间框架下价格的发展已经不再是一根或两根劣势 K 线，而是变成了一小段趋势。但是我们可以非常明显地看出，这种劣势 K 线的动能是不足的，即便是多根同向排列，劣势线的动能也小于当前主要趋势上的 K 线动能。这是非常容易迷惑人的，当出现这样的趋势时我们一定要非常小心，要十分耐心，捂住自己的钱袋子，不要被这种劣势 K 线所欺骗。一旦你失去耐心匆忙入场，想在这种行情中赚上一笔，那么随即而来真正的动能爆发的 K 线会毫不留情地一举击穿你的止损位。到了那时，你所能做的就只有止损离场。

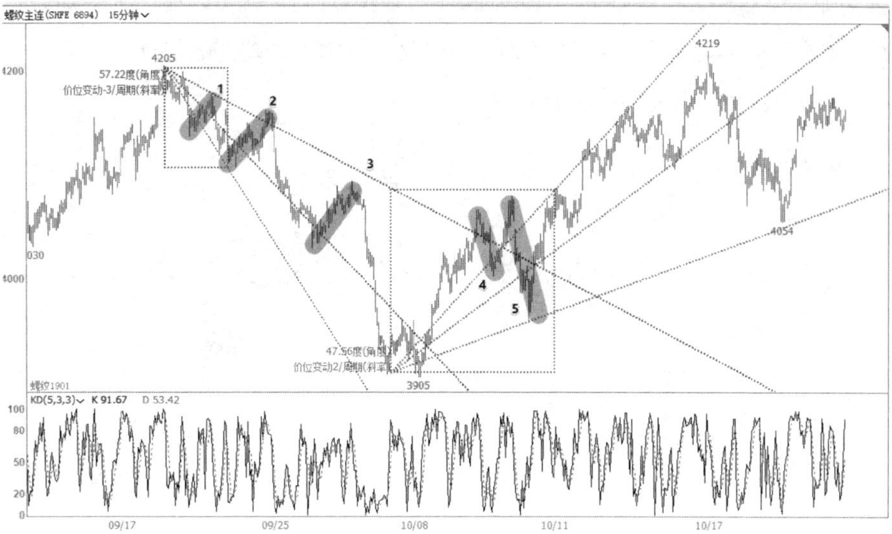

图 6-5

所以记住，一定要听清楚市场的节奏，跟随市场的脉动走。不要试图在劣势 K 线组成的区间内获利，更不要因为在劣势区间有了一些蝇头小利就沾沾自喜。我们应该去追逐真正的动能，建立有效的部位，而不要为了蝇头小利，在狭窄的劣势区间内耗费精力，从而错失有效部位。

交易是一件很消耗精力的事情，合理分配精力是自我管理的一部分，而我们要做的就是将有限的精力放在真正有效的部位上。持有，并且稳定获利。

2. 顺势而为——跟随市场动能

如何把握市场动能？对市场中动能的突破、爆发、积累、衰竭如何判定？在这里我们将运用价格形态的判定技巧，将一切尽在掌握中。

价格突破可能是整个交易市场中被人们讨论得最为频繁的话题，那么到底什么才是价格突破呢？所谓价格突破是指市场价格击穿某一个支撑或阻力区域，形成一个当前 N 天来的新高点或新低点。

有很多交易者都喜欢把突破交易系统作为策略首选，突破交易系统的优势，通过上一节分析的市场动能节奏可以明显看出，一个有效的突破，可以带来市场动能的爆炸点，只要我们正确跟踪价格的突破方向，就可以在市场中顺势而行，在每一次爆发行情来的时候确保自己身在其中，才能有效获利。

以下跌为例，如图 6–6 所示。

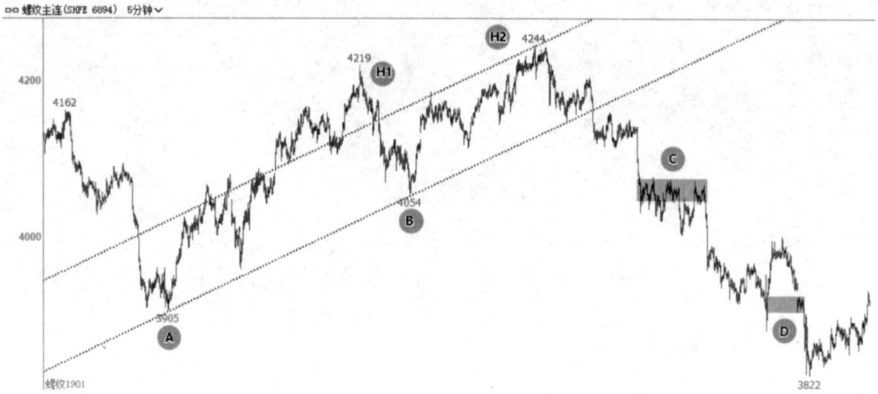

图 6–6

在图 6–6 中的一段上行区间内，价格从前期低点 A 点开始出发，向上多次击穿上升通道的上沿，形成了多头的第一次突破行情。这段行情保持着高速动能在上行通道的上方扩张，并且沿着上行通道的上沿形成了一个新高 H1，但是价格并没有随即连续向上突破而是开始回调，回归到上升通道中开始向下运行，随即在通道下沿建立了新低点 B 点。我们可以看到，此次下跌所形成的新低 B 点远远高于前期低点 A 点，并且没有击穿上行通道的下沿，所以在这里我们保持多头态度，并且在价格结束调整开始回头往通道上沿发展的过程中开始不断做多，最终价格再次击穿上行通道，并且建立了当前新高 H2。

此时值得注意的是，虽然数值表现为 H2>H1，但是沿着上行通道上沿发展的趋势并没有形成突破，我们可以明显地看到动能的衰竭。阳线的波幅不断地缩小，阴线的波幅不断地扩大，价格开始走低。但是此时我们只能判断出多头动能的衰竭，仍然很难判断空头的动能大小，所以此时我们选择了结多头部位离场观望。

我们可以看到，随着时间的推移，连续数根阴线直接击穿了上行通道的下沿线，宣告了多头趋势的正式结束，但即便如此空头仍是谨慎的，它们和我们一样并不急于进场。当大多数交易者对市场持观望态度的时候，市场价格就会趋于横盘，价格会在很窄的一个区间内来回角力，多头和空头会不断地试探两边的方向。

此时激进派已经开始准备入场了，因为价格击穿了上行通道的下沿线，所以空头入场的信心远远比多头来得充沛，于是在一根长长的阴线之后，空头占了上风。空头积蓄了足够的动能开始连续下跌。在 C 区间我们可以看到，价格已经很快来到了前期低点 B 点的位置，并且连续击穿了该位置，价格更多的时候在 B 点之下运行，C 区间变成了一个非常有效的动能验证区间。

在这里需要注意的是，该区间是有时效性的，我们一定不能忘记之前所建立的多重时间框架。此框架会帮助我们充分验证动能的有效性，并且告诉我们发动的时间。

在 D 区间也是同样的情况，D 区间的参考区间是前一轮多头行情的起始低点 A 点。在第一次触及后，回调乏力后再次进入 D 区间并且直接击穿。由此我们可以看出，C 区间和 D 区间是典型的突破区间。在矩形形态被突破后，市场动能得到释放，一波真正的下跌由此拉开序幕。

在市场上，发生价格突破的情况有很多种原因。可能是因为地缘政治，或者因为供需关系发生了变化，也可能是政策因素。我们很难将市场的价格即时地与各式各样的消息挂钩，但是我们能从盘面上看出区间的技术性突破形态，也就是我们利用技术分析的手段所建立的各种趋势通道、方向排列和价格形态所告诉我们的。

在技术分析中，我们不仅常用矩形工具来测算区间压力，还会用到双重顶和双重底，以及头肩顶和头肩底这一类非常典型的价格形态对趋势进行判断。在突破价格形态判断中双重顶的应用非常广泛，并且非常有效，如图 6-7 所示。

在图 6-7 中我们可以看到价格从前期低点 3822 开始抬头，一路上行建立了新高，然后开始在一个区域进入横盘整理。此时我们并不确定价格是继续上行还是就此转而下跌，所以我们建立了一个区间——B 区间，并将 B 区间设为动能验证带。

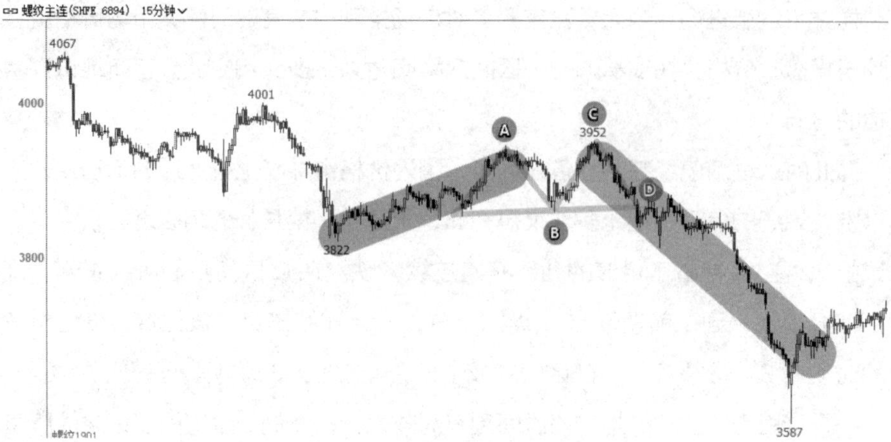

图 6-7

然后我们会发现价格在 B 区间稍做停留就开始了第二轮的上涨，来到了真正的新高 A 点，几乎只停留了 1 根 K 线的时间就开始转入下行调整。经过之前的设定我们已经有了一个动能验证带——B 区间，于是我们在 B 区间等待，果然价格回调到 B 区间之后再次进入了调整形态，然后开始再次回调，并且再次回到 A 点附近形成了 C 点。

同样此次上行动能依然不够充分，价格再次回落到 B 区间。此时我们可以发现 B 区间的作用越来越重要，它的支撑作用非常明显。市场上的空头需要更多的下跌动能，才能将其击穿，于是 D 点形成。越来越大的下跌动能的汇集，使得下跌的需求越来越强，当 B 区间被再次击穿时，这波趋势已经不算是回调。如图 6-7 所示，在价格击穿了 D 点后，动能呈现出爆炸式扩张，空头终于占据主力，一波来势汹汹的下跌开始了。

对交易者来说等的就是这样的突破行情。然而有些过于激进的交易者会等不及，不是在价格突破后，趋势真正确立的时候再进场，而是更热衷于在 A 点或者 C 点出现之后就立即进场。或许你是幸运的，你在 C 点放空后，价格并没有在原来 B 区间形成的压力带多做停留，而是击穿 D 点并且持续下行。可是如果你运气不好，将你的交易头寸建立在 A 点，那么当价格从 A 点运行到 B 点，下行无力，开始反弹之后，你要么只能灰溜溜地止损离场，要么只好忍受市场的回调上涨，看着 K 线一根根地将你的利润蚕食殆尽。

或许你会说：“那好吧，我等价格突破后，跟着突破的那根 K 线入场。”

但是这样就是最好的策略吗？

有时候我们身在市场，特别容易受到市场的情绪感染。突然爆发的行情总是容易让我们蠢蠢欲动，而此时就是我们最容易犯错的时候。即使行情爆发了，但对于当前的价格你在多重时间框架下确认过了吗？此次爆发的目标位在哪里呢？你的策略是否支持这样的爆发呢？你的风险收益比是多少呢？

除非你的风险收益比非常好，那么这个市场才值得进入。因为前面讲过，快速发展的行情中很有可能随即而来的就是快速回调。如果交易者轻易追价入场，一旦被带入回调区间，就会非常痛苦，甚至会因此而不得不止损，然后变得更加沮丧，甚至有可能因此而损失一个真正的部位。

所以我们必须足够小心，尤其是在随时爆发的市场中，我们要聆听市场的声音，把握市场的节奏，紧紧跟上，设定目标，最终达成获利目标。

我们的策略就是我们手上的舵，跟上节奏抓紧手上的舵，那么无论市场的激流多么汹涌，你都会抵达彼岸。

3. 见好就收——走在市场的前面

每次讲到这样的话题时，大家总会想到行情预判和提前处理仓位这两种情况。或许你要问："在前面我们明明讨论过，要在趋势确立的情况下入场或者了结头寸，这里说到的行情预判和提前处理仓位会不会与之相矛盾？"

其实，我们现在所做的所有技术分析，无论是利用摆荡技术指标进行的分析，还是利用趋势线进行的分析，或者是纯粹地利用 K 线进行的判断分析，都是根据价格的历史数据进行计算后得出的对未来趋势的判定。

在我们打算正式入场之前，必须充分评估当前的市场风险，配合多个指标，与多重时间框架形成一套属于自己的交易系统策略。这套系统会向我们充分释放信号，告诉我们当前的趋势位于什么样的趋势通道，动能处于什么样的状态，价格处于什么样的形态等诸如此类的信息。然后我们根据这些信号建立一套属于自己的交易策略，确定入场点、盈利目标位和止损位。

当我们确立了上述三点后，接下来就是观察市场的时间。交易市场是非常容易受到情绪影响的市场。市场上所谓的趋势，其实就是大多数人的观点保持一致所形成的数据洪流。

我们都知道，期货交易的出现，其本身是对现货市场的一种补充。期货交易不仅是一种金融工具，更是对现货价格风险的一种规避。期货价格和现货价格总是互相影响，就像两条不断向前又不断相交的波浪线。而参与期货交易的人更是各式各样，每个人对市场都持有不同的看法。人们会根据基本面和信息，根据供需关系，根据技术分析得出当前品种价格在未来的发展情况。

当大多数人认为在未来市场价格会上涨的时候，便会有更多的人去做多，当人们不断地买入的时候，市场价格就会被不断推高。相反，当人们不看好某个品种，认为此品种在未来的前景岌岌可危，价格过高时，就会有更多的人停止追高，而选择观望甚至放空。不断上涨的价格会因为看多的人越来越少，多头成交量越来越小变得上涨乏力，失去动能，从而进入盘整区间。

即使这时有人力排众议，认为价格一定会再次向上打开局面进入新一轮的上涨，并且坚持在盘整中进场，那么他也必须要经历或长或短的等待，必须要接受价格可能随时下跌的风险。如果运气好，那么他可能会迎来进一步全新一轮的价格的上涨。如果运气不好，他就可能要面临一波回调，甚至一波力度较强的回调，以及价格的真正反转。

这就是我们要规避的风险，我们不仅要判断市场的动能发动节奏，同时还要去看大多数人的观点是什么，并且以此作为我们预判市场的一个重要依据。毕竟市场的趋势是由大多数人的观点汇集而成的，流水总是往阻力更小的地方流动。

在这里引入一个指标作为判断的量化标准——成交量指标。

成交量是指在 N 个周期内所成交的合约数量。在横向盘整期间成交量往往维持在一个较低水平，这是对未来趋势发展预期的不确定表现。这种情况通常发生在动能衰竭时期，而在价格即将发生突破，动能聚集的时期成交量往往表现得非常活跃，并且随着动能的扩张，成交量会一直保持活跃状态不断攀升。因为众人对未来价格是进一步攀升还是下跌有着极高的观点一致性，纷纷加码、入场，对未来趋势的发展有着充沛的信心，并且愿意在这个方向保持持仓以期待获得更高的利润。当一段趋势走向衰竭的时候，人们通常又会纷纷离场确保自己的钱能安全落袋。此时成交量开始骤然放大然后走向萎靡。

由此可见，成交量指标可以非常明确地帮我们指出目前市场参与者的期望方向，并且准确地告诉我们市场中的交易者都在做什么，以及他们什么时候入场，什么时候加码，什么时候兴趣减淡，什么时候获利了结。

以螺纹钢 5 分钟时间框架下的趋势图来举例，如图 6-8 所示。

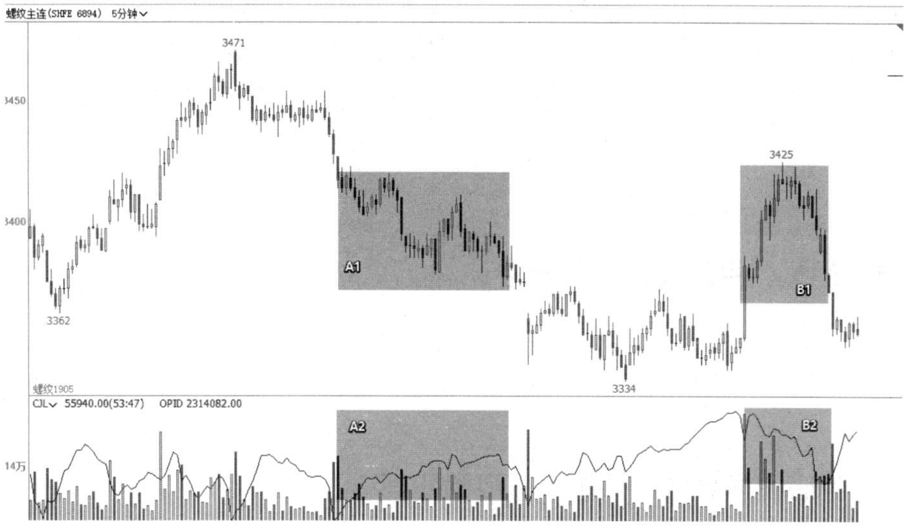

图 6-8

在 A1 区间前方，价格经历了一段非常狭窄的横向盘整，几乎走出了一个堪称完美的矩形，而下方的成交量却在不断缩小。市场对于未来是涨是跌毫无头绪，交易者纷纷选择离场观望。然后价格开始突破前期低点，连续 4 根大阴线走出了一波强势下跌的行情，下方 A2 区间内，成交量开始上升，并且随着价格的不断下跌开始持续保持这种趋势。

直到 A1 区间的尾部，价格开始回调，甚至突破了 A1 区域的上沿线，此时成交量开始萎靡，市场中的交易者对下跌动能竭尽的这一看法非常一致，纷纷选择了结头寸离场观望。

现在让我们来观察 B 区间的情况，在 B1 区间 K 线走出了一个倒 V 形。结合前面的 K 线我们可以看出，价格在走出了一个双重底之后开始拉升，但是在建立新高后并没有进一步有效上涨，而是稍做盘整后便开始回调。

前面讲过，双重底的出现是典型的突破形态，但是这一次的突破在快速拉升后并没有击穿前期高点 3 471，而是停留在了 3 425。然后，市场开始快速回调。

这一波的回调将此前多头的积极性完全抹杀，在成交量指标上我们可以看到多头争先恐后地离开了这个市场，而不是等到价格下跌到另一个盘整区间，再慢吞吞地止损了结。

由此可以看出，成交量是非常灵活且重要的指标，它告诉我们的信息非常准确，我们可以将它视作一个预警，在我们跟踪动能的时候给我们以补充指导，让我们能够对当前市场做出充分预判，行动敏捷而迅速。这样我们才不会傻乎乎地做最后离开、不得不关门的人。

第三节　合理的止损策略

1. 你必须学会的一件事——风险管理

这本书讲的是如何用一万元打开期货交易的大门，也就是说，我们要用这一万元来赚到我们在期货市场中的第一桶金！所以，你必须学会控制风险，必须学会管理你那至关重要的一万元。

那么什么是期货市场中的风险呢？

期货交易因为具有保证金制度、对冲机制、双向交易机制、每日结算制度、强行平仓制度等特质，在运行的过程中带来比较好的获利模式的同时也带来了较大风险。与其他市场的风险相比，期货交易的风险是多方面的，对交易者来说，需要慎重对待。

现在我们将期货交易中的风险按照控制程度，笼统地分为可控风险和不可控风险两种。先来看看什么是不可控风险。

不可控风险顾名思义就是指，风险的产生和形成无法由风险承担者所控制的风险。这种风险通常来自外部市场。例如，因为宏观环境的改变而导致外部环境发生变化，从而影响了商品供需关系，进而影响了期货品种的价格。这类情况包括地缘政治因素、国家宏观调控政策影响、社会经济建设速度和某些突发事件。例如，某些产品的主产区遭遇了极端恶劣的天气，或者爆发了战争与封锁，等等。这些都有可能带来风险，影响交易者对期货未来价格的预期。

除了不可控风险，还有可控风险。所谓可控风险是指，通过期货市场相关主体采取措施可以控制和管理的风险。

比如从交易者的角度来说，就有如下几点：

（1）代理风险。这种风险实际上是指交易者对于期货公司的筛选，毕竟我们的所有市场交易都是由期货公司代理的。所以选择一个好的有实力，有资质，经营状况良好的期货公司对交易者来说非常重要。

（2）交割风险。这种风险其实对投机型交易者来说可以忽略不计，因为只有套期保值的交易者或许才会涉及期货合约交割的问题。一般的普通投机型的交易者会即时对冲掉手上的头寸，以获取利润。不过这对新手来说依然是值得注意的，在期货合约到期后，所有未平仓的合约都必须进行交割。所以普通投机型交易者最好在期货合约到期之前，或者在合约的交割月来临之前将所持有头寸进行平仓，以避免承担交割责任。

（3）交易风险。这种风险是我们接下来要讨论的内容。交易风险是指交易者在参与市场的过程中其交易行为带来的风险。其或许是因为市场流动性的缺失，或许是因为价格波动太大，或许是因为入场过于匆忙，等等。

几乎每个交易者都能为自己的亏损找到理由，然而当你一味地放任自己，去盲目等待行情的折返来挽救你的亏损的时候，墨菲定律就出现了。你通常等来的不是行情的折返，而是一次动能的加速扩张。蛋糕有奶油的那一面总是不可挽回地掉到了地上，而你的亏损也就这么一发不可收拾地产生了。假如此时你的亏损导致你的持仓率超过了100%，那么交易所会通知你立刻填补保证金，以保证你的持仓率在100%以下。如果此时你无法及时补充保证金，又不平仓，那么由于期货市场的当日结算制度的特殊性，你的仓位就面临着被强制平仓的风险。

在上述3个风险中，交易风险是最为可控的风险。几乎每个交易者都能够通过技术手段来有效规避这种风险，那么交易者要用怎样的手段来建立一个有效的系统，处理这样的问题呢?

谁都不想亏损，每个人都想在收盘的时候带着利润回家。可是亏损从来不曾远离我们的交易。或许你曾经苦恼过："为什么我总是今天赚点钱，明天就亏损了？"当你刚刚抓获了点蝇头小利的时候却发现市场突然发动了动能，然后你匆匆忙忙跟进去以后，还来不及看你的盈利数额，账户就已经开始显现亏损了。这是非常让人沮丧的，有的时候甚至会动摇我们做交易的信心。

我相信每个新手在刚开始交易的时候都会遇到这样的问题，都会产生亏损，有的时候我们看着账面的亏损数额甚至会怀疑自己是否真的适合做一名交易者。"是我不够聪明吗？是我不够努力吗？是我不够积极吗？还是我的运气实在是太差了，所有糟糕的行情都给我赶上了？到底是什么原因让我亏损？"

我猜以上都不是，你或许只是没有关注资金管理这件事。而资金管理计划刚好就是成功的交易者和糟糕的交易者的分界线。

作为一名交易者，最重要的是什么？是资金。如果你不能好好管理你的资金、控制风险，那么你会很快变得一无所有。无论你做的是长线交易还是短线交易，无论你是技术分析流的交易者还是基本面分析流的交易者，如果你有一套严谨的资金管理计划并且严格遵守、有效执行，那么无论你运用的是动能跟踪系统还是价格突破系统，都会有不错的收益，你永远不会因为一次巨额的亏损而被市场扫地出门。

我是一个游戏爱好者。有一次我在家里打游戏，我先生就坐在我的身边做他自己的事情，我一边打游戏一边跟先生有一搭没一搭地聊上两句。我当时正在努力地打一群精英怪，其中有一个很难打的精英怪，拿着一个盾牌和一柄短剑，总是在我攻击的时候拿出盾牌防守，让我的攻击化为乌有。我先生在一边听见电脑里传来咚咚咚的我疯狂锤打盾牌的声音，好奇地看了一眼，然后问我："你为什么要对着盾牌猛砍？根本是无效攻击啊。"我愣了一下，想了想说道："我觉得我能打死它。"我先生笑了起来，指着一滴血都没掉的精英怪说道："你分明打不死它，倒是你自己快被它打死了，为什么不到它身后去攻击？"

这件事的结局我猜你们都预料到了，我改变了策略开始转到精英怪的身后去攻击它，终于用仅剩的那点残血将它干掉了。然后搜刮了金币装备，躲在安全的地方回满了血，开始了新的旅程。

现在，让我们看看市场中的"精英怪"吧。你认为市场中的"精英怪"躲在哪里？是迷惑人的假信号？还是让人茫然的盘整区间？或者是超卖区域的放量成交？

其实很多时候，我们的敌人是自己。在市场中阻止我们前进，妨碍我们获利的怪兽，其实是我们内心毫无察觉却异常固执的、不愿认输的贪婪与恐惧。

我猜大部分人曾经有过这样的想法：

“我在这个位置开仓了，没问题，市场一定往这个方向发展。”

“亏损了？没关系，这只是回调，我的策略还是对的，只是需要时间来验证。”

“价格跌了这么多？好吧，我再加一手仓位，这样价格可以拉低一些，我还不想那么快认输。”

“再等一等吧，价格一定会到我的目标位置。”

听见了吗？你疯狂锤打盾牌的声音，那些不断跳动的亏损所发出的“咚咚咚”的声音正一下一下锤打着你的信心，你的底线。如果此时你有一个资金管理系统，你的系统就会向你提示危险，并且发出预警让你恍然大悟，及时改正自己的错误。如果你没有资金管理系统，那么你只能希望自己在这样的逆境中能够保持理智和冷静主动去发现问题，并且及时改正错误，将一切拉回正轨，或者不幸被市场扫地出门，被迫离场，然后带着沮丧和破碎的心，陷入自我怀疑的泥潭，甚至无法立刻开始下一次交易。

这是非常糟糕的，我们必须避免自己陷入这种情况中。资金管理的目的就是让我们在逆境中，在连续亏损之后，在乱成一团的交易之后，仍然能够留在市场中，仍然有能力进行下一笔交易。资金管理计划能够有效地保护我们的资金，告诉我们可承担的风险的底线在哪里，告诉我们这笔交易是否划算，以及我们是否真的要在此时入场。

人无完人，每个人都会犯错，这很正常。在交易领域更是如此，当你犯错的时候无须自责，我从没听说过有不犯错的交易者，也从没听说过绝对没有风险的交易策略。只是成功的交易者和菜鸟交易者的区别在于，成功的交易者懂得如何将错误和风险限制在可接受的范围内，他们会坚守自己的底线，并且用这种方式让自己永远经得住市场的考验。

对成功的交易者来说，获利是跟随市场节奏，自然而然发生的事情。比起利润他们更加看重亏损，他们明白保护资金是多么重要的一件事。俗话说“留得青山在，不怕没柴烧”。只有你有足够的资金保障，你才能在交易市场这个广阔的舞台上写下属于自己的波澜壮阔的篇章，上演令人叹为观止的表演。

一定要重视交易风险，在做任何交易之前，都要把资金管理放在第一位。一个成功的交易者，其优秀的业绩绝对不是用某一天的巨额利润打造的，而是用连续稳定的利润和更少的亏损造就的。没有人喜欢风险，一名合格的交易员，最优先考虑的就是控制风险。

2. 捂紧钱袋子——设定初始止损，在开仓之前

现在，就让我们开始制订风险管理计划。对大部分成功的交易者来说，总是更倾向于将风险最大限度地降低，但是每个交易者都有其区别于他人的鲜明个性，而对于性格或个性想通过一套风险管理策略就改变是很难的。所以在我们制订风险管理计划之前，一定要非常清楚自己的风险偏好，并且牢记红线位置。

你必须彻底地审视自己，了解自己能够接受的最大止损范围。这不仅仅局限在某一个产品，如果你准备交易多个产品，就要针对不同的产品做出计算。因为每个产品的波幅都不尽相同，有的波幅小一些，有的波幅大一些。每个产品的获利框架也不一样，你必须根据不同的交易策略和不同的时间框架来设定你的风险管理计划以及止损目标，并且这一切都必须在你入场之前完成。

当你深入市场的时候，会承担市场给你带来的压力，K 线的跳动让你的呼吸频率加快，让你的肾上腺素飙升，让你的情绪毫无意外地受其影响。此时要保持理智需要多年训练的技巧方能做到。其实这没什么不好，市场价格的波动带来的刺激会让我们变得更加敏感，让我们的大脑更加警惕，让我们更容易集中注意力。但是同样的，这样的市场也会让我们过度关注利润的获取方式，而忘记我们原本不可忘记的风险。

人天生具有冒险精神，在未知领域的探索令我们兴奋，探索的成果令我们

有满足感，这或许也是我们能够开拓疆域发展至今的特质。这并没有什么不好，只是容易让我们暴露在风险中。没有人喜欢风险，我们都喜欢控制风险，并且将风险降到最低。所以我们需要一个风险预警机制，一套行之有效的止损方案，让我们尽可能少犯错，即使犯错也能及时改正，而不会轻易错失真正的机会。

了解自己，明白自己的风险偏好，这是设定止损方案之前的第一步，但这并不是说可以大手一挥地表示："没问题，我就是激进派，我喜欢风险，乐意用更多的资金去博取更高的利润。50%？可以。60%？没问题。80% 也可以接受。作为短线交易者，我用 60%~80% 的持仓或许确实重了些，但是我可以在短期内快进快出博得更多的利润，何乐而不为？"

其实这很难。前面我们在资金管理方案中提到过，任何品种的保证金都不应该过高。当保证金占用率超过你交易资金的 45% 的时候，你的心态在你尚未察觉的情况下就已经开始转变。你会紧张，你会感到恐惧，每一根 K 线都会让你感到煎熬。而这时你很难做出足够冷静的判断，你的潜意识会让你非常明确地意识到，此时持仓过重，但是你却还不愿意离场，尤其是在情况不那么乐观的时候，或许为了一个风险收益比处于不很理想的部位而深陷泥潭。这样的情况很大概率会以亏损告终。

你所承受的压力已经远远超出了你预期的范围，一切都会变形。你在放大风险的同时甚至不再去看交易计划，因为交易计划的本身其实是控制风险的过程，而且此时的亏损多半数额巨大。你不再主动执行止损方案，以等待下一次机会的来临，而是像赌徒一般跟市场对峙着，直到有一方先败下阵来。毫无意外的是，在市场和交易者的对峙中，交易者向来没有胜算。谁也不能阻挡市场的洪流，就像人类渺小的力量无法阻挡历史的车轮一样。

现在你一定充分明白了设立一个行之有效的风险管理计划是多么重要，那么就让我们来学习如何设定这一计划。

在你计划好了整个交易策略后，定下盈利目标的同时就必须设定止损位置。没有人知道下一根 K 线将以什么样的方式出现。或许在你的预期范围之内，或许不在你的预期范围之内。技术分析能做的只是增加我们判断的胜率和有效性，但真正的未来是由市场决定的。所以我们必须假设自己的分析错了，那么该怎么办。

有些交易者拒绝承认自己的错误，拒绝在市场中埋下止损单。他们的脑子里只想着一件事，那就是：“我必须从市场中赚到钱。”他们反复地加大筹码，甚至抛弃了止损方案只等价格回到他们预期的范围区间并且给他们带来利润。

他们可能成功吗？几乎不可能。他们不承认自己的错误，甚至意识不到自己的错误。他们的脑子里只有该怎样才能将现在亏损的仓位变成有利润的，然而这个方法中还不包括止损离场重新开始。这就很糟糕了。在这种情况下，大多数结局就是眼睁睁地看着不断增加的仓位将亏损不断地放大，极有可能在很短的时间内产生巨额亏损，甚至爆仓。

每一个交易者都会经历这样的惨痛事件，没有人生来就经验老到，都是如履薄冰地试探着，慢慢成长。在一切发生之后，能够将这些教训变成自己成长的阶梯的人，才是真正的迈向成功的人。

当亏损发生之后，立刻离开市场，让你的头脑冷静下来。当你足够冷静以后，去翻看你的交易策略和止损方案。在入市之前，你所设定的交易策略准确吗？如果不准确，那么你所设定的初始止损是否被触发了？如果被触发了你是否坚定执行了呢？

盘前多多思考，盘后多多发问。每一个自我审视的过程都是你进步的加速器。

要铭记，风险管理永远是放在第一位的，任何一个交易者都会犯错，我们的期望并不总是能够达成，为自己可能的错判做好准备，设好止损是非常重要的。设定好你的交易方案、止损策略和风险管理计划，并且确保这些一定是可执行的。无法执行的方案一无是处。然后，你就可以放手去做了。顺势而为，利润自然而来。

3. 保护利润的利器——跟踪止损

对交易者来说，设立止损只有一个目的，即在我们的交易系统失效时保护我们的资金。

市场始终具有多面性，我们永远不可能知道市场上发生的所有事情。我们的交易系统总有是失效的时候，这很正常。正是因为如此我们才需要时常地审视自己，审视自己的交易系统和止损策略，让它更好地适应市场的改变。

即使我们已经做好我们能做的所有的准备，市场仍然有很多未知的不可测的情况存在。我们不知道它是什么，直到它真正地显露出来。市场的状况随时都在改变，所以我们才如此需要一个有效的止损系统帮助我们抵抗这些不确定的变量带来的不良影响。

然而止损系统不能设置得过窄，如果我们把止损设得太近，那么极有可能市场的一些小波动，甚至大单造成的滑差都会触发你的止损，而当止损被反复触发，你不得不来回入场、离场的时候，整个人都会变得疑神疑鬼起来，甚至怀疑是不是自己的此次交易策略根本就是错的，这种心态一旦产生就会影响你的持仓，甚至影响你的交易策略的执行。所以我们在设定止损的时候是有技巧的，既不能太近，要防止被市场的正常波动给洗掉头寸，又不能太远，毕竟我们止损的目的是防止我们出现大额亏损。所以我们在设定止损系统的时候，首先要参考的就是资金管理系统。第五章讲过资金管理具体操作模式，在这里不再赘述。

在一个有效的止损系统中，会有一个最大止损区间。该最大止损区间的上限是参照资金管理模型并且结合品种的价格特性计算出来的。下面以塑料来举例，通过历史数据我们可以得出，塑料是一个非常有节奏感的产品，其部位突破非常具有典型性。

一般期货价格在整数位会形成一个密集压力区间，塑料在整数位也会有较强的密集压力区间，如图 6-9 所示，塑料在中间部位的支撑与阻力似乎更加有力。

如图 6-9 所示，在塑料 15 分钟时间框架下，塑料价格进入价格中间区间进行横盘整理的时间共有 7 次，而价格在离开这 7 个盘整区间之后是单向突破的概率也很大。所以由此可以看出，假设我们在 1 号区间入场，建立了空头仓位，并且等待趋势动能进一步向下扩张击穿前期低点 8 905，我们除了按照我们的资金水平计算出一个最大止损区间，尤其要关注价格往 2 号区间发展的节奏。如图 6-9 所示，价格即使没有到达最大止损上限，但是以连续大阳线的方式进入了 2 号区间，并且向上动能越来越强，此时，不管你的最大止损上限在哪里，都必须立刻止损离场。

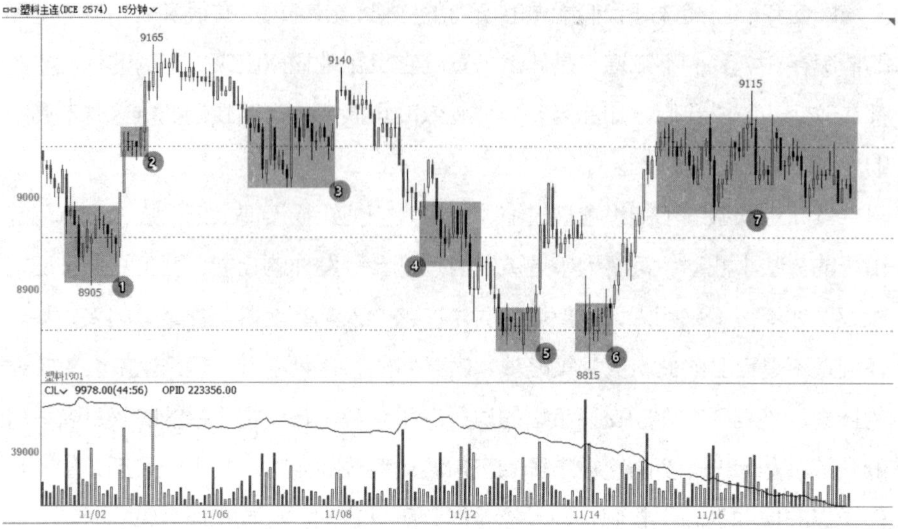

图 6-9

此时显然放空已经不合时宜，应该及时离场，而不必等到市场来告诉你，你错得有多离谱。

其实，这就是我们通常所说的跟踪止损。

跟踪止损的应用非常广泛，不仅可以做止损，还可以做止盈，同时也可以变成我们验证下一阶段动能的有效手段，如图 6-10 所示。

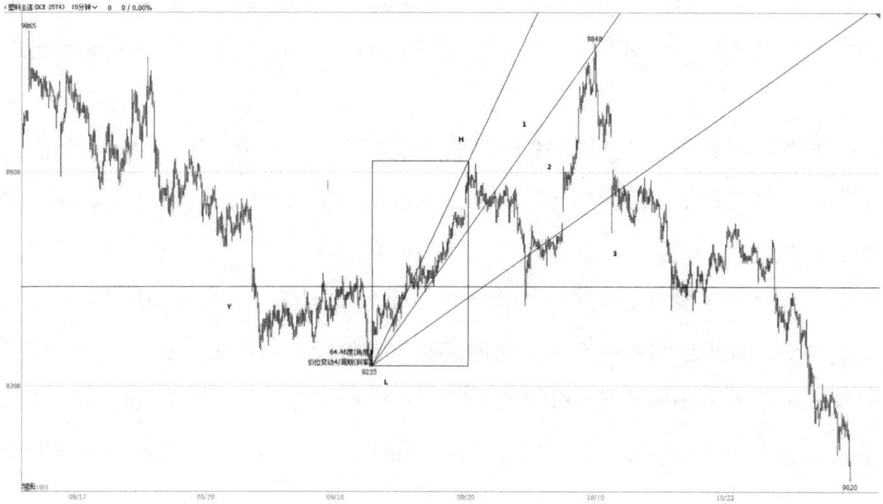

图 6-10

在图 6-10 中我们看到，前期的下跌在击穿 Y 区域后，开始进入盘整区间，再次创出新低，抵达 L 点后价格开始回调，并且上行走出密集压力区间 Y 到达了 H 点。假设我们的策略是当价格突破 Y 区间时买进，那么在价格到达 H 点的时候我们处于获利状态，我们在有利润的时候可以将止损点放在 L 点，然后从 L 点到 H 点利用阻速线设立一个跟踪观察区间。

在图 6-10 中我们可以非常明显地看到，阻速线给我们分出了非常明确的 3 个区间。对于当前的持仓来说，这 3 个区间就是我们所说的跟踪止损区间。

要注意：我们的止损一定是让我们主动地，而不是被动地、无奈地、沮丧地离场。我们的任何止盈、止损都是有技巧的，我们这样做是为了给下一次进场创造机会。

现在让我们继续观察图 6-10，可以发现价格在经过 H 点之后，开始进入回调，很快就击穿了 1 号区间的下沿线。这非常重要，因为我们可以看出在价格从 L 点向 H 点发展的时候，价格非常积极地在往上发展，并且不断靠近 1 号区间的上沿线。那么当出现这种 K 线形态的时候，即使我们不去看任何别的技术指标来验证我们的判断，不去比对多重时间框架来确认，也应该打起精神，对继续持有多头头寸这件事保持谨慎了。

我们是有对策的，假设我们入场的时候设定的盈利目标价位实际上是后来才出现的新高 9 840，那么 H 点起码可以作为我们第一动能验证点。前面就讲过，如果一段趋势要在一个区间内积聚动能并且再次扩张，必然会在横向盘整后突破前期高点，并且爆发式地上涨。然而这里的 H 点，正是那个要被突破的位置。

非常可惜的是，这次动能表现出了明显的不足，并没有将价格带向更高的位置，而是开始向下回调。其实，此时我们是有利润的。那么我们在这时，要做的事情就只有一件，即保护利润！

再也没有什么事情比利润被吞噬，甚至变成亏损更让人沮丧的了。所以我们要走在市场前面，让我们的钱平安地落进我们的口袋。

此时我们牢牢盯住价格的运行方向，就会发现 1 号区间被突破后，价格已经无力再向它靠拢，而 2 号区间，则让人非常不安。它的区间广度明显变大了，这就意味着，在此区间内，回调的力度随时可能变大，价格的下跌幅度随时可能加深，然后你就会发现，你的止盈止损系统开始向你发出信号，告诉你，“我们的头寸现在非常危险。必须立刻走掉！这个部位已经不再适合持有多单，快走！趁着还有利润的时候！”

我们的交易系统已经将信号明确发出，而我们要做的就是执行，充分而坚决地执行。无论你对未来的期望有多高，一旦系统发出了信号，你就必须执行。这就是我们在入场前建立交易系统的意义所在，如果不能执行，那么又何必建立？

当我们平仓后，将利润放进口袋，再看市场就会发现价格已经向下击穿了2号区间，甚至一度击穿了密集压力带Y区间。尽管后来价格在下方受到支撑又回到了安全域，并且向上突破创下了新高，但那已经是下一笔交易的事情了。这一笔交易我们已经完成，并且获利，这就很好。

你看，在这个案例中，跟踪止损系统充分发挥了作用，它让我们不用那么手忙脚乱，忧心忡忡。它会在危险来临的时候给我们提前发出警告，只要你听从，并且执行计划，你就能赚得盆满钵满。

第七章

当交易出现了问题——看这里

第一节　关于交易亏损

1. 正确对待盈利与亏损

在我将近十年的交易生涯中，从没见过一个从不亏损的交易者。亏损是再正常不过的了。可以这么说，几乎每个交易者都有亏损、大额亏损甚至爆仓的经历。不是交易新手才会亏损，即使数一数二的交易大师也同样会亏损。对交易者来说，盈利和亏损就像硬币的两面。

在交易市场中风险总是如影随形，不同的是，成功的交易者控制风险，而糟糕的交易者则将自己暴露在风险中，并且对此毫无察觉。

把握风险、处理好仓位、稳定获利、合理止损是一个交易者的基本技能，也是最起码的要求，但还有一件事总是容易被人们忽略，那就是心理建设。

在我看来，每个交易者都应该在开始交易前做好自己的心理建设，能够以健康的、正确的心态去看待利润和亏损。或许你要问："在亏损面前要保持一个好的心态，我能理解，可是为什么还需要一个好的心态去处理盈利？有利润不就好了吗？"

不不不，我想说，这可真的是大错特错了。有数据表明，将近 45% 的亏损发生在大的盈利或者连续的盈利之后。

在连续的盈利或者大的盈利产生之后，人们就会有一种下意识地对当前资金进行保护的心态，甚至将盈利当作一种必要的结果，这是非常糟糕的。

我们都知道风险永远存在于交易之中，在一根 K 线走完之前，你根本无法判断它到底是一根阴线还是一根阳线。尽管我们通过对历史数据的推算和技术手段的分析得出，有高达 90% 的可能性证明我们的判断是正确的，但 10% 的风险依然是真实存在的。我们不能因为想要获利而无视这 10% 的风险。

所以我们一定要正确看待盈利，就像不要让亏损影响我们的心态一样，我们也不能让盈利影响我们的心态。作为一个成功的交易者来说，交易就是交易，在交易中，不应该带有任何情绪。

然而在交易市场中，能够影响交易者心态的事情实在太多了。因为交易者也是普通人，普通人都会受到外界因素的干扰并且做出反应。有数据表明，人每天可以处理约 8 600 万条信息。设想一下，在你交易的时候你不仅会关注所交易产品的盘面，还会关心时事新闻、信息、外部市场、邻池产品等，信息量可见一斑，但是你还要将它们进行充分过滤。

可以说，交易其实是一个脑力消耗极大的工作。我们要同时处理的东西非常多，并且我们要时刻保持理智与冷静，这样才能保持高效而正确地操作。此时往往一个很小的意外事件就很容易让你分心。在你分心的时候如果出现了你没有跟上的市场节奏，而这次分心导致你在接下来的时间里都无法将注意力集中到交易上来，就很让人暴躁了。

举一个我切身经历的案例。那是一个下午，我对那天的印象非常深刻。除了开盘后的那 15 分钟，接下来的一整天，行情都没有动能，市场活跃度不高。价格在 6 个点内来回跳动，偶尔一次看似突破的爆发也不过是大单成交带来的滑点。我在这个市场中有一个测试单，那是跟在上午开盘后的动能扩张时期的头寸的一部分。很小的仓位，我一直保留着，带着利润。

我通常喜欢在一些令人比较焦灼的部位放一些测试单，用很小的头寸去测试，去观察市场的反应，以此让我对市场保持关注度和敏感度。可是接下来的一天实在太过沉闷。价格在很小的区间内来回跳动，既不触发止损点，也不触发止盈点，所以我就一直拿着头寸。

随着时间的推移，很快就要到下午收盘时间了。我是一个不留仓位过夜的日内交易者。尤其对于这样的测试单没有必要隔夜。于是我开始准备离场，要知道没有任何一个单子可以随便离场，随手交易永远是我们在交易中的大忌。所以即便对于这样的测试单，我也在寻找一个合适的位置离场。这时我的电话响了，不断亮起的屏幕让我开始感到不安，于是我接听了这个电话。

要知道，在正常的交易日的交易时间里，我是不接任何电话，不回任何信息的，但是这次我接了，因为整整一天的盘整让我的神经变得迟钝，让我的情绪积累，做正确的事情开始变得困难了。

于是我接听了这个电话，然后知道这个电话之所以打给我，只是因为打错了。我耐着性子说了三遍“你打错了”之后，挂断了电话。此时已经是尾盘时间，价格的波动更加无序。我测试单的利润开始被蒸发，然而我在接电话的时候并没有继续关注行情，挂掉电话后因为利润被蒸发我的心情十分糟糕，更加没有关注盘面发生的事情。我就这么错过了一切，然后带着利润为零的头寸离场了。

有了这次经历，第二天交易的时候我非常忐忑。一方面害怕自己再做蠢事，另一方面昨天被横盘了几乎一天的行情所碾压的糟糕心情仍然对我有影响。我连下单都开始犹豫，很害怕自己再度陷入那样的盘整行情中，甚至开始思考自己的策略是不是应该改变一下，从而可以让避开那样令人讨厌、无法快速获利的市场。

其实此时我的心态已经发生了微妙的变化，然而我自己还不自知。

我因为昨天测试单的利润被蒸发而开始变得缩手缩脚，在我的内心深处，不想再犯昨天的错误，也不想再次失去利润或者遭遇亏损。实际上这是非常糟糕的，因为我已经开始数钱了。

要知道，作为一个交易者，一旦开始数钱，就距离亏损不远了。

可是当我的心态发生变化的时候我自己尚不自知，只是觉得烦躁，觉得忐忑。下单后总是不自觉地去关注账户利润的增长速度。毫无疑问，谁也不能在这种糟糕的状态下盈利，我很自然地亏损了。

所以一定要记住，不要过于关注你的账户。当然不是全然不顾，而是在进行交易的过程中，你应该关注的永远只有你的交易。查看账户是交易结束之后的事情。

在交易的过程中，只要你做得对，充分地执行了你的交易策略，那么你就会明白你的风险必然是可控的。不需要惶恐，也不需要忐忑，跟着你的策略走，将关注点放在市场上，而不是盈利或者亏损上，才是一个真正的交易者应该表现的正确姿态。

2. 关于盈利速度

曾经有一位先生说，他要定一个小目标，让他的企业在3年内做到1个亿。当时这句话变成了段子，在朋友圈、微博以及各种自媒体上广为流行，热度颇高。大家纷纷以此来逗趣自嘲，吐槽生活。我认为段子虽然好笑，但是当我们真正去思考的时候就能发现这句话其实有着完全不同的真实感。

这一个亿的盈利目标，是建立在可预期的目标上面的理想追求，这个追求的标的物不是盲目的、虚无的，是通过阶段性努力可实现的。

这就好比我们在做交易之前会根据当前的动能趋势和价格走向来设定一个获利目标。该目标的位置一般来说分为两个阶段：一个是可以到达的获利位置A；另一个是等价格顺利抵达A点后有可能到达的部位B。A和B这两个部位，就像我们触手可及的既得利益和需要经过缜密计划、耐心等待以及精确操作的较高利益。

我们可以说A点是我们的当前目标，我们以得到这个盈利目标和保护这个盈利目标为基础持仓，并且对B点的抵达时间进行合理的预期与等待。假设A点是100元的利润，那么B点就有可能是1 000元。这是一个可预期的、可控的、循序渐进的过程，而不是突然爆发立刻就能抵达的部位。

我们在交易的时候一定要非常明确这一点，没有什么事情是可以一蹴而就的。市场动能的爆发也好，利润的积累也好，盈利的增长也好，都是一个积累的过程。有很多新手交易者，在面对市场波动的时候，常常表现出既冲动又胆小的矛盾性格。他们在亏损的时候极其大胆，敢于将亏损的仓位一直持有，坚决不止损，然而在盈利的时候又过于紧张，时时刻刻盯着账面上浮动盈亏的数值。利润少了1元都会让他们抓耳挠腮，心中烦闷。

有时候，有了100元利润就开始渴望有200元，甚至想要抓住市场中的每一个波动点，恨不得每天都有1亿元的收入。

这可能吗？这绝不可能。

市场永远不会因为你想要盈利，想要快速盈利，或者想要将资金迅速扩张而给你动能和入场条件。市场是无情的，绝对不会为你的愿望买单。当你的注意力从做好一笔交易转到了“我要赚更多的钱”的时候，请注意，市场就已经开始摩拳擦掌准备嘲讽你了。

你或许会想：“我只是想赚点钱而已，每天都赚得更多一些，不行吗？”

是的，不行。

当你开始想着赚钱这件事，你就已经不再是一个合格的交易者。在交易者的眼中，盈利与亏损都只是数字游戏。在收盘之前，成功的交易者不会数钱，不会去想今天是不是比昨天赚得更多，而是将他的注意力永远集中在：

- 我的交易系统正确吗？
- 如果我当前的交易系统失败，那么应该如何补救？
- 当前的风险管理系统和我的预期目标是否契合？
- 我的 B 计划是否完善？
- 我的资金管理系统是否恰当？

在我们的交易过程中，有一种行为是必须完全杜绝的，那就是数钱。

我相信每个人都有这样的经历，无论你是一个交易新手，还是一个久经沙场的老手。

这里就以我的亲身经历作为例子。那时候我还是一个投资方面的菜鸟，不仅如此我还热衷于网购。大家都知道，网上的打折活动永远在进行，每次你登录上去只是想看看的时候，总有优惠告诉你现在不买就要等一年。多么典型的促销手段，多么蛊惑人心的词句。于是我就被蛊惑了，没办法，谁让女人的衣柜里总是缺一件衣服呢？

开开心心地将东西一一放入购物车里，然后去结账。虽然商品打折，但是购物车里的数额依然超出了我的预期。买还是不买呢？正好我在当天的行情不错，动能很强，我在收盘的时候有一笔不错的利润，这笔利润就在我的口袋里。于是我付款后，就等着快递向我飞来。

第二天，快递还在路上，行情却陷入了僵持。之前我们说过，价格动能并不会总向着一个方向不间断地爆发，它们总会在爆发后进入一段或长或短的横盘整理区间。可是我的心情却变得非常烦躁，我不希望它在这么小的区间内来回整理，没有动能，没有成交量，就像一潭死水。

虽然我心里非常清楚，这是一个正常的横向盘整区间，没有必要大惊小怪，而且我的系统也没有发出任何可以操作的交易信号，但是我却比以往任何时候都想入场交易。因为我昨天刚刚支出了一笔钱，就像是我昨天的利润被抹掉了一般，我渴望将买衣服的钱在今天的市场中赚回来。而市场却仍然在慢吞吞地小幅震荡，仿佛一位上了年纪的老奶奶在数着斑马线过马路。

那时的我，开始焦急甚至有些愤怒，对一个并不适合交易的市场开始发脾气。我完全不管交易策略是如何制定的，也不去计算风险收益比，甚至连止损计划也扔在了一边，不顾一切地冲进市场，开始试图抓住哪怕是一点小小的利润。

结果呢？显而易见，市场不会为你的新衣服买单，不会因为你冲它发脾气就向你妥协，它会用你的亏损来嘲讽你，告诉你，你的行为错得有多离谱。

那天我的亏损将我一周来的努力付之东流，我非常沮丧，沮丧到怀疑自己是不是根本不适合做交易，沮丧到拆快递的时候也丝毫开心不起来。我消沉了一段时间，痛定思痛，反思自己的错误，花了好大的力气才振作起来，建立信心，重新踏足市场。

现在我将这个错误告诉你们。不要，永远不要去想自己要赚多少钱，不要去数钱，不要试图从市场身上强求什么。你的盈利速度和你的操作正确性是成正比的。

在这个大浪淘沙的交易市场中，最终能够存活下来的交易者，其实并不是那些爆发获利的交易者，而是那些谨言慎行，守规矩，犯错少而获利稳定的交易者。

3. 关于合理预期

关于盈利这件事，是交易者热衷于讨论的。毕竟交易的最终目的就是获利，我们要做的是让我们的利润始终大于零。它应该是一个正面的积极目标，并且是一个可以抵达的目标。

通过交易系统的历史回测我们能够发现，通常最容易积累资金的账户并不是单笔头寸获利高的账户，而是那些获利平稳且没有大量亏损的账户。

假设你的交易系统胜率是40%，交易的平均获利是800，交易的平均亏损是300，那么你的账户将会稳定增长。但是在同等胜率下，假设你交易的平均获利是200，交易的平均亏损是150，则会不那么理想。这样的比例会让交易者变得束手束脚，甚至不能从容应对滑移价差。这样的系统会影响交易者的交易积极性和心态。

所以我们从上述分析中可以看出，一个好的交易系统应该有一个合理的利润预期值，该区间对交易系统胜率的要求并不那么苛刻。或许我们认为一个交易系统所发出的大多数的交易信号能获利，这个系统就很完美，但其实对于这样的交易系统只能说明它的总利润能够大于总亏损，而真正好的交易系统一定能够拉开风险收益比。

也就是说，一个好的交易系统会给你一个正确的获利预期指向，它能够让你的利润远远高于你的亏损，牢牢控制住你的交易风险，让你的账户稳定增长。

现在或许你会说："那很好，我可以赚更多的钱了。"没错，但是有一点必须注意的是，作为交易者对利润的期待一定不能超出系统所能操作的部分，即我们所说的关于获利预期的第二个部分——个人期望值。

每个人都想获利，没有人不想赚钱。这是很正常的，但是就像前面讲到的，你的期望值应该与你的交易系统一致。如果你的期望值超出了交易系统所能达成的部分，你的盈利目标就会发生偏差，就极有可能因为盈利目标无法抵达而迟迟无法了结部位。

过长的等待从来不会带来好结果，市场也不会因你的过高期待而给你任何回报。

尤其是在短线交易中，当你一不小心进入了一个糟糕的交易区域，很可能是一个逆势折返区，也有可能是一个狭窄的横盘整理区间，但是沉迷于获利期望中的你，极有可能一心等着价格反转、突破，而无心考虑其他，更不想看交易系统发出的信号。因为此时可能所有的信号都在警告你这是一个糟糕的交易，赶快离场！

在糟糕的交易中泥足深陷是任何人都想尽力避免的，可是有些时候，我们往往在尘埃落定之后才会发现自己曾经犯下的那些错误。没有人是天才，我们都会犯错，都会被情绪左右，被贪婪和恐惧吞噬。

不同的是，成功的交易者善于及时发现自己的错误并且积极改正。在大多数人会犯错的市场中，如果你能够比别人更快、更早地纠正自己的错误，那么你就会是那个赚更多钱的人。

要想做到这一点其实并不难，你只需要关注市场，关注你的交易系统，相信你的交易系统。交易者之所以建立交易系统就是为了让自己保持客观，让自己能够在被情绪左右的时候，在深陷于市场的时候找到一个出口。

要对自己的交易系统有充分信心，不要忽略交易系统发出的，你不愿接受的信号，毕竟交易系统的存在目的就是避免交易者犯下更多的错误。

一个成功的交易者总是明白自己要的是什么，他很清楚自己能够承担的风险，也知道自己的底线。他不会贸然将自己的获利目标变成一个白日梦，只有最糟糕的赌徒才会把希望放在下一次，而成功的交易者会把自己的既得利益牢牢抓在手中，并且将长期利益写在交易策略中，逐步抵达。

只有还没长大的孩子才会渴望超人来拯救地球。在交易市场中，并不会有超人来拯救你的头寸，也不会有人好心地告诉你快走，否则你会一无所有。你要做的是让自己头脑冷静，让自己的双眼雪亮，好好地保护自己的头寸，将属于你的交易牢牢控制，并且不去妄想不属于你的交易。

贪婪和恐惧在每天的交易中都伴随着我们，然而成功的交易者从不忌讳它们的存在，甚至会让贪婪和恐惧为自己赚钱。

不要害怕犯错，犯错这件事从来不会令人失败，让人失败的是知错不改，并且在错误的路上越走越远，直到无法回头。

所以鼓起你的勇气，大胆地为你的未来可能产生的收益做出设想，并且积极规划。然后运用你的资金管理系统和风险控制系统为你的期望值保驾护航，这是你的舵，牢牢抓住你的舵，合理规划你的获利航线，然后升起风帆，让趋势动能吹起的风暴助你乘风破浪。

成功就在彼岸，而一个优秀的航海家，绝不会在大海上迷失方向，他会在风和海浪的帮助下，跨越重重阻碍，满载着自己的理想，让自己的双脚踏上坚实的梦想之地，并且拓展出属于自己的新疆域。

4. 停下，然后重新开始

成为一个成功的交易者，持续稳定地获利，是每个交易者追求的目标。我们一直在为达成这个目标而努力着，学习更多的交易技巧，拟定交易方案，遵循纪律、规范，等等。然而交易始终是有盈利有亏损，即使每个交易者都知道我们应该在亏损中立刻出场，在糟糕的市场中不要频繁交易，但是仍然每天都有大量的不合格交易者被淘汰出局，只有少部分人留了下来，在这条路上继续前进，他们是真正遵守纪律的交易者。

成功的交易者懂得什么时候前进，什么时候停下。交易者总是逗留在市场中，或者总是持有过多的头寸，这绝不是遵守纪律应该有的表现。没有任何一个市场中的行情是值得时时刻刻身在其中的，有的时候坚持和场外观望是必需的。

我曾经和大多数交易者想的一样，认为如果这个市场现在不做多就应该做空，总之必须时时刻刻要身在市场当中，以避免错失可能的利润。而实际上，这样的行为带来的往往是亏损而不是利润。

成熟的交易者能够看穿市场的真面目，有的行情并不会即刻转向。当我们发现市场不再适合做多的时候，市场往往处在一个动能衰竭的阶段，此时多头的离场是为了在最佳时刻获利。市场越是接近顶部，这样的情况越是屡屡发生。通常表现为成交量暴增而价格波幅反而趋窄。精明的交易者并不会轻易去追逐价格头部或者底部，他们会逐步地了结，稳定地获利，然后任由价格趋势发展，而他们就停留在场外，冷眼旁观。

举例来讲，我曾经在塑料这个产品上做过一个测试。我们都知道，在交易日，下午的交易时间是从 13:30 开始到 15:00 结束，我们一般把 14:30~14:45 以后的这段时间称为尾盘。因为大多数日内交易者会在此时间段了结手上的仓位。

尾盘并不是一个有操作性的交易时间，因为很多机构的交易单会选在此时发出并成交。他们下单通常具有典型的大量且连续的特征，很容易将一个小区间忽然打破再慢慢回调。此时的价格趋势往往表现为无序发展，如果在波幅较窄的交易日，就会形成突破小区间的假象。

假象之所以被称为假象，是因为这样的突破形态一定会在第二天被修复。

这是不具备操作性的价格形态，但是往往有些量化交易的模型会去追逐这种放量成交点，这是可以的。因为量化交易的特殊性，对点位把控的准确性是完全可以操作的。但若是人工交易也进入这种区间，那么很可能别人的获利区间就会变成你的沼泽地。

在极短区间交易，任何人工交易都要面对滑移价差的问题，越是短小的区间，这个问题暴露得越是严重。量化交易的程序可以通过精确点位计算和快速交易来避免这样的问题，但是对人工交易来说却是无法避免的。尾盘是一个非常短的交易窗口，它甚至不给交易者任何停下思考的时间，也不给交易者任何改正错误的机会，交易者一旦判断失误，就只能抱着亏损离场。所以这样的尾盘对大多数人工交易者来说，是虽然诱人但要坚决避免的情况。

交易是一个需要严格遵守交易法则才能取得成功的事业，我们要时刻勒住心中妄图狂奔的野马，方能悠闲地收割利润。可是人无完人，握得再紧的缰绳也有脱手的时候，这时，不要惊慌，你要做的只有一件事：停下，然后重新开始。

我曾经有一段时间，将自己应该执行的交易规则写成纸条，贴在电脑边。当我觉得自己就要失去控制，或者发生严重亏损的时候就会看看这些内容。但实际上，不妨告诉大家，看到和做到根本是两回事。有一次我非常气恼地将它们全部撕下来扔进了垃圾桶，因为我觉得这些交易法则根本没有用，它们和市场一样欺骗了我。当然，我们都知道，当时的我只是被糟糕的交易冲昏了头陷入了市场的陷阱而已。

发过脾气后的我气冲冲地了结了手上所有的部位，这大概是我这糟糕的一天中所做的最明智的一个决定。然后我就关掉电脑，去打沙袋。运动让肌肉紧张，流汗让心跳加速。我不得不大口地呼吸，被坏脾气冲昏的头脑终于冷静了下来。一切都归于平静。

从那天开始我便懂得了如何掌控自己，让自己在忘记交易法则的时候及时回归正轨。后来，我便极少让自己再陷入那种糟糕的境况，因为我已经懂得及时停下，然后让时间去处理。

远离市场并不会让交易者失去赚钱的机会，行情永远都在，只要趋势在发展，就永远有获利的机会，但是交易者如果不够冷静，那么所产生的亏损往往会是利润的数倍。所以永远不要让情绪控制自己，我们要做的是掌控情绪。如果做不到，就停下，将手上的部位全部了结，然后离开市场，到外面去走一走，呼吸一下新鲜空气，让头脑冷静下来，重新工作。

第二节　关于交易压力

1. 交易的恐惧

人的大脑是一个非常有趣的机体，它的求生欲比你想象的还强。当你所认知的危险来临时，你会不由自主地出现心跳加快、肌肉紧张、血压升高、呼吸加快加深等反应。这些反应不是胆小怯懦造成的，而是大脑在警告你，在调动你的身体，让你的注意力集中，肌肉紧张，以便可以随时进入对抗状态。

生活中如此，交易中亦是如此。

每天早上，当交易者打开交易软件，坐在电脑前，查看所制定的交易策略是否与今日的趋势相匹配并在等待时机进场的时候，就已经开始充分调动大脑进行思考，交易者会匹配各种可行的方案，为了能更好地获取利润做各种准备工作。此时大脑进入了一种紧张又兴奋的状态，注意力高度集中，同时还有一盏红灯在不停闪烁，时刻提醒交易者：不要过度冒险，过高的风险对盈利是一种威胁。

对交易者来说，交易是我们的事业。没有人会以自己的事业去冒险，我们进行交易，目的就是获利。这是我们所有努力的根本目标，我们克制、自律，制订策略计划，进行风险管理都是为了赚钱。如果有人搞不清楚这一点，总是热衷于追求高风险并且执着地认为高风险必然会带来高利润，那么他就不是一个合格的交易者，充其量只是一个差劲的赌徒。

然而有的时候，交易者明明小心谨慎、如履薄冰却总是将自己暴露于风险之中。当然暴露于风险中有很多原因，这里着重讨论因交易的恐惧而带来的风险。我们将其称为被动风险。

这类被动风险触发的原因有一点是很常见但是又非常容易被忽略的，即过度交易。

有些交易者总是希望自己无时无刻不在市场中，他们认为只要交易越频繁，获利概率就越高，因此他们一旦离开市场就焦躁不已，甚至感到恐惧，生怕自己错过利润。还有些交易者总认为，自己能够赚到这个市场中所有的钱，哪怕是 50 元，他也不想放过。他认为，多做几次总能积少成多。

然而，过度交易是非常糟糕的行为。在交易中，最为致命的就是不遵守策略的无纪律交易。唯有自律克己、遵循交易计划、耐心等候才能一击必中。这是交易的核心思想，是每个成功交易者的金科玉律。在我的交易生涯中，从未见过哪个交易策略会让交易者频繁进入交易市场，更不曾见过有哪位交易者能够因此而长足稳定获利。

交易一旦失去纪律性，失去了自我约束，就会变得随心所欲、乱七八糟。交易者极容易被市场诱惑做出冲动型交易。这类交易通常没有经过彻底研究，比如当前入场点位是否合理，风险回报比是否安全，等等，统统不被考虑。此时的交易者多半是被冲动所支配，或许是看到了某个突发性的新闻，或许是看到一根突然爆发的 K 线，或许是急于填补之前的损失。

这些随手而做的交易，或许因为交易者运气好能够获利，然而大多数是以亏损收场。其原因只有一个——毫无计划地交易永远是行不通的。

要知道交易不是没有成本的，在下单的时候造成的滑移价差，以及每次下单必须支付的手续费，都是成本。越是随手下单的交易，这类成本叠加的概率越高。而随着成本的叠加，获利的概率也就越低。这是一个恶性循环。

与学会交易一样，克制住自己做交易的冲动也是交易者的必修课，甚至这一点要比学会交易难得多。任何不经过缜密计划的交易都会变得草率，你曾经因为运气而获取的利润也会息数还给市场。交易是一个概率游戏，而幸运女神不可能永远站在你那边。一旦她离你而去，只要一个不小心，你的亏损就会将你所有的利润吞噬殆尽。

所以记住，在交易市场中，每一笔利润都是由缜密的计划和精心的布局以及充分的执行造就的。在交易市场中，并没有什么大奖可中。

2. 压力与痛苦

人作为个体活跃于社会这个群体之中，要说完全没有心理压力，这种情况是不存在的。压力在我们的生活中无处不在，影响着我们的情绪和行为，时常让我们犯错。了解我们自身的压力和痛苦的来源，并且妥善处理是非常必要的。

从心理学角度来说，人的心理压力是由压力源和压力反应共同构成的。压力源一般可以分为如下 3 种类型。

（1）生物性压力源：对于这类压力源我们能非常直观地感受到，其中包括身体创伤、疾病、饥饿、性剥夺、睡眠剥夺、噪声、气温变化等。

（2）精神性压力源：这类压力源对我们的精神世界会造成潜移默化的影响，并且这种影响在一定时间内较难消除。其中包括错误的认知结构、自身不良经验、道德冲突以及长期生活经历造成的不良个性的心理特点等。

（3）社会环境性压力源：这类压力源一方面来源于自身状况造成的人际关系适应问题，另一方面则源于例如重大社会变革、重大人际关系破裂、家庭长期冲突等。

当你看到这里的时候，你可能会想："天啊！人怎么可能有这么多压力源？我平时最多只觉得自己心情不好而已，背后的原因怎么可能如此复杂？"

其实这很正常，人每天大概会接收 8600 万条信息，而经过我们主动过滤后记忆储存的大概只有 10%，剩下的 90% 由我们的潜意识接收并且在我们不知不觉的时候进行信息的分解与过滤。这些信息会以碎片的模式储存在人的大脑中，潜伏在人的潜意识中，在我们不知不觉的时候影响着我们。

除非我们特别关注于此，否则我们很难察觉这些。有时我们更关心我们现在的状态，而不去深思为什么会变成这样。当我们感觉沮丧或痛苦的时候我们可能会沉浸于此，可能会去寻找解决办法，但是我们很少主动冷静、客观地去分析到底是什么导致了痛苦。

既然压力是不可避免的，那么让我们来学会控制它，减少压力对我们的不良影响，学会用正确、有效的方式与其对抗，并且让压力成为我们的动力，成为我们上升的阶梯。

其实人们对于压力的感受不仅仅依赖于客观标准，并没有那么明确的分级。因为压力更多的是一种主观表述，更多地依赖于我们自身的期望值。每个人对自己都有不同的期望值，或高、或低各有不同，所以所面临的压力也各有不同。

这就好比一个小账户的交易者每天获利 2000 元就已经觉得很满足，可是对一个规模化的交易者来说，2000 元的收益只代表徒劳无功。

小账户的交易者会因为这 2000 元的收益感到满足，感到自己的进步和稳定，而规模化交易者则会因此而感到沮丧和无力。

这就是区别，所以我们在讨论交易带来的压力时一定要从两个方面来看：一个是压力源的构成；另一个是自身的期望值是否准确。当你处理好这些问题的时候，就可以开始着手来处理压力问题了。

控制压力的方法有很多，比如降低欲求、转移注意力、增加获取渠道等。在我看来，更好的方法就是宣泄。人的压力是很难自我消除的，就好像不断暴涨的洪水，如果只是堵住，那么总有一天会溃堤。我们要做的不是一堵了事，那是自欺欺人，并没有什么用，而是有效地疏导，合理地释放。

其实很多人在不知不觉中，已经开始自动、自发地对抗、释放压力了，只是方法各有不同。有些人用暴饮暴食来宣泄压力，有些人用痛哭流涕来宣泄压力，而在交易市场中有这样一群交易者，他们用过量交易来宣泄压力。

或许你要惊呼："这样的行为太不理智了！"在毫无入场机会的市场中入场，在毫无操作性的区间内寻求利润，垃圾时间里固执地反复交易。这样的交易行为毫无理性可言更不要说具有技术性。

这是让人难以理解的。这种行为完全有悖于一个正常的交易者应该有的行为准则。这种失去理智的交易行为最终带来的只有亏损，而更多的亏损只会让交易者压力更大，丝毫不可能达到宣泄压力的目的。这样的结果是显而易见的。可是当有些交易者深陷其中的时候却浑然不觉。

他们只顾着发泄自己的怒气，并且还带着一丝几乎不可能实现的期待，试图让市场将他们失去的利润还回来。或许看到这里，几乎每个人都会觉得做这样的事太过愚蠢，可对这些交易者来说，他们不会觉得这样操作有什么问题，只觉得这种让自己滞留在市场中的方式，是他们唯一的救命稻草。

前面多次提到对于情绪的处理方式，我们知道，情绪是我们对于压力最直观的判断。或许你意识不到自己已经被压力覆盖，但是你会很容易地感受到自己情绪的变化。当情绪主导你的时候，一定要警觉，尤其是在你控制不住情绪的时候。

一定不要在此时去做交易，谁也不能在心烦意乱的时候确保自己能够做出正确判断。此时你极有可能会面临技术变形、执行力不佳、判断力不够等问题。你那颗优秀的大脑会在你的情绪将你淹没的时候罢工，让你一切出色的能力都无法发挥。你会不断地陷入一个怪圈：

被压力所覆盖——糟糕的情绪——亏损——连续亏损——情绪更糟糕——压力更大。

当情绪来的时候就要克制自己，勉强交易其实并不能让你过得更好。最好的处理方式就是远离市场，去做你平时喜欢做的事情，让获取快乐来对冲你的不快乐，去大笑，去放松你的身心。当所有的糟糕问题都解决掉的时候再回到市场中。那时，利润自然归你所有。

3. 做自己的主人

英国哲学家培根说过：“人的命运，主要掌握在自己的手中。”

我觉得这句话非常正确，对于交易者，则变成“市场上的利润，主要掌握在交易者自己的手中。”

在前面的章节，讲了很多在交易中可能会遇到的问题，以及在市场中可能会遇到的陷阱，并且逐条地进行分析。然而这些都需要交易者自己去执行。交易者才是最后按下成交键的人。如果你不能做到正确地处理这些事情，那么明白得再彻底，策略再强大，也无济于事。

所以下面着重讨论如何做自我训练和自我监督，让我们成为自己的主人。

每一个优秀的交易者都有菜鸟时期,但是优秀的交易者会不断地训练自己，弱化自己的弱点，强化自己的优点，提高自己的短板，让自己变成一个优点突出而缺点不那么致命的人，并且通过自我训练，成为自己的关键先生。

这听上去似乎有些不可思议，或许你要问：“难道我既要当教练又要当学员吗？”

你真是太聪明了！没错，和自己对话，是自我训练的第一步。只有掌控了自己，我们才能做自己的主人。

好了，现在我们有了两个身份：一个是教练，另一个是学员。你现在不孤单了，你的烦恼有人可倾诉，并且这个人还能为你解答困惑。这个人非常了解你，明白可能你尚未明白的情绪中所包含的信息，他知道你的决策的重要性，他会告诉你该停下的时候停下，该努力的时候努力。

他不会像别人那样，一味地让你收敛情绪、抹平棱角，只为能在社会秩序中保持队形，并且不伤害别人。

他不会让你一味地消除情绪，因为他知道这样做没有用，他会告诉你你情绪中的重要信息，那些曾经在你的交易中帮助你获利的特质，例如谨慎、敏锐、果断等。这些特质在你没有被情绪淹没的时候是对付市场的非常有效的利器，然而当你的情绪一旦失控，这些对付市场的利器就会变成冲向你的刀子。

在情绪的肆虐下，有些交易者会变得优柔寡断、患得患失、瞻前顾后、多疑、无法当机立断，这些致命的缺点很容易让交易者崩溃。再好的策略也无法挽救一个颓废的交易者，更别说有些交易者此时已经被压力击垮，早就将交易策略扔到一边去了。

这实在太糟糕了，这样的情况得不到改善，交易者的账户资金就无法稳定增长。所以我们的教练来了，他开始对你进行一对一的辅导，或许你不喜欢“教练”这个称呼，让你觉得自己好像人格分裂一样，那么你可以用他的另一个名字称呼他——自我心理建设。

有研究表明，每天坚持与自己对话的人，能够更好地面对挑战和危机。这就像我们经常做的收盘后的复盘行为，因为我们明白，我们的交易策略不可能一成不变地应对每一个市场和品种，所以我们总是在不断地复盘，并且记录在交易中发现的问题，然后修改我们的交易策略以让它能够更加有效地适应市场。

通常我们在一件事正在发生的时候很难去判断它的对错，尤其是这件事发生在我们自己身上的时候，身处事件之中真的很难客观分析，但是如果切换成第三人称视角，或许就会觉得一切豁然开朗起来。就好像一幅画，你靠近的时候只能看到局部，而当你逐步远离，慢慢地一整幅画就出现在你的视野中。

这就是著名的“阿斯伯内多效应”。导致这种现象的发生一般有以下 3 个原因：

（1）位置：当交易者入场的时候，总是或者做多或者做空。一般做多的多头交易者更希望市场上涨，而在潜意识中排斥市场下跌。而做空的空头交易者则对市场下跌抱有极高期待，他们更希望看到市场下跌动能扩张，并且在潜意识里更倾向于将每一次上涨都看成一次回调。交易市场上的多空角力会让价格陷入横盘待破，而当交易者陷入与市场的角力中的时候，则会变得一叶障目，管中窥豹。

（2）成见：应该说，交易者是没有立场的，尤其是短线交易者。短线交易者是最不应该对市场的涨跌有执念的人。因为短线交易者关注的是波段，是一段动能的趋势波动。但是在一个完整的交易日中，不可能只有一个波段动能。所以短线交易者应该是灵活的，敏锐的，多变的，而不对市场带有任何成见。总是跟着市场的节奏走，顺势而为。只有这么做，才能在大浪来的时候踩住浪头，获取利润。

（3）情绪：被愤怒和沮丧支配的交易者的注意力和表现力都很差，他们通常更加焦躁，盲目而执着，比任何时候都难以听取正确的意见，并且更加鲁莽地与市场不断地对抗，坚持自己的观点，直到一切无法挽回。

所以我们需要一个教练来帮我们及时拉回我们的注意力，让我们走出自己的盲区。任何一种方式都可以，比如写交易笔记，和自己交谈；离开电脑，出去慢跑；甚至可以给自己放个假，让自己离开市场一段时间，将一切情绪抚平后再回来。或许你还想在市场中挣扎，去抓住可能的微小的利润并且以此来证明自己是正确的，但是此时你的教练会告诉你，中场休息时间到，去大口地呼吸新鲜空气，冷静下来，然后下半场你才能得分。

任何一种能够让我们将注意力从糟糕的市场、令人沮丧的行情中移开的方法都值得一用。因为我们在被愤怒和沮丧支配的时候是我们最容易与自己所制定的交易计划背道而驰的时候。原本我们学会的一切方法和理论，都被弃置不用，就像石器时代的原始人，只凭着一腔愤怒在市场中横冲直撞。结果会怎样，自然是一目了然。

做自己的教练，学会控制压力，是我们交易进阶的重要一步。对于这一步没有人能帮助你，只有你自己才能做到，每个交易者都应该成为自己的心理大师，将未来掌控在手。

第八章

每天一篇交易笔记——让坏习惯成为你利润翻倍的阶梯

第一节　和你的弱点谈谈

1. 承认你的弱点

毫无疑问，每个人都有弱点，交易者也是如此。

我们总是告诉自己要遵守交易规则，不要重仓交易，不要在垃圾时间段交易，不要在糟糕的市场中交易，甚至有的时候会将这些规则写成标语贴在电脑前。可即便这样你还是会犯错误，重仓交易，过于频繁地交易，逆势加码，坚决不执行止损直到一败涂地。然后沮丧、恐惧、懊恼随之而来。这些情绪会持续发酵，甚至持续到第二天，让你怀疑自己是不是根本不适合做交易。

不要觉得可怕，这很正常。这样的经历几乎每个交易者都经历过，这是从菜鸟到真正的交易者的必经之路。没有任何一个交易员可以从不亏损并且稳步盈利。毫不夸张地说，几乎每个人都经历过爆仓，大额亏损。

我印象最深刻的是，2017 年 9 月，橡胶品种在经历了一个上涨周期后面临回调的时刻。当时整体市场氛围都非常紧迫，我甚至认为橡胶会再次回到 15000 的红线之下，但是我的一位朋友，做了多年交易的一名老交易员却对这次回调抱有不同的看法，他坚持认为橡胶会很快结束回调，并且加速持续上行甚至会再破 20000。

于是他开始在每次下跌中大举买入橡胶，并且信心满满地等待橡胶的暴力反弹。然而市场是冷酷无情的，它永远不会理会你的愿望是什么。下跌，再次下跌，每次微弱的反弹后就是更加疯狂的下跌。他的亏损当时已经超过了整体资金的35%，远远超出了安全红线。可是他却没有因此而停下，反而更加执着，不断调整仓位，收集信息，运算，测试，仿佛在雕琢一个最为完美的艺术品。

我却能感觉到，他整个人已经变得易怒而暴躁。他不再像一个猎人那样躲在自己的狩猎区等待精准出击抓捕猎物，而更像是一个无法走下赌桌的赌徒，赤红着双眼，紧紧盯着筹码。主导他交易的不再是策略，不再是理智，而是情绪，纯粹的愤怒、贪婪和恐惧。

更令人遗憾的是，他自己却并未意识到这一点。他将一切问题都推给市场，推给其他交易者，甚至懊恼自己的资金不足，不然可以再搏一搏。诸多的不满与抱怨积累到最后，使他不得不在最糟糕的位置处理掉全部的仓位。因为亏损已经远远超出他的心理承受范围。

这是一个老交易员的滑铁卢，由理智拉开序幕，却由人性的弱点完成终章。

与量化交易不同的是，人工交易不仅是一个利用策略、技巧获利的工作，更像一个人性的哈哈镜，将你的弱点充分暴露、放大，并且用你的亏损嘲讽你。同时也将你的优点放大，用高于量化交易数倍的利润回报你。

那么现在我想问你，你还想继续下去吗？还想继续努力成为一个成功的交易者吗？无论昨天多么困难，多么沮丧，你愿意将今天设定为一个全新的开始，将自己彻底剖析再重新获得一个学习和提高的机会吗？

我听见了一个肯定的答案。

没有人愿意半途而废，没有人会向困难低头。既然如此，那么接下来你就要做出改变。这个改变的目的只有一个，那就是：改正缺点，加强优点。

让我们来看看该怎么做。

首先你需要找到你的缺点是什么，然后承认它。

那么现在就坐下来，放松，用一个自然而舒适的姿势坐好，用一个舒缓的节奏保持呼吸。让我们开始审判自己，将自己变成两部分：一部分是优点；另一部分是缺点。

先将你的优点罗列出来，乐观？积极？谨慎？思维严谨？我相信很多人都很清楚自己的优点是什么，不要觉得不好意思，写出来并且为自己拥有这些优点而感到骄傲。要相信，在未来这些优点将为你获利，你所擅长的部分会让你从市场众多交易者中脱颖而出。

现在，让我们来罗列自己的缺点。罗列自己的缺点非常重要，我们一定要明白自己的短板在哪里，才能知道应该朝哪个方向努力。

不要回避自己的缺点，虽然要想承认自己的缺点不是一件容易的事情，但是如果总把自己的缺点看作意外、倒霉或者只是犯了个小错，那么你的缺点将永远躲藏在你的漠视背后，阻挡你前进的步伐。

有时候你信心满满、踌躇满志地面对市场，你的弱点会忽然吞噬你的利润，撕开亏损的缺口，让你的内心因此而崩溃。到了那时，一切就太迟了。

所以现在就开始想明白，在交易中你到底想要达成什么样的目标？

是长期稳定地获利吗？

是想抓住短期波段的爆发吗？

是想享受有效控制仓位，维持资金曲线平滑带来的满足吗？

上述种种，都可以在心中默念，然后想一下，要做到这些需要什么基本特质呢？你具备吗？你还缺少什么呢？将你缺少的部分记下，这就是你的弱点。

2. 改变

相信到这里你已经非常迫切地想要改变自己，让自己变成一个更加优秀的交易者了，那么到底该怎么做呢？不要着急，先让我们来热热身，做一下改变前的准备工作。

（1）问自己：“我真的准备好了吗？”

现在是否已经决定要摒弃过去糟糕的坏习惯，为将要做出的改变而努力？一个人若想要改变自己就必须要放弃原来自以为属于自己的那个“舒适区”。其实那并不是真正的舒适区，而只是一个自己明知道有问题，但是已经习惯了的惯性区域罢了。

（2）你有多少想完成的目标？写下来，然后一次只完成一个。

很多人非常想改变自己，而且这种想法非常迫切，于是一下子定了很多目标。然而人的精力和时间是有限的，谁也不可能一次把很多事情全部做成。“罗马不是一天建成的”，我们的改变也不是一天完成的。我们需要一个循序渐进的列表，将我们的目标一一列出，然后逐一完成。每完成一个小目标就奖励自己一下，若是没有完成就进行惩罚。奖罚分明、循序渐进才是提高效率的方法。

（3）保持积极主动的心态。

我们都知道，将一天的事情做好，维持一个好状态其实不难，但是一周或者一个月都保持好状态和高效的执行率却不容易。这需要稳定的心态和持续的主动热情。人们会说，这很难，交易的压力是巨大的，要在交易市场中让自己一直保持积极主动的心态太难了。其实，交易的压力一大部分来源于亏损，甚至反复的亏损。所以不要到爆仓的时候再来解决问题，现在就着手去解决问题。一切都要付诸实际行动，从思想到行动都要统一起来，这才是真正的改变。

优秀的交易者从来不会等到问题严重到棘手的时候才会想起来要改变自己，他们会一直寻找自己的不足，并且将自我成长当作生活的一部分。

清代学者金缨所著的《格言联璧》中有一句脍炙人口的话：静坐常思己过。对于这句话我非常喜欢，它也适用于交易者。这句话的意思就是：要经常安静地坐下来考虑自己的过错。对交易者来说，我们的整个交易生涯其实就是做正确的事——获利，犯错——修正错误，控制风险。犯错是再正常不过的了，真正优秀的交易者知道如何从错误中发现自己成长的道路，他们会不断地改变自己，修正自己的路线，控制未知的风险。

改变自己，这四个字听起来似乎要将自己撕碎重塑一般，让人有一种莫名的兴奋感，也有一种莫名的恐惧。其实说到底我们要改变的是我们的弱点，是我们的短处，并且将我们的优点和长处不断地强化，让我们变成优点更为突出，弱点不那么致命的交易者。

所以从现在开始，我们要割断与过去的坏习惯的联系，然后做出改变，用全新的思维模式强化自己的行为模式。

① 改变看待问题的焦点。

有些交易者在市场中的每次开仓都是正确的，无论建仓点位，还是开仓方向都准确无误，然而他总是无法很好地获利，总是带着一点点微薄的利润离场，然后看着市场随之而来的扩张动能而心有不甘。

这是为什么呢？其实对这个问题我们在前面讨论过，因为他的焦点并不在市场的价格动能上，而是在自己的获利上。要知道，尽管我们的目的是获利，但是在参与交易市场的过程中，获利却不是被关注的对象。交易者的焦点应该始终落在对价格趋势的追踪上。

所以在这里就要注意了，一旦你发现自己在交易市场中焦点从价格动能趋势的跟踪上被转移了，就要立刻停下，将你的注意力拉回来，再继续开始。

要学会控制自己的注意力，及时清除自己大脑中的杂音。那些分散你注意力的杂音，实际上就是你对市场的不确定性产生的焦虑带来的负面情绪。这很正常，就像静思的时候沙沙作响的树叶一样不可避免。当你没有意识到这个问题的时候，或许它会时不时地出现困扰你，可是当你意识到了这个问题，那么它就再也无法令你烦恼了。

② 破旧立新，从自我欣赏重新开始。

在前面的章节我们已经充分剖析了自己的优点和缺点，并且已经非常明确自己的优点和缺点。现在你要做的是，从你的缺点中找到你的优点，或许这让你感到不可置信，你会说："我光是找到自己的缺点并且面对它已经很沮丧了，怎么还能从缺点中找到优点呢？"

是的，我知道当你面对自己的缺点的时候一定很沮丧。在我认识的几乎所有人中，他们都有一个共同点，那就是对自己的批判毫不留情，但是在对待别人的时候，却能够因为礼貌和个人素养的关系将任何问题都说得非常得体。我认识一个想要减肥的姑娘，她因为羡慕超模的身材决定减肥，她打算在 1 个月内从 110 斤瘦到 90 斤。于是她决定用所谓的最快、最有效的节食疗法——挨饿。

她每天只吃一点水煮青菜，只喝少量的水，靠吃维生素来维持体能。头两天，她感觉自己情况好极了，心情也很好，并且成功地瘦了两斤。可是接下来的日子里，真实的饥饿感和身体一连串的不适应等状况让她痛苦不堪，几乎连做梦都会饿醒。终于她实在受不了了，在把自己饿晕之前痛快地饱餐了一顿。然而与满足的饱腹感相伴而来的是深深的罪恶感，她痛哭流涕地给我发来信息，并且将最恶毒的语言用在了自己身上，对自己感到失望透顶，似乎连整个人生都灰暗了。

然而我作为旁观者很清楚整个事件的问题出在哪里，她的问题是她想在非常短的时间内达到一个过高的目标，所以才会对自己要求过于苛刻，也正是如此，才会在目标达成失败的时候过于灰心。

生活和市场中的交易往往是互通的，这种失败的案例在交易市场中比比皆是。比如有些人就试图在一个波动并不很大的市场中寻求高额利润，或许是因为他前一天亏损了急于补回亏损，或许是因为忽然有了一个新的交易方案想要跃跃欲试。原因有很多种，因人而异各有不同，然而诉求都一样，就是在短期内快速获利。

然而当市场一旦没有满足他们的获利诉求，开始亏损，他们的焦虑就会骤然变大，整个人变得消极起来，并且开始疑神疑鬼，怀疑自己的交易方案是不是出错了，有时候甚至会沮丧到怀疑自己根本就不适合做交易。这些交易者很容易一下子就被情绪抓住并深陷其中，他们只顾着发脾气、宣泄压力，却忘记了及时止损离场，给自己一个重新再来的机会。

其实这并不能怪他们，因为此时他们已经沮丧到不想进行下一次交易了。他们已经不再相信依靠自己的交易技巧能够为自己创造利润，只想着或许依靠运气能在这样的颓势中再挽回些什么。

从心理学的角度来说，人的自信有一个重要基础，即自我效能。也就是说，相信自己能够控制事情的发展与结果。

对交易者来说，就是要相信自己能够控制交易。

或许你又会觉得匪夷所思："我怎么能够控制市场走向呢？"

是的，我们并不能控制市场的走向，但是我们可以遵守我们制定的交易规则，让规则指导我们去做正确的事情，只要我们做的是正确的交易，我们的交易胜率就必然会提高，利润便会唾手可得。

是不是感觉事情一下子变简单了？其实就这么简单。现在让我们回答之前我们提出的问题，"你能够从你的缺点中找到自己的优点吗？"

回答应该是肯定的。任何事情都有其两面性，举例来说，有些交易者总是沉迷于市场之中，哪怕是抱着亏损也不愿意离开。害怕认输、数钱，都是很糟糕的缺点。但是换个角度来看，他的执着如果能用到对正确交易方案的坚持上，那么就会有完全不同的结果。

要记住一点，我们积极剖析自己的缺点并不是为了摧毁我们的自信，而是为了让我们更好地了解自己并改变自己，是为了变得更强，更自信。所以在剖析自己的缺点时永远不要忘记肯定自己，这个世界上没有完美的人，任何一个优秀的交易者都是从菜鸟一步一步走过来的。每个人的成功之路都不一样，而每个成功者都会散发着耀眼的自信的光芒。

第二节　自我完善计划

1. 用日记如实记录自己

与自己对话，是最佳的自我审视。写交易日记则是对自己在交易期间的情绪与交易行为的一种有效回顾。

我非常喜欢写交易笔记，并且相对于电脑记录更喜欢用纸和笔写交易日记，这方便我可以时不时地翻阅，看看自己曾经有过的纠结，犯过的错误，以及我作为自己的教练员是如何训练自己的。

在我看来，自我审视是一个人最快的进步方式。它比任何人给的忠告都更加有效，更加贴合自身。没有人比你更了解你自己，在自我审视的过程中，你会发现隐藏在亏损下的真相。

只是有一点，在写交易日记的时候必须做到完全诚实，详细地记录你的交易情况，不能有任何回避。现在让我们来看看应该如何正确有效地利用交易笔记来处理我们的交易。

首先可以列一张表，具体如图 8-1 所示。

需要注意的是，在记录今日交易的时候应该尽可能详细，例如：

- 今日原定交易策略是什么？
- 今日原定交易策略是否已正确执行？
- 若是已执行交易策略，那么交易结果是盈利的还是亏损的？
- 如果交易是盈利的，那么在盈利的过程中是否有交易行为变形的情况？如果有，那么列出。

	今日交易记录	自我分析	诊断结果
周一			
周二			
周三			
周四			
周五			

图 8-1

➢ 如果交易是亏损的，那么是什么原因导致了此次交易的亏损？

➢ 今日若是没有执行原定交易策略，那么写出原因。

➢ 今日若是没有执行原定交易策略，那么是按照什么进行交易的呢？写出交易方式。

➢ 今日若是没有执行原定交易策略，那么交易结果如何？

➢ 今日的交易中，你是否保持了理智，遵守了交易规则？

➢ 今日交易中若是你受到了情绪的影响，那么导致了什么样的结果？详细记录。

上述 10 条，交易者应该从客观角度来记录，并且记录得仔细而完整。这其实就是一个对自己当日交易行为的全面分析。

然后我们在自我分析中再一一写出与之相对应的部分的自我评价，这一点非常重要。在我们进行自我审视的时候，真实地记录自己对自身的评价非常重要，这是一个自我梳理的过程，对于平时在交易中想不通看不透的问题，在这个自我梳理的过程中，就会自然而然地想明白。

有一点要注意，在做自我评价的时候要谨慎使用一些自我意识过强的词语，如应该、必须等词汇。尽量保持客观，不要使用这种带有自我指责的词汇引起消极的态度，使自身情感受挫。

最后在诊断结果中给出此次对话的结果和你将采取的下一步行动。对于这一栏的研究非常重要，而且需要养成长期跟踪的习惯，通过自我诊断交易者能够发现很多被忽略的问题，同时能够在与自我对话的过程中找到自己的不足并加以修正和弥补。每天翻阅你的交易日记，你会发现你的惯性思维是什么，到底是什么每天在你的潜意识中影响你的行为。

同时你还会在交易日记中发现自己是以什么样的方式获利的，仔细回溯当时的思维，就是一个将正确模式强化的过程。这对我们日后的训练有着重大意义。

2. 奖励与惩罚

本部分本书的最后一部分，也是全书最为不可或缺的一部分。它直接体现了我们的情感和自我认同，我们在前面反复强调了改变和强化的重要性，也提出了用写交易日记的方式来进行自我审视与评价，但是有时候有些交易者会写着写着便不想再写下去了，因为每次打开交易日记都会看到自己糟糕的一面。几乎每一页都细致描写了自己的错误，仿佛自己一直在犯错，从没获利过。

在交易的过程中，有些交易者为了激励自己更愿意惩罚自己，让自己的缺点充分暴露，在日记中写下严厉的措辞，希望能借此激励自己，让自己少犯错，并且认为这是改变自己的唯一途径。

然而实际上，如果人们总是将某件事和糟糕的坏情绪关联在一起，那么做起事情来是加倍地抗拒的。

要知道，奖励在人在成长的过程中是必不可少的。这是一种被肯定的过程，它会让人产生喜悦感、满足感，并且能够有效强化被奖励的行为。

在我们的交易过程中，错误的行为确实需要被惩罚，因为惩罚会让我们牢记教训，并且让我们产生戒备心理，少犯错。但是千万不要忘了，交易这件事并不是少犯错就能获利，要想获利就必须不断地做对的事情。所以我们一定要不断地强化我们的正确行为，让这样的行为深入骨髓变成我们面对市场的条件反射和建立头寸时的交易习惯。

那么如何强化正确的行为模式呢？奖励便是最佳途径。

相信大家都有集积分换礼物的经历。总是积分越高，换的礼物越好，这就是商家为了鼓励顾客经常消费、多消费而做出的一个奖励行为。同样，这种积分卡放在交易中也可以使用。

现在来为自己建立一张积分卡吧！你可以按照每个月 20 个交易日计算，分别画下每日正确实行交易行为的格数，然后按照三天、一个礼拜、十天等递增的正确速率给自己奖励。比如，坚持三天正确的交易行为就奖励自己一块巧克力，或者坚持十天正确的交易行为模式就给自己实现一个愿望，等等，而一旦做错，就重新清零开始。

同样，你还可以给自己建立一个惩罚积分表，比如这个交易日如果犯错就做 50 个俯卧撑，下一个交易日如果还是犯错就做 100 个深蹲，等等。

说到底交易做到最后，就是和自己较劲而不是和市场或者别的交易者较劲。最终成功的人，都拥有一套相对完善的自我管理系统，并且乐此不疲。只是有些人总是发现不了这个自我管理系统，而有些人发现了。现在就开始建立那些属于你和你的交易之间的小游戏吧。交易是不是一下子就变得很值得期待了呢？

其实，交易这件事从来不是固化而死板的东西，也没有那么晦涩难懂，只是你需要一个适合自己的方法去掌握它而已。现在你已经将这本书看完，我相信你必然有了自己的感悟，那就去行动吧！

祝君好运！

读 者 意 见 反 馈 表

亲爱的读者：

感谢您对中国铁道出版社的支持，您的建议是我们不断改进工作的信息来源，您的需求是我们不断开拓创新的基础。为了更好地服务读者，出版更多的精品图书，希望您能在百忙之中抽出时间填写这份意见反馈表发给我们。随书纸制表格请在填好后剪下寄到：北京市西城区右安门西街8号中国铁道出版社综合编辑部 吕芠 收（邮编：100054）。或者采用传真（010-63549458）方式发送。此外，读者也可以直接通过电子邮件把意见反馈给我们，E-mail地址是：lvwen920@126.com。我们将选出意见中肯的热心读者，赠送本社的其他图书作为奖励。同时，我们将充分考虑您的意见和建议，并尽可能地给您满意的答复。谢谢！

- -

所购书名：____________________

个人资料：

姓名：__________ 性别：__________ 年龄：__________ 文化程度：__________

职业：__________ 电话：__________ E-mail：__________

通信地址：____________________ 邮编：__________

- -

您是如何得知本书的：

□书店宣传 □网络宣传 □展会促销 □出版社图书目录 □老师指定 □杂志、报纸等的介绍 □别人推荐

□其他（请指明）____________________

您从何处得到本书的：

□书店 □邮购 □商场、超市等卖场 □图书销售的网站 □培训学校 □其他

影响您购买本书的因素（可多选）：

□内容实用 □价格合理 □装帧设计精美 □带多媒体教学光盘 □优惠促销 □书评广告 □出版社知名度

□作者名气 □工作、生活和学习的需要 □其他

您对本书封面设计的满意程度：

□很满意 □比较满意 □一般 □不满意 □改进建议

您对本书的总体满意程度：

从文字的角度 □很满意 □比较满意 □一般 □不满意

从技术的角度 □很满意 □比较满意 □一般 □不满意

您希望书中图的比例是多少：

□少量的图片辅以大量的文字 □图文比例相当 □大量的图片辅以少量的文字

您希望本书的定价是多少：

本书最令您满意的是：

1.

2.

您在使用本书时遇到哪些困难：

1.

2.

您希望本书在哪些方面进行改进：

1.

2.

您需要购买哪些方面的图书？对我社现有图书有什么好的建议？

您更喜欢阅读哪些类型和层次的经管类书籍（可多选）？

□入门类 □精通类 □综合类 □问答类 □图解类 □查询手册类 □实例教程类

您在学习计算机的过程中有什么困难？

您的其他要求：